7급공무원

기출문제정복

행정학

PREFACE

모든 시험에 앞서 가장 중요한 것은 출제되었던 문제를 풀어봄으로써 그 시험의 유형 및 출제경향, 난도 등을 파악하는 데에 있다. 즉, 최단시간 내 최대의 학습효과를 거두기 위해서는 기출문제의 분석이 무엇보다도 중요하다는 것이다.

7급 공무원 과목별 기출문제정복은 이를 주지하고 그동안 시행되어 온 국가직 및 각 지방직 기출문제를 연도별로 수록하여 수험생들에게 매년 다양하게 변화하고 있는 출제경향에 적응하도록 하였다. 본서에 수록된 기출문제 일부는 수험생의 기억에 의해 복원된 문제를 재구성한 것으로, 실제 문제와는 다를 수 있으나 출제유형 및 경향을 파악할 수 있게 하여 공무원의 꿈을 이루고자 노력하는 수험생들에게 커다란 보탬이 되고자 하였다.

7급 공무원 시험이 점점 더 치열해지고 있다. 하지만 위기는 곧 기회라는 말이 있듯이 지금 당장 어렵다고 인생의 방향을 쉽게 결정할 것이 아니라 공무원이라는 안정된 직업을 위해 매진하는 것이 장래 긴 시간을 두고 볼 때 현명한 선택인 것이다. 자신을 믿고 끝까지 노력하여 합격의 결실을 맺기 바란다.

2017년 9월 23일 제2회 지방직 시행

☞ 정답 및 해설 P.101

1 정부실패의 요인에 해당하지 않는 것은?

① 공공서비스에서의 비용과 편익의 분리
② 경제 활동에 영향을 주는 외부불경제(external diseconomy)
③ 비공식적 목표가 공식적 조직목표를 대체하는 현상
④ 의도하지 않은 파생적 외부효과

2 나카무라(Nakamura)와 스몰우드(Smallwood)가 제시한 가장 광범위한 재량을 갖는 정책집행자의 유형은?

① 지시적 위임자형
② 관료적 기업가형
③ 협상가형
④ 재량적 실험가형

3 정책결정 모형에 대한 설명으로 옳지 않은 것은?

① 점증주의 모형은 정책이 결정되는 현실적인 모습을 반영하고 있다.
② 쓰레기통 모형은 정책결정의 우연성을 강조하여 정책결정이 이루어지게 되는 계기에 주목한다.
③ 혼합주사 모형에서 세부적 결정은 합리 모형의 의사결정 방식으로 개선된 대안을 제시한다.
④ 최적 모형은 계량적 분석뿐만 아니라 직관적 판단에 의한 결정의 중요성을 강조한다.

2017년 8월 26일 인사혁신처 시행

1 ②
② 기획재정부장관은 공공기관을 공기업·준정부기관과 기타공공기관으로 구분하여 지정하되, 공기업과 준정부기관은 직원 정원이 50인 이상인 공공기관 중에서 지정한다〈공공기관의 운영에 관한 법률 제5조(공공기관의 구분) 제1항〉.

2 ①
리플리와 프랭클린은 정부관료제가 달성하려는 사회적 목적의 특성을 기준으로 배분정책, 경쟁적 규제정책, 보호적 규제정책, 재분배정책으로 분류하였다.
① **분배정책** : 다수의 국민 또는 특정한 개인·집단·지역에 권리나 이익, 서비스를 분배하여 주는 정책으로 국방서비스, 국립교육서비스, 기업 수출보조금 지원, 주택자금 대출 등이 해당한다.
② **경쟁적 규제정책** : 많은 수의 경쟁자 중에서 몇몇에게만 일정한 재화·용역을 공급할 수 있도록 허락하면서 그들에서 공익상 필요한 일정한 규제를 가하는 정책으로, 이동통신 사업자 선정, 항공노선 및 버스노선 지정 등이 해당한다.
③ **보호적 규제정책** : 사적인 활동을 제약하는 조건을 설정함으로써 일반대중을 보호하려는 정책으로, 개발제한구역 설정, 독과점 규제, 식품안전 및 환경규제 등이 해당한다.
④ **재분배정책** : 계층별 또는 집단별로 불균형적으로 분포하는 재산·소득·권리 등을 사회적 형평성의 이념에 입각하여 재정리·변화시키고자 하는 정책으로 누진세 제도, 생활보호 대상자에 대한 의료보호, 영세민에 대한 취로사업 등이 해당한다.

3 ③
③ 총액배분 자율편성 예산제도는 2004년에 도입된 제도이고, dBrain System(디지털예산회계시스템)은 2007년에 구축이 완료되었다.

4 ④
기존 프로그램의 축소 또는 폐지는 약점–위협을 고려한 방어적 전략(WT전략 : 약점을 최소화하고 위협을 극복)이라고 볼 수 있다.

5 ①
② 잭슨주의는 행정의 정치화를 통한 정당정치와 엽관제를 강조하였다.
③ 해밀턴주의에 대한 설명이다.
④ 매디슨주의에 대한 설명이다.

상세한 해설

상세한 해설을 통해 한 문제 한 문제에 대한 완전학습을 꾀하였다.

더하여 정답에 대한 해설뿐만 아니라 오답에 대한 보충설명도 실어주어 별도의 이론서를 찾아볼 필요 없이 효율적인 학습이 될 수 있도록 하였다.

CONTENTS

CONTENTS

행정학

2008년도 국가직에서부터 가장 최근에 시행된 2017년도 제2회 지방직까지 기출문제를 분석하여 수록하였습니다. 자주 출제되는 유형을 파악하고 실제 7급 공무원 시험에 충분히 익숙해질 수 있도록 다양한 문제를 풀어보는 것이 중요합니다.

☞ 정답 및 해설 P.1

1　리더십 이론과 그 특성이 잘못 연결된 것은?

① 특성이론 – 리더의 개인적 자질을 강조
② 행태이론 – 리더 행동의 상대적 차별성을 강조
③ 거래이론 – 리더와 부하 간의 사회적 교환관계를 강조
④ 변혁이론 – 부하에 대한 지시와 지원을 강조

2　채용시험의 구성타당성(construct validity)에 관한 설명으로 옳은 것은?

① 채용시험이 이론적으로 추정된 능력요소를 얼마나 정확하게 측정할 수 있는가.
② 채용시험이 장래의 직무수행에 필요한 능력요소를 얼마나 정확하게 예측할 수 있는가.
③ 채용시험이 특정한 직위의 직무수행에 필요한 능력요소를 어느 정도까지 측정할 수 있는가.
④ 채용시험이 개인 간의 능력 차이를 어느 정도까지 식별할 수 있는가.

3　행정과 경영의 유사성에 대한 설명으로 옳지 않은 것은?

① 인적 · 물적 자원을 동원하며 기획, 조직화, 통제방법, 관리기법, 사무자동화 등 제반 관리기술을 활용한다.
② 엄격한 법적 규제를 받으므로 환경 변화에 따른 조직의 대응능력이나 인력의 충원과정에서 탄력성이 떨어진다.
③ 관료제의 순기능적 측면과 아울러 역기능적인 측면도 내포하고 있다.
④ 조직내 의사결정과정에서 가능한 한 많은 대안 중에서 최선의 대안을 선택 · 결정하고자 하는 협동 행위가 나타난다.

4 우리나라의 주민소환제도에 관한 설명으로 옳지 않은 것은?

① 주민소환의 방식은 해당 관할구역의 주민들이 자율적으로 정한다.

② 지방자치에 관한 주민의 직접참여를 확대하고 지방행정의 민주성과 책임성을 제고함을 목적으로 한다.

③ 2007년에 경기도 하남시에서 주민소환투표가 최초로 실시되었다.

④ 주민소환의 대상자는 지방자치단체의 장 및 지방의회의원이지만 비례대표 지방의회의원은 제외된다.

5 정책결정이론모형에 관한 설명으로 옳지 않은 것은?

① 회사모형은 개인의 의사결정 원리를 유추 · 적용하여 조직의 의사결정을 설명한 것으로 합리모형에 대한 비판에서 출발한다.

② 합리모형은 의사결정자들이 사회적으로 추구하는 가치와 그것들의 우선순위를 보여주는 일련의 목표들을 설정할 능력이 있다고 가정한다.

③ 최적모형은 '현실'과 '이상'을 통합한 것으로 메타정책결정(meta-policymaking)을 중요시한다.

④ 관료정치모형은 정부를 잘 조직화된 유기체로 간주하며, 정책결정과정은 본질적으로 정치게임에 참여하는 개인의 경우와 같다고 본다.

6 우리나라 책임운영기관의 예산 및 회계에 관한 설명으로 옳지 않은 것은?

① 책임운영기관의 장에게 행정 및 재정상의 자율성을 부여하고 그 성과에 대하여 책임을 지도록 하고 있다.

② 특별회계의 예산 및 결산은 책임운영기관특별회계기관 조직별로 구분할 수 있다.

③ 책임운영기관 특별회계는 계정별로 책임운영기관의 장이 운용하고, 기획재정부장관이 이를 통합하여 관리한다.

④ 자체의 수입만으로는 운영이 곤란한 책임운영기관특별회계기관에 대하여는 심의회의 평가를 거쳐 대통령령으로 정하는 경상적 성격의 경비를 일반회계 등에 계상하여 특별회계에 전입할 수 있다.

7 우리나라 지방자치단체장의 권한으로 볼 수 없는 것은?

① 지방의회의 의결이 월권이거나 법령에 위반되는 경우 재의 요구권

② 총선거 후 최초로 집회되는 지방의회 임시회 소집권

③ 지방의회의 의결사항 중 주민의 생명과 재산보호를 위하여 긴급하게 필요한 사항으로서 지방의회를 소집할 시간적 여유가 없거나 지방의회에서 의결이 지체되어 의결되지 아니할 때의 선결처분권

④ 지방채 발행권

8 목표관리제(MBO)에 관한 설명으로 가장 옳은 것은?

① 개별 또는 팀별로 구체적인 목표를 세워놓고 이를 달성할 수 있는지의 여부에 초점이 맞추어져 있으며, 장기적이고 거시적인 관점에서 가시적인 또는 비가시적인 성취여부를 보여줄 수 있다.

② 구체적인 목표는 대부분 사업 자체로 나타나며, 목표 달성 이후에 얻어지는 기대효과를 평가할 수 있다.

③ 조직단위 또는 개인의 활동에 이르기까지 조직의 하부층과 상부층이 다같이 참여하여 공동으로 목표를 결정하고 그 업적을 측정·평가하는 방법으로서 하나의 목표 성취를 위해 조직의 구성요소들이 상호의존적인 입장에서 팀워크를 이루면서 활동한다.

④ 어떤 지방자치단체의 도로교통과에서 외곽순환도로 건설사업을 추진하려고 하는 경우, 목표관리제는 그 도로 건설의 궁극적인 목표인 주민의 교통편의성을 높이는데 관심을 가진다.

9 국가공무원의 인사관계법령이 규정하고 있는 공모직위제에 관한 내용으로 옳지 않은 것은?

① 임용권자나 임용제청권자는 해당 기관의 직위 중 전문성이 요구되거나 효율적인 정책 수립 또는 관리를 위하여 적격자를 임용할 필요가 있는 직위에 대하여 공모직위로 지정하여 운영할 수 있다.

② 임용권자나 임용제청권자는 직위별로 직무의 내용·특성 등을 고려하여 직무수행요건을 설정하고 그 요건을 갖춘 자를 임용하거나 임용제청하여야 한다.

③ 중앙인사관장기관의 장은 공모직위를 운영할 때 각 기관간 인력의 이동과 배치가 적절한 균형을 유지할 수 있도록 관계기관의 장과 협의하여 이를 조정할 수 있다.

④ 공모직위에 임용되는 공무원은 전보·승진·전직 또는 특별채용의 방법에 의하여 임용하여야 한다.

10 우리나라 세계잉여금에 관한 설명으로 옳지 않은 것은?

① 지방교부세 및 지방교육재정교부금의 정산에 사용할 수 있다.
② 추가경정예산안의 편성에 사용할 수 있다.
③ 사용하거나 출연한 금액을 공제한 잔액은 다음 연도의 세입에 이입하여야 한다.
④ 사용 또는 출연은 국회의 사전 동의를 받아야 한다.

11 공직의 분류 혹은 구조에 관한 설명으로 옳은 것은?

① 계급제는 직무보다는 사람을 중심으로 공직을 분류하며, 규모가 크고 복잡한 조직에 적합하다.
② 직위분류제에서 각 계층의 구성원들은 자기 집단이익의 옹호에 집착할 가능성이 높다.
③ 직위분류제는 잠정적·비정형적 업무로 구성된 역동적이고 불확실한 상황에 유용하다.
④ 계급제 하에서는 인적자원 활용의 수평적 융통성은 높으나 수직적 융통성은 낮은 편이다.

12 주민투표에 관한 설명으로 옳지 않은 것은?

① 주민투표는 궁극적으로 대의제를 대체하려는 것이다.
② 우리나라에서 행정기구의 설치·변경에 관한 사항은 주민투표에 부칠 수 없다.
③ 주민투표제가 성공적으로 정착되기 위해서는 주민들의 자치의식이 확립되어야 한다.
④ 우리나라에서 주민투표는 주민 또는 지방의회의 청구에 의하거나 지방자치단체의 장의 직권에 의하여 실시할 수 있다.

13 우리나라 행정조직에 관한 설명으로 옳지 않은 것은?

① 중앙행정기관의 차관·차관보·실장·국장은 보조기관이다.
② 특별지방행정기관은 중앙행정기관의 일선기관으로서 기능을 담당하고 있다.
③ 지방병무청, 경찰서, 보훈지청, 세무서 등은 특별지방행정기관이다.
④ 시험연구기관·교육훈련기관·문화기관·의료기관·제조기관 및 자문기관은 부속기관이다.

14 비용편익분석(cost-benefit analysis)에 관한 설명으로 옳지 않은 것은?

① 기회비용에 의해 모든 가치가 평가되어야 한다는 가정 하에서 이루어진다.

② 미래에 발생할 비용과 편익을 화폐적 단위로 표시하고 계량적인 환산을 한다.

③ 비용에 비해 효과가 장기적으로 발생한다면, 할인율이 높을수록 순현재가치가 커져 경제적 타당성이 높게 나타난다.

④ 적절한 할인율이 주어지지 않을 때는 내부수익률 기준을 사용하며, 내부수익률이 시장이자율을 상회하면 일단 투자가치가 있다고 판단한다.

15 정책문제의 구조화에 이용되는 기법들 중 연결이 옳은 것은?

① 경계분석(boundary analysis) − 문제의 구성요소 식별

② 계층분석(hierarchy analysis) − 문제 상황의 원인 규명

③ 유추분석(analogy analysis) − 상충적 전제들의 창조적 통합

④ 분류분석(classification analysis) − 문제의 위치 및 범위 파악

16 정책평가의 외적 타당성의 저해요인을 설명하고 있는 것을 모두 고르면?

> ㉠ 사전 측정(pre − test)이 실험 처리에 대한 피조사자의 감각에 영향을 줄 수 있으므로 그에 따라 얻은 결과를 모집단에 일반화하면 편의(bias)가 발생할 수 있다.
> ㉡ 일정한 연령층을 대상으로 선정한 실험집단과 통제집단으로부터 얻은 평가결과는 다른 연령층에 그대로 적용되지 않을 수 있다.
> ㉢ 인위적인 실험환경에서 얻은 정책평가결과는 실제 사회현실에의 적용가능성에 다소 의문이 있을 수 있다.
> ㉣ 동일집단에 여러 번의 실험적 처리를 할 경우 실험처리에 어느 정도 익숙해짐으로써 얻은 결과는 그렇지 않은 경우와 동일한 결과를 얻는다는 보장을 할 수 없다.
> ㉤ 실험집단과 통제집단이 무작위로 배정된 경우에도 실험적 처리의 기간 동안 서로 다른 성질의 구성원이 각 집단으로부터 상실되어 나머지 구성원만으로 처리효과를 추정한다면 그 결과가 왜곡될 가능성이 있다.

① ㉠㉡

② ㉠㉡㉢

③ ㉠㉡㉢㉣

④ ㉠㉡㉢㉣㉤

17 ‘이음매 없는 행정서비스(seamless service)’에 관한 설명으로 옳지 않은 것은?

① 린덴(Linden)의 ‘이음매 없는 조직’과의 관련성이 높다.

② 전통적 조직에 비하여 조직내 역할 구분이 비교적 명확하지 않다.

③ BSC(Balanced Score Card)를 비롯한 신공공관리적 성과관리방식과는 지향성에 있어서 차이가 있다.

④ 행정조직의 구성원들은 시민에게 보다 향상된 서비스를 직접 제공한다.

18 행정학의 접근방법에 관한 설명으로 옳지 않은 것은?

① 현상학적 접근방법은 행정현상이란 그 속에 참여하는 사람들의 의식, 생각, 언어, 개념 등으로 구성되며 상호 주관적인 경험으로 이룩되는 것이기 때문에 인간의 주관적 관념, 의식 및 동기 등의 의미를 더 적절하게 다루고 이해할 수 있다는 입장을 취한다.

② 행태론적 접근방법은 행정현상을 관찰 가능한 객관적인 대상으로 보며 인간의 주관이나 의식을 배제하고 행태의 규칙성, 상관성 및 인과성을 경험적으로 입증하고 설명하려 한다.

③ 생태론적 접근방법은 행정현상을 자연적 · 사회적 · 문화적 환경과 관련시켜 이해하려고 하며 행정체제의 개방성을 강조하는 특성을 가지고 있으나 행정환경에 대한 행정의 적극적이고 주체적인 역할을 경시했다는 비판을 받고 있다.

④ 공공선택론적 접근방법은 정부를 공공재의 생산자, 시민을 공공재의 소비자라고 규정하고 서비스의 공급과 생산은 공공부문의 시장경제화를 통해 가능하다고 보기 때문에 방법론적 전체주의 입장을 취한다.

19 정책의제설정이론에 관한 설명으로 옳지 않은 것은?

① 킹던(Kingdon)은 문제, 정책, 정치라는 세 변수가 각기 다른 맥락에서 흐르다가 어떤 기회가 주어지면 서로 만나게 되는데, 이때 정부의제가 정책의제로 전환하게 된다고 본다.

② 콥과 그 동료들(Cobb, Ross & Ross)에 따르면, 공식의제가 성립되는 단계는 외부주도 모형의 경우에는 진입단계, 동원모형과 내부접근 모형의 경우에는 주도단계이다.

③ 콥(Cobb)과 엘더(Elder)가 언급한 ‘체제의제’는 특정 쟁점에 대해 정책대안이나 수단을 모색할 수 있을 정도로 구체적이다.

④ 존스(Jones)는 정책의제설정과정을 크게 문제의 인지와 정의, 문제에 대한 결집과 조직화, 대표, 의제설정으로 구분하고 있다.

20 총액배분 자율편성 예산제도에 관한 설명으로 옳지 않은 것은?

① 주어진 지출한도 내에서 각 부처는 자율적으로 정책과 사업을 구상한다.

② 재원 운용의 분권화를 강조하는 상향식 의사결정구조를 지닌다.

③ 국가 재원의 전략적 배분을 강조하고 그에 필요한 중앙통제를 인정한다.

④ 영국(Spending Review), 스웨덴(Spring Fiscal Plan), 네덜란드(Coalition Agreement) 등의 예산편성방식을 그 예로 들 수 있다.

☞ 정답 및 해설 P.4

1 옴부즈만(Ombudsman) 제도의 일반적 특징에 관한 설명으로 옳지 않은 것은?

① 행정결정을 취소·변경할 수 있는 권한은 없지만 법원·행정기관에 대한 직접적 감독권을 갖고 있다.

② 입법부에 속해 있지만 직무 수행시는 정치적 독립성을 지닌다.

③ 국민으로부터 민원제기가 없어도 언론내용 등을 토대로 옴부즈만 자신의 발의에 의해 조사할 수 있다.

④ 옴부즈만이 조사할 수 있는 행위는 불법행위뿐만 아니라 공직의 요구에서 이탈된 모든 행위라고 할 수 있다.

2 계급제와 직위분류제의 장단점에 대한 설명으로 옳지 않은 것은?

① 계급제는 부서 간·부처 간 교류와 협조에 용이하다.

② 직위분류제는 조직내 인적 자원의 교류 및 활용에 주는 제약이 상대적으로 크다.

③ 직위분류제는 직무중심적 동기유발을 촉진하여 행정의 전문화를 저해하게 된다.

④ 계급제는 인사의 탄력성과 융통성을 증진시켜준다.

3 개방형 직위제도에 대한 설명으로 옳지 않은 것은?

① 공무원과 민간 전문가 사이의 생산적인 경쟁을 유도하여 공무원의 자기개발을 촉진하는 효과를 거둘 수 있다.

② 단기적으로는 직업공무원제도의 확립에 반하는 제도이나 장기적으로는 직업공무원제도의 확립에 긍정적인 영향을 미친다.

③ 민간전문가가 공직 경험이 많은 공무원들을 지휘해야 할 직위에 임용되었을 경우에 조직 장악에 어려움이 있을 수 있다.

④ 공직사회에 신선한 활력을 불어넣고 특정 직무에 필요한 우수 인력 확보에 유리할 수 있다.

4 예산제도에 대한 설명으로 옳지 않은 것은?

① 성과주의예산제도는 미국의 후버(Hoover)위원회가 미국대통령에게 건의한 제도이다.

② 품목별예산제도에서 정책당국자는 정책 및 사업의 우선순위를 등한시할 수 있다.

③ 영기준예산제도의 경우 예산의 운영단위를 어떻게 정하느냐에 따라 예산 운영의 능률성과 효과성이 좌우된다.

④ 계획예산제도의 핵심은 목표와 계획에 따른 사업의 효율적 수행에 있으며, 정치적 협상을 중시한다.

5 예산의 신축적 집행을 위한 제도에 대한 설명으로 옳지 않은 것은?

① 이체(移替) – 기구, 직제 또는 정원에 관한 법령이나 조례의 제정 또는 개폐로 인하여 그 직무와 권한의 변동이 있을 때 그 변동내용에 따라 예산을 이동하여 집행하는 것

② 이월(移越) – 회계연도 단년도주의의 단점을 극복하기 위하여 미집행예산을 다음 회계연도에 넘겨서 사용할 수 있도록 허용하는 것

③ 전용(轉用) – 예산의 입법과목에 대해서 그 집행용도를 조정하여 사용하는 권한을 부여하는 것

④ 사고이월(事故移越) – 지출원인행위를 하였으나 불가피한 사유로 회계연도 종료시까지 지출하지 못한 경비와 지출원인행위를 하지 아니한 부대경비를 다음 회계연도에 넘겨서 사용하는 것

6 정책결정모형에 관한 설명으로 적절하지 않은 것은?

① 점증모형 – 합리모형의 의사결정은 당위적으로는 바람직하지만, 합리적 의사결정에 필요한 정보와 분석능력의 부족으로 현실적으로 불가능하다고 비판한다.

② 합리모형 – 정책결정의 기준이 되는 목표와 가치는 그 중요성에 따라 분명히 제시되고 서열화될 수 있다.

③ 만족모형 – 정책결정의 합리성을 제약하는 요인들을 고려할 때 한정된 대안의 비교분석을 통해 최선을 모색하는 선에서 만족하는 것이 합리적이다.

④ 혼합주사모형 – 근본적 결정과 세부적 결정으로 나누어 근본적 결정의 경우 합리모형을, 세부결정의 경우 점증모형을 선별적으로 적용하는 것이 합리적이다.

7 신공공관리론과 뉴거버넌스론 사이의 관계에 대한 설명으로 가장 적절하지 않은 것은?

① 신공공관리론과 뉴거버넌스론은 서비스 전달이라는 노젓기(rowing)보다는 정책결정이라는 방향잡기(steering)를 위한 도구와 기법의 개발을 중시한다.

② 신공공관리론이 결과에 초점을 두고 있는 데 비해 뉴거버넌스론은 과정에 초점을 맞추고 있다.

③ 신공공관리론이 조직 간 관계를 중시하는 데 비해 뉴거버넌스론은 조직 내 관계를 중시하는 경향이 있다.

④ 신공공관리론이 부문 간 경쟁에 역점을 두고 있는 데 비해 뉴거버넌스론은 부문 간 협력에 중점을 두고 있다.

8 공무원 선발시험과목 중 행정학시험의 타당성을 검증하기 위해 행정학교수들로 패널을 구성하여 전체적인 문항들을 검증하는 방법과 가장 관련이 있는 것은?

① 기준 타당성(criterion-related validity)

② 예측적 타당성(predictive validity)

③ 내용 타당성(content validity)

④ 구성개념 타당성(construct validity)

9 조직발전(Organization Development)에 대한 기술 중 잘못된 것으로만 묶인 것은?

> ㉠ 조직발전은 조직의 실속, 효과성, 건강성을 높이기 위한 조직전반에 걸친 계획된 노력을 의미한다.
> ㉡ 조직발전은 조직구성원의 행태변화를 통하여 조직의 생산성과 환경에의 적응능력을 향상시키는 것을 목표로 한다.
> ㉢ 조직발전에서 인간에 대한 가정은 맥그리거(McGregor)의 X이론이다.
> ㉣ 조직발전에서 가정하는 조직은 폐쇄체제 속에서 복합적 인과관계를 가진 유기체이다.
> ㉤ 조직발전에서 추구하는 변화는 조직문화의 변화를 포함한다.

① ㉠㉡㉢　　　　　　　　　　② ㉡㉢㉣

③ ㉢㉣　　　　　　　　　　　④ ㉣㉤

10 동기이론에 대한 설명으로 옳지 않은 것은?

① 매클리랜드(McClelland)는 성공적인 기업가가 되게 하는 요인이 어떤 물질적인 것이 아닌 성취욕구라는 점을 입증하고자 했다.

② 직무특성이론은 직무의 특성이 직무수행자의 성장욕구 수준에 부합될 때 동기유발에 긍정적인 성과를 내게 된다고 본다.

③ 허즈버그(Herzberg)의 욕구충족이론은 조직구성원에게 불만족을 주는 요인과 만족을 주는 요인은 상호 독립되어 있다고 제시한다.

④ 기대이론에 의하면 인간은 자신의 투입에 대한 산출의 비율보다 비교대상의 투입에 대한 산출의 비율이 크거나 작다고 지각하면 이에 따른 긴장을 해소하기 위한 방향으로 동기가 유발된다.

11 최근 증가 추세에 있는 네트워크구조(network structure)에 대한 설명으로 적절하지 않은 것은?

① 네트워크구조는 유기적 조직 유형의 하나라고 할 수 있다.

② 정보통신기술의 확산으로 채택된 새로운 조직구조접근법이라고 할 수 있다.

③ 네트워크구조에서는 조직의 정체성이 약해 응집성 있는 조직문화를 가지기 어렵다.

④ 네트워크구조는 수평적·공개적 의사전달을 강조하기 때문에 수직적 통합과는 거리가 있다.

12 정부와 시장의 상호 대체적 역할분담 관계를 설명하는 시장실패와 정부실패 이론에 대한 설명으로 옳지 않은 것은?

① 시장은 완전경쟁 조건이 충족될 경우 가격이라는 보이지 않는 손에 의한 조정을 통해 효율적인 자원배분을 달성할 수 있다.

② 완전경쟁시장은 그 전제조건의 비현실성과 불완전성으로 인해 실패할 수 있다. 이러한 시장실패의 요인으로는 공공재의 존재, 외부효과의 발생, 정보의 비대칭성 등이 제시되고 있다.

③ 정부는 시장실패를 교정하기 위해 계층제적 관리 방법을 통해 자원의 흐름을 통제하게 되는데 정부의 능력은 인적, 물적, 제도적 제한으로 실패할 수 있고 이러한 정부실패의 요인으로는 내부성의 존재, 편익향유와 비용 부담의 분리, 예측하지 못한 파생적 외부효과 등이 제시되고 있다.

④ 정부실패가 발생할 경우 이를 교정하기 위한 정부의 대응방식은 공적 공급, 보조금 등 금전적 수단을 통해 유인 구조를 바꾸는 공적 유도, 그리고 법적 권위에 기초한 정부규제 등이 있다.

13 지방자치단체 기관구성형태의 하나인 기관분립형에 대한 설명으로 적절하지 않은 것은?

① 기관통합형에 비해 집행기관구성에서 주민의 대표성을 확보할 수 있으나 행정의 전문성이 결여될 수 있다.

② 의결기관과 집행기관 간의 견제와 균형의 원리에 의해 권력의 남용을 방지하고 비판감시 기능을 할 수 있다.

③ 지방의회와 지방자치단체의 장을 주민이 직선함으로써 지방행정에 대한 주민통제가 보다 용이하다.

④ 기관통합형에 비해 행정부서 간 분파주의를 배제하는 데 유리하다.

14 행정정보화가 행정조직에 미치는 영향을 잘못 설명하고 있는 것은?

① 정보의 기획 및 통제기능이 중요해짐에 따라 조직의 집권화가 촉진되는 측면이 있다.

② 조직 중간층의 기능이 강화되어 중간관리층이 확대된다.

③ 조직은 전통적인 수직적 피라미드 형태에서 수평적 조직형태로 변화한다.

④ 종래의 계선과 참모의 구별이 모호해진다.

15 고위공무원단제도와 관련된 설명으로 옳지 않은 것은?

① 각종 성과급과 장려급에 의해 우수공무원에 대한 처우를 개선할 수 있다.

② 고위공무원단의 인사관리는 계급이나 신분보다는 업무중심으로 이루어진다.

③ 고위공무원단제도는 직업공무원들의 사기를 저하시킬 수 있다.

④ 우리나라의 고위공무원단제도는 직업공무원제도를 강화하는 측면이 있다.

16 공기업의 기능으로 적절하지 않은 것은?

① 국가안보기능

② 재정적 수요억제기능

③ 독과점 억제기능

④ 낙후지역 등 특수지역 개발기능

17 최근 지방재정자립도를 높이기 위하여 국세의 일부를 지방세로 전환해야 한다는 여론이 높아지고 있는데, 전환할 경우에 나타날 수 있는 현상과 가장 거리가 먼 것은?

① 조세저항이 일어날 수 있다.
② 지역 간 재정불균형이 심화될 수 있다.
③ 지방교부세 총액이 감소될 수 있다.
④ 중앙과 지방과의 기능을 조정할 필요가 있다.

18 주민들이 지역 간에 자유롭게 이동할 수 있기 때문에 지방공공재에 대한 주민들의 선호가 나타나며 지방공공재 공급의 적정규모가 결정된다고 주장한 것과 거리가 먼 것은?

① 발에 의한 투표(voting with the feet)
② 새뮤엘슨(Samuelson)의 적정 공공재의 공급이론
③ 티부(Tiebout) 가설
④ 유사한 선호를 가진 사람들의 공간적인 집적 현상

19 지방의회의 의결에 대한 지방자치단체장의 재의요구 사유가 아닌 것은?

① 지방의회의 의결이 월권이거나 법령에 위반된다고 인정되는 경우
② 지방의회의 의결이 국제관계에서 맺은 국제교류업무 수행에 드는 경비를 축소한 경우
③ 지방의회의 의결이 예산상 집행 불가능한 경비를 포함하고 있다고 인정되는 경우
④ 지방의회의 의결이 비상재해로 인한 시설의 응급복구를 위하여 필요한 경비를 축소한 경우

20 진실험적 방법과 준실험적 방법에 대한 설명으로 옳지 않은 것은?

① 진실험적 방법은 실험집단과 통제집단의 동질성을 확보해 행하는 실험이다.
② 실험집단과 통제집단을 서로 동질적인 것으로 구성하기 위해서는 대상들을 이들 두 집단에 무작위적으로 배정하지 않아야 한다.
③ 진실험 설계에서 실험집단과 통제집단은 관찰 기간 동안에 동일한 시간과 관련된 과정을 경험해야 한다.
④ 준실험적 방법에는 비동질적 통제집단 설계, 사후측정 비교집단 설계 등이 있다.

☞ 정답 및 해설 P.7

1 행정이론에 대한 설명 중 옳지 않은 것은?

① 신공공관리론은 정책결정과 정책집행을 분리하고, 집행업무는 가급적 일선기관으로 이양한다.

② 포스트모더니즘은 합리성을 바탕으로 고객중심의 행정을 추구한다.

③ 행태주의는 행정에서 객관적이고 사실적인 정보의 중요성을 강조한다.

④ 공공선택론은 정부의 정책결정규칙이나 결정구조가 어떻게 만들어졌느냐를 중요시한다.

2 다면평가제도에 대한 설명이 옳은 것은?

① 공정성과 객관성을 향상시킬 수 있으나 당사자들의 승복을 받아내기는 어렵다.

② 행정서비스에 대한 다양한 의견을 수렴하기 어렵다.

③ 기존의 관료적 행태의 병폐를 시정하고 시민 중심적 충성심을 강화할 수 있다.

④ 계층제 문화가 강한 경우에 조직의 화합을 제고시킬 수 있다.

3 공익과정설(소극적 인식론)에 대한 설명으로 옳지 않은 것은?

① 공익을 사익이 적절히 조정·절충된 결과로 본다.

② 대립적인 이익들을 평가할 수 있는 기준을 제시하고 있다.

③ 각 사회집단의 이익과 본질적으로 구별되는 공공이익은 존재하지 않는다는 입장이다.

④ 토의나 비판 과정이 발달하지 못한 신생국가 등에는 적용하기 어렵다.

4 시장실패의 치유를 위해 정부가 사용하는 정책수단 중 '시장유인적' 규제의 예로 적절한 것은?

① 가공식품의 품질 및 성분표시　　② 법정 장애인 의무고용 비율
③ 의약품 제조 기업의 안전기준 설정　　④ 금융업 진출에 필요한 자격요건 제한

5 정부의 예산 편성·집행시 지켜야 할 규범이 되는 예산의 원칙에도 예외가 인정되고 있다. 전통적인 예산의 원칙과 그 예외의 연결이 옳지 않은 것은?

① 한계성 원칙 – 앞당기어 충당·사용　　② 명확성 원칙 – 총괄예산
③ 단일성 원칙 – 기금　　④ 사전의결 원칙 – 목적세

6 다음 함수를 기본적 가정으로 하는 이론은?

$$MF_i = f\left[\sum_j (V_i P_{ij})\right]$$

MF : 동기의 강도
V : 결과에 부여하는 가치
P : 행동이 결과를 가져온다는 기대
i : 행동 i
j : 결과 j

① 허츠버그(Herzberg)의 동기 – 위생 이론(motivation – hygiene theory)
② 아지리스(Argyris)의 미성숙 – 성숙 이론(immaturity – maturity theory)
③ 조고폴로스(Georgopoulos)의 통로 – 목표 이론(path – goal approach to productivity)
④ 맥그리거(McGregor)의 X – Y 이론(X – Y theory)

7 예산관리모형의 특징에 대한 설명으로 옳지 않은 것은?

① 통제지향적 예산관리를 위해 품목별 예산제도가 도입되었다.
② 관리지향적 예산관리를 위해 성과주의 예산제도를 제안하였다.
③ 통제지향적 예산관리로서 총액배분 자율편성 예산제도(target base / fixed – ceiling budgeting)는 상향식 예산제도의 효용이 한계에 도달했다는 문제인식에서 비롯됐다.
④ 감축지향적 예산관리로서 일몰법에 의한 심사는 행정부의 예산편성과정에서 행해진다.

8 행정책임과 행정통제에 대한 설명으로 옳지 않은 것은?

① 행정책임에는 시민의 요구에 대한 대응(responsiveness)이 포함된다.
② 행정행위의 절차에 대한 책임은 결과책임을 의미한다.
③ 행정통제는 행정 체제의 일탈에 대한 감시를 통해 행정성과를 달성하려는 활동이다.
④ 행정의 책임성을 확보하기 위한 구체적인 수단이 행정통제라고 볼 수 있다.

9 레짐이론(regime theory)에 대한 설명으로 옳지 않은 것은?

① 도시권력구조에 대한 이해를 통해 정부 및 비정부 부문의 다양한 세력 간 상호의존성을 강조한다.
② 도시정치경제이론에서 강조하는 정부기구활동의 경제적 종속성을 수용하면서 동시에 정치의 독자성을 강조한다.
③ 도시권력구조에 대한 인식을 제고시키고 도시정치에서 인과관계와 행태적 측면의 연구에 이론성을 강화해 준다.
④ 도시정치이론에 이론적 뿌리를 두고 있는 도시레짐이론에서 말하는 레짐은 정권적 차원의 레짐을 의미한다.

10 리더십에 대한 연구 중 그 성격이 다른 것은?

① 르윈(Lewin), 리피트(Lippitt), 화이트(White)는 리더십의 유형을 권위형, 민주형, 방임형으로 분류한다.
② 리더십에 대한 미시간대학교(University of Michigan)의 연구에서는 직원중심형과 생산중심형으로 구분한다.
③ 블래이크(Blake)와 무톤(Mouton)은 조직발전에 활용할 목적으로 관리유형도(Managerial Grid)라는 개념적 도구를 사용한다.
④ 허시(Hersey)와 블랜차드(Blanchard)는 인간관계중심적 행태와 임무중심적 행태를 기준으로 리더십유형을 구분한다.

11 갈등관리에 대한 설명으로 옳지 않은 것은?

① 갈등관리란 갈등을 해소하거나 완화하는 것 뿐만 아니라 상황에 따라서는 갈등을 용인하고 나아가 조성할 수도 있다는 의미이기도 하다.

② 갈등관리에서의 갈등은 표면적으로 드러나는 것만을 말하는 것이 아니라 당사자들이 느끼는 잠재적 갈등상태까지를 포함한다.

③ 갈등의 유형 중에서 생산적 갈등이란 조직의 팀워크와 단결을 희생하고 조직의 생산성을 중요시하는 유형이다.

④ 갈등의 긍정적인 측면을 고려하는 입장에서는 적정 수준의 갈등은 조직성과에 도움을 줄 수 있다고 주장한다.

12 지식관리의 기대효과에 대한 설명으로 옳지 않은 것은?

① 개인의 전문적 자질 향상

② 정보 · 지식의 중복 활용

③ 학습조직의 기반 구축

④ 공유를 통한 지식가치 향상 및 확대 재생산

13 조직이론에 대한 설명으로 옳지 않은 것은?

① 자원의존이론(resource − dependence theory)에서는 조직의 변화가 환경의 선택에 의해서 이루어진다고 설명한다.

② 시스템이론(system theory)은 조직을 하나의 개방체계로 보고 조직과 외부환경과의 상호작용을 강조한다.

③ 구조적 상황이론(structural contingency theory)에서는 조직이 처해있는 상황이 다르면 효과적인 조직설계 및 관리방법도 달라져야 한다고 주장한다.

④ 혼돈이론(chaos theory)은 급격한 환경변화 속에서 유연하게 대응할 수 있는 체제관리 원칙들을 제시하고 있다.

14 사이먼(H. A. Simon)의 절차적 합리성(procedural rationality)에 대한 설명으로 옳은 것은?

① 절차적 합리성은 행위자의 목표와 행위선택의 우선순위가 분명한 것을 말한다.

② 절차적 합리성은 객관적 합리성이라고도 하는데 주어진 여건 속에서 가능한 최선의 대안을 선택하는 합리성을 말한다.

③ 절차적 합리성은 행동 대안을 선택하기 위하여 사용된 절차가 인간의 인지능력과 여러 가지 한계에 비추어 보았을 때 얼마만큼 효과적이었는가의 정도를 의미한다.

④ 절차적 합리성은 결정이 생성되는 과정보다 선택의 결과에 더 관심을 갖는다.

15 통합예산(혹은 통합재정)의 특징에 대한 설명으로 옳지 않은 것은?

① 신축성   ② 포괄성

③ 대출순계의 구분   ④ 보전재원의 명시

16 NGO에 관한 이론과 그 설명의 연결이 옳지 않은 것은?

① 소비자통제이론 – NGO는 서비스가 구매되는 상황이나 또는 그 서비스 자체의 성격으로 말미암아, 소비자들이 영리기업에서 생산하는 서비스에 대해서 정확한 평가를 내리기가 불가능하기 때문에 이를 보완할 목적으로 등장하였다.

② 공공재이론 – NGO 부문은 사회의 구성원들에게 기존의 공공재 공급구조체제에서 충족되지 못한 수요를 만족시키는 역할을 한다.

③ 다원화이론 – NGO 부문은 정부에 의해 달성될 수 있는 것보다 사회 서비스 생산에서 상당한 다양성을 제공하고 있다.

④ 기업가이론 – 정부와 NGO 부문이 이질적이고 이들 간의 관계가 경쟁과 갈등이라고 가정한다.

17 **정책변동에 대한 설명으로 적절하지 않은 것은?**

① 정책승계는 정책이 완전히 대체되는 경우를 포함한다.

② 환류를 둘러싼 정치적 갈등과 이를 해소하는 정치체계가 정책의 변동을 좌우한다.

③ 정책변동론에서의 초점은 정책결정에서 일어나는 수정·종결이다.

④ 호그우드(Hogwood)와 피터스(Peters)는 정책혁신을 정책변동의 유형에서 제외하고 있다.

18 **현행 '정부업무평가 기본법'에 대한 설명으로 옳지 않은 것은?**

① 중앙행정기관의 장은 성과관리전략계획에 기초하여 당해 연도의 성과목표를 달성하기 위한 연도별 시행계획을 수립·시행하여야 한다.

② 행정안전부장관은 정부업무평가위원회의 심의·의결을 거쳐 정부업무의 성과관리 및 정부 업무평가에 관한 정책목표와 방향을 설정한 정부업무평가기본계획을 수립하여야 한다.

③ 전자통합평가체계는 평가과정, 평가결과 및 환류과정의 통합적인 정보관리 및 평가관련 기관 간 정보공유가 가능하도록 하여야 한다.

④ 중앙행정기관의 장은 성과관리전략계획에 당해 기관의 임무·전략목표 등을 포함하여야 하고 최소한 3년마다 그 계획의 타당성을 검토하여 수정·보완 등의 조치를 하여야 한다.

19 **지방자치단체 상호간의 분쟁조정에 관한 설명으로 옳지 않은 것은?**

① 지방자치단체 상호간에 분쟁이 발생할 경우 행정안전부장관 또는 시·도지사가 당사자의 신청에 의하여 이를 조정할 수 있다.

② 지방자치단체 상호간 분쟁이 공익을 현저히 저해하여 조속한 조정이 필요하다고 인정될 경우에는 당사자의 신청이 없어도 행정안전부장관 또는 시·도지사가 직권으로 이를 조정할 수 있다.

③ 조정결정사항 중 예산이 수반되는 경우에 관계 지방자치단체는 이에 필요한 예산을 우선적으로 편성하여야 한다.

④ 동일 광역자치단체 내 기초자치단체 간의 분쟁은 중앙분쟁조정위원회에서 조정한다.

20 동기유발과 관련된 학습이론의 접근방법과 그 설명의 연결이 적절하지 않은 것은?

① 고전적 조건화이론 – 조건화된 자극의 제시에 의하여 조건화된 반응을 이끌어 낸다.

② 조작적 조건화이론 – 행동의 결과를 조건화함으로써 행태적 반응을 유발하는 과정을 설명한다.

③ 인식론적 학습이론 – 행동을 결정하는 데 외적 선행 자극이나 결과로써의 자극뿐만 아니라 내면적 욕구, 만족, 기대 등도 함께 영향을 미친다.

④ 잠재적 학습이론 – 학습에는 강화작용이 필요 없지만 행동야기에는 강화작용이 필요하다.

☞ 정답 및 해설 P.11

1 우리나라 고위공직자의 인사청문제도에 대한 설명으로 옳지 않은 것은?

① 국무위원 후보자는 국회 인사청문의 대상이다.

② 국회는 임명동의안이 제출된 날로부터 20일 이내에 인사청문을 마쳐야 한다.

③ 국회에 제출하는 임명동의안 첨부서류에는 최근 5년간의 소득세·재산세·종합토지세의 납부 및 체납 실적에 관한 사항이 포함되어 있다.

④ 인사청문특별위원회 위원장은 인사청문경과를 국회 본회의에 보고한 후, 대통령에게 인사청문경과보고서를 송부한다.

2 전자정부의 미래 모습을 나타내는 요인들을 모두 고르면?

㉠ Zero – Stop 서비스	㉡ 전자정부 대표 포털
㉢ 접근수단의 단일화	㉣ 조직구조·프로세스 혁신
㉤ 부처별·기관별 업무처리	㉥ e-Governance 구현
㉦ 정부중심의 전자정부	㉧ 백오피스와 프런트오피스 간격 확대

① ㉠㉡㉢㉣

② ㉠㉡㉣㉥

③ ㉡㉣㉥㉦

④ ㉡㉣㉥㉧

3 공무원 교육훈련 방법에 대한 설명으로 옳지 않은 것은?

① 강의(lecture)는 교육내용을 다수의 피교육자에게 단시간에 전달하는데 효과적인 방법이다.

② 역할연기(role playing)는 실제 직무상황과 같은 상황을 실연시킴으로써 문제를 빠르게 이해시키고 참여자들의 태도변화와 민감한 반응을 촉진시킨다.

③ 감수성훈련(sensitivity training)은 어떤 사건의 윤곽을 피교육자에게 알려주고 그 해결책을 찾게 하는 방법이다.

④ 시뮬레이션(simulation)은 업무수행 중 직면할 수 있는 어떤 상황을 가상적으로 만들어 놓고 피교육자가 그 상황에 대처해보도록 하는 방법이다.

4 행정윤리에 대한 설명으로 옳은 것을 모두 고르면?

> ㉠ 정치와 행정의 상호작용이 활발해지면 행정윤리의 확보가 어려워질 가능성이 높아진다.
> ㉡ 국가공무원법, 공직자윤리법은 부정부패 방지 등을 위한 구체적이고 적극적인 행정윤리를 강조한다.
> ㉢ 정무직 공무원, 4급 이상 일반직 고위공무원은 재산등록 대상이지만 정부출연기관의 임원은 제외된다.
> ㉣ 공무원의 개인적 윤리기준은 공공의 신탁(public trust)과 관련된다.
> ㉤ 행정윤리는 공무원이 수행하는 행정업무와 관련된 윤리를 의미한다.

① ㉠㉡㉢
② ㉠㉣㉤
③ ㉡㉣㉤
④ ㉢㉣㉤

5 학습조직에 대한 설명으로 옳지 않은 것은?

① 학습조직은 유기적 조직의 한 유형으로서 전통적 조직 유형의 대안으로 나타났다.
② 학습조직의 보상체계는 개인별 성과급 위주로 구성되어 있다.
③ 학습조직은 조직구성원에게 충분한 학습 기회를 제공할 수 있는 훈련을 강조한다.
④ 학습조직은 부분보다 전체를 중시하고 경계를 최소화하려는 조직문화가 필요하다.

6 민간위탁 방식에 대한 설명으로 옳지 않은 것은?

① 자원봉사자 방식은 서비스의 생산과 관련된 현금지출에 대해서만 보상받고 직접적인 보수는 받지 않는 방식이다.
② 보조금 방식은 민간조직 또는 개인의 서비스 제공활동에 대하여 재정 또는 현물로 지원하는 방식이다.
③ 구입증서 방식은 시민들의 서비스 구입 부담을 완화시키기 위해 금전적 가치가 있는 쿠폰을 제공하는 방식이다.
④ 계약방식은 민간조직에게 일정구역 내에서 공공서비스를 제공하는 권리를 인정하는 방식이다.

7 지방자치단체의 재정자립도에 대한 설명으로 옳지 않은 것은?

① 재정지출의 내역이라고 할 수 있는 세출의 질을 고려하고 있지 않다.

② 대규모 사업의 수행을 가능케 하는 재정규모의 중요성을 간과하고 있다.

③ 지방자치단체의 실질적 재정상태를 나타내며 중앙정부로부터 얼마나 많은 지원을 받고 있는가를 보여준다.

④ 중앙정부에 의한 재정지원을 의존재원으로 처리함으로써 재정지원의 형태를 제대로 파악할 수 없다.

8 델파이기법에 대한 설명으로 옳은 것을 모두 고르면?

> ㉠ 문제해결의 아이디어를 제공하는 사람들간에 서로 대면접촉을 하지 않는다.
> ㉡ 익명성이 유지되는 사람들이 각각 독자적으로 형성한 판단을 조합, 정리한다.
> ㉢ 다른 사람의 아이디어에 자기 의견을 첨가해 새로운 아이디어를 도출한다.
> ㉣ 익명성이 보장되도록 개인의 의견을 컴퓨터를 통하여 입력하고 각 개별 의견에 대하여 컴퓨터를 통하여 표결한다.
> ㉤ 구성원 간의 성격마찰, 감정대립, 지배적 성향을 가진 사람의 독주, 다수의견의 횡포 등을 피할 수 있다.

① ㉠㉡㉤
② ㉠㉢㉣
③ ㉡㉢㉣
④ ㉢㉣㉤

9 정부실패의 요인으로만 묶은 것은?

> ㉠ 공공재의 존재
> ㉢ 외부효과의 발생
> ㉤ 불완전 경쟁
> ㉦ 권력의 편재
> ㉨ 자연 독점
> ㉡ 사적 목표의 설정
> ㉣ 파생적 외부효과
> ㉥ 정보의 비대칭성
> ㉧ X 비효율

① ㉠㉡㉤㉥
② ㉡㉢㉧㉨
③ ㉡㉣㉦㉧
④ ㉢㉣㉥㉦

10 신자유주의에 근거한 신공공관리(New Public Management)에 대한 설명으로 옳지 않은 것은?

① 법규나 규정에 의한 관리보다는 목표와 임무 중심의 관리를 강조한다.
② 예산지출 위주의 정부운영방식에서 탈피하여 수입 확보를 강조한다.
③ 정부는 촉매작용자, 촉진자, 중개자 역할보다는 공급자 역할을 수행한다.
④ 사후적 대책 수립보다는 사전적 문제예방에 주력하는 경향이 있다.

11 두 개 이상의 표본에 대한 평균 차이를 검정하는 분석 방법은?

① 분산분석
② 부분상관 분석
③ 경로분석
④ 확인적 요인분석

12 네트워크 조직의 특징을 설명한 것으로 가장 거리가 먼 것은?

① 수평적, 공개적 의사전달이 강조된다.
② 고도의 적응성과 유연성을 가진 유기적 구조를 가진다.
③ 외부기관과의 협력이 강화되기 때문에 대리인 문제의 발생가능성이 낮다.
④ 의사결정체계는 분권적이며 동시에 집권적이다.

13 다음에 제시된 역사적 사실들이 갖는 공통적 의미는?

- Johnson 대통령의 Great Society Program
- Roosevelt 대통령의 New Deal 정책

① 시장기능의 강화
② 행정부의 사회적 가치배분권의 강조
③ 작지만 강한 행정부
④ 규제 완화와 행정의 민주화

14 직무평가의 방법 중에서 다음의 장점을 가진 방법은?

> • 체계적이고 과학적인 방법에 의하여 작성된 직무평가기준표를 사용하기 때문에 평가결과
> 의 타당성과 신뢰성이 인정된다.
> • 한정된 평가요소만을 사용하는 것이 아니라, 분류대상 직위의 직무에 공통적이며 중요한
> 특징을 평가요소로 사용하기 때문에 관계인들이 평가결과를 쉽게 수용한다.

① 서열법
② 점수법
③ 분류법
④ 요소비교법

15 정부회계 기장방식에 있어서 복식부기의 특징이라고 볼 수 없는 것은?

① 거래의 이중성에 따라 거래의 인과관계를 기록한다.
② 감가상각과 대손상각은 발생주의에서는 비용으로 인식된다.
③ 기장 내용에 대한 자기검증기능을 확보할 수 있다.
④ 종합적 재정 상태를 알 수 없으나 자동 이월기능이 있다.

16 정부규모 팽창에 대한 이론의 설명으로 옳은 것을 모두 고르면?

> ㉠ 전위효과 – 사회혼란기에 공공지출이 상향 조정되며 민간지출이 공공지출을 대체하는 현상
> ㉡ 와그너 법칙(Wagner's law) – 1인당 국민소득이 증가할 때, 국민경제에서 차지하는 공공
> 부문의 상대적 크기가 증대되는 현상
> ㉢ 예산극대화 가설 – 관료들이 권력의 극대화를 위해 자기부서의 예산 극대화를 추구하는
> 현상
> ㉣ 파킨슨 법칙 – 공무원의 수가 해야 할 업무의 경중이나 그 유무에 관계없이 일정 비율로
> 증가하는 현상
> ㉤ 보몰 효과(Baumol's effect) – 정부가 생산 공급하는 서비스의 생산비용이 상대적으로
> 빨리 하락하여 정부지출이 감소하는 현상

① ㉠㉡㉢
② ㉠㉡㉣㉤
③ ㉡㉢㉣
④ ㉠㉢㉣㉤

17 지방세에 대한 설명으로 옳지 않은 것으로 묶은 것은?

> ㉠ 지방세의 중요한 원칙으로는 응익성, 안정성, 보편성 등이 있다.
> ㉡ 지방자치단체의 목적세로는 주행세, 도시계획세, 지방교육세 등이 있다.
> ㉢ 자치구의 보통세로는 등록면허세, 재산세가 있다.
> ㉣ 중앙정부는 보통교부세를 교부할 때 일정한 조건을 붙이거나 용도를 제한할 수 없다.
> ㉤ 지방채 발행 한도액의 범위 안이라도 외채를 발행하는 경우에는 지방의회의 의결을 거친 후 행정안전부장관의 추인을 받아야 한다.
> ㉥ 지방자치단체장은 그 지방자치단체의 항구적 이익이 되거나 긴급한 재난복구 등의 필요가 있을 때에는 지방채를 발행할 수 있다.

① ㉠㉡
② ㉡㉣
③ ㉡㉤
④ ㉢㉥

18 성과주의 예산제도에 대한 설명으로 옳지 않은 것은?

① 성과주의 예산은 운영관리를 위한 지침으로서 효과적이지 않다.

② 제2차 세계대전 이후 미국의 제1차 후버위원회에서 권고한 제도 중의 하나이다.

③ 성과주의 예산에서 재원들은 거리 청소, 노면 보수 등과 같은 활동 단위를 중심으로 배분된다.

④ 1990년대 이후 미국 클린턴 행정부에서 목표관리, 총체적 품질관리 등과 같은 혁신적인 방안이 추진되면서 부활된 제도이다.

19 R. T. Nakamura와 F. Smallwood가 분류한 정책집행의 유형 중 '관료적 기업가형'에 대한 설명으로 옳은 것은?

① 정책결정가는 명백한 목표를 설정하고, 정책집행가는 이러한 목표의 바람직성에 동의한다.

② 정책결정가와 정책집행가는 정책목표의 바람직성에 대해서 반드시 의견을 같이 하지는 않는다.

③ 정책결정가가 정책형성에 정통하고 있지 않아 많은 재량권을 정책집행가에게 위임한다.

④ 정책집행가는 정책결정에 필요한 정보를 산출하고 통제함으로써 정책과정을 지배한다.

20 정책딜레마(policy dilemma)에 대한 설명으로 옳지 않은 것은?

① 상호갈등적인 정책대안들이 구체적이고 명료하지 못할 때 나타나는 경향이 있다.

② 정책대안들 가운데 반드시 하나를 선택해야 할 경우에 발생한다.

③ 갈등집단들의 내부응집력이 강할 때 딜레마가 증폭된다.

④ 새로운 딜레마 상황을 조성하는 것도 정책딜레마에 대한 대응방안이다.

☞ 정답 및 해설 P.15

1 우리나라 개방형 직위제도에 대한 설명으로 옳은 것은?

① 모든 직급과 계급에서 개방형 직위를 지정하여 임용할 수 있다.

② 개방형 직위의 규모는 중앙행정기관과 지방자치단체에서 동일하다.

③ 개방형 직위는 업무 수행상 고도의 전문성이 요구된다고 판단되는 직위에 한정하고 있다.

④ 개방형 직위는 공직 내부와 외부에서 적격자를 공개모집에 의한 시험을 거쳐 선발한다.

2 특별지방행정기관에 대한 설명으로 옳지 않은 것은?

① 국가업무의 효율적이고 광역적인 추진이라는 긍정적인 목적과 부처이기주의적 목적이 결합되어 설치되었다.

② 지방자치단체와의 관계에서 이중행정, 이중감독의 문제는 보조금의 교부, 자금의 대부 등에서 현저하게 나타난다.

③ 특별지방행정기관의 수는 IMF 경제위기를 극복하기 위해 1990년대 후반에 급증했다.

④ 지역주민의 의사를 반영시키는 제도적 장치가 결여되어 있다.

3 조직에 관한 원리를 설명한 것 중에서 옳지 않은 것은?

① 계층제의 원리는 직무를 권한과 책임의 정도에 따라 등급화하고 상하계층 간에 지휘와 명령복종 관계를 확립하여 구성원의 귀속감과 참여감을 증진시키는 순기능을 가지고 있다.

② 전문화(분업)의 원리는 업무를 종류와 성질별로 구분하여 구성원에게 가급적 한 가지의 주된 업무를 분담시켜 조직의 능률을 향상시키려는 것이나 업무수행에 대한 흥미상실과 비인간화라는 역기능을 가지고 있다.

③ 조정의 원리는 공동목적을 달성하기 위하여 구성원의 행동통일을 기하도록 집단적 노력을 질서 있게 배열하는 과정이며 전문화에 의한 할거주의, 비협조 등을 해소하는 순기능을 가지고 있다.

④ 통솔범위의 원리는 1인의 상관 또는 감독자가 효과적으로 직접 감독할 수 있는 부하의 수에 관한 원리로서 계층의 수가 많아지면 통솔범위가 축소된다.

4 성과주의 예산제도가 성공적으로 도입 운영되기 위해 중시되어야 하는 것은?

① 행정부제출예산제도 ② 합법성 위주의 예산심의
③ 회계검사 기관의 기능 강화 ④ 사업원가의 도출

5 콜만 연구에서는 학업성취도 영향 요인을 분석하기 위해 회귀분석을 실시하였다. 이 회귀분석에서 사용된 다양한 독립변수 중에서 정책변수로 고려될 수 없는 것은 무엇인가?

> 미국에서 발간된 콜만 보고서(Coleman Report)는 학생들의 학업 열성과 학업성취도에 대한 학교의 영향을 분석한 것이다. 이 보고서에 따르면, 학급의 학생 수, 학생 1인당 예산, 도서관이나 실험실 시설, 교사의 봉급, 교과과정의 질 등 종래 교육정책결정자들이 중요하게 생각했던 요인들이나 학생들의 성별 등은 학업 열성이나 학업성취도에 영향을 미치지 않으며, 학생들의 가정환경과 학급동료의 가정환경이 중요한 것으로 나타났다. 이런 분석결과를 바탕으로 강제버스통학(busing) 정책이 실시되었다.

① 학생들의 가정환경 ② 학급당 학생들의 인종구성비율
③ 학생 1인당 예산 ④ 교과과정의 질

6 현(이명박) 정부에서 이루어진 조직개편의 주요 내용을 옳게 설명한 것을 모두 고르면?

> ㉠ 정부기능의 재검토를 통해 중앙정부와 지방자치단체 간 기능을 재정비하였다.
> ㉡ 부총리제를 폐지하고 부처 중심의 국정운영체제를 확립하였다.
> ㉢ 기능별 편제를 영역별 편제로 전환하였다.
> ㉣ 18부 4처에서 15부 2처로 줄이고 특임장관을 신설하였다.
> ㉤ 민간의 역할 강화를 위해 기획 · 조정과 갈등조율기능을 축소하였다.

① ㉠㉡㉢ ② ㉠㉡㉣
③ ㉠㉢㉣ ④ ㉡㉢㉤

7 공무원 보수에 대한 설명으로 옳지 않은 것은?

① 계급제를 채택하고 있는 나라의 경우 수당의 종류가 많은 것이 일반적이다.

② 한국, 영국, 미국에서의 공무원 보수수준 결정은 주로 대내적 상대성 원칙을 따르고 있다.

③ 우리나라에서는 총액인건비 내에서 조직, 보수 제도를 성과향상을 위한 인센티브제로 활용하여 성과중심의 조직을 운영할 수 있다.

④ 성과급제도는 개인 및 집단이 수행한 작업성과에 기초하여 보수를 차등하여 지급하는 것을 의미하며 우리나라에서는 1990년대 후반에 도입되었다.

8 계층화 분석법(AHP ; Analytical Hierarchy Process)에 대한 설명으로 옳지 않은 것은?

① 1970년대 사티(Thomas Saaty) 교수에 의해 개발되어 광범위한 분야의 예측에 활용되어 왔다.

② 불확실성을 나타내는 데 확률 대신에 우선순위를 사용한다.

③ 두 대상의 상호비교가 불가능한 경우에도 사용할 수 있다는 장점을 지니고 있다.

④ 기본적으로 시스템 이론에 기초를 두고 있다.

9 지식정보사회의 조직에 대한 설명으로 옳은 것을 모두 고르면?

> ㉠ 사회적 지식의 활용에 있어 사회적 학습보다 개인과 집단의 활동이 강조된다.
> ㉡ 민영화와 민간위탁이 선호되고 정부는 기획, 조정, 통제, 감독 등 핵심적 기능으로 축소된 공동조직(hollow organization) 형태를 띠게 된다.
> ㉢ 지식정보사회의 조직에서 중시되는 사회적 자본은 사회적 관계에서 거래비용을 감소시켜 준다.
> ㉣ 매트릭스 조직은 일상적인 업무를 보다 신속하고 효율적으로 추진하고자 할 때 유용하다.
> ㉤ 지식정보사회의 네트워크 조직은 과다한 초기투자 없이 새로운 사업에 진입할 수 있다.

① ㉠㉡㉢

② ㉡㉢㉣

③ ㉡㉢㉤

④ ㉢㉣㉤

10 자본예산의 장점에 대한 설명으로 옳지 않은 것은?

① 자본적 지출의 경우 장기적 재정계획에 따라 일시적인 적자재정이 정당화된다.

② 경상적 지출과 자본적 지출을 분리·계리함으로써 재정의 기본구조를 이해하는 데 도움이 된다.

③ 세출규모의 변동을 장기적 관점에서 조정하는 데 기여한다.

④ 경상적 지출에 대한 심도 있는 분석에 유리하다.

11 다음은 윌슨의 규제정치 유형에 대한 설명이다. 각 유형별 사례를 옳게 짝지은 것은?

> ㉠ 정부규제로 인해 발생하게 될 비용은 상대적으로 적지만 이질적인 불특정 다수인에게 부담되고, 편익은 대단히 크지만 동질적인 소수인에게 귀속되는 상황
> ㉡ 정부규제에 대한 감지된 비용과 편익이 모두 이질적인 불특정 다수에게 미치나 개개인으로 보면 그 크기가 작은 상황
> ㉢ 규제로부터 예상되는 비용과 편익이 모두 소수의 동질적인 집단에 국한되고 쌍방이 모두 조직적인 힘을 바탕으로 이익 확보를 위해 첨예하게 대립하는 상황
> ㉣ 피규제집단에게는 비용이 좁게 집중되지만 일반 시민들에게는 편익이 넓게 분포되는 상황

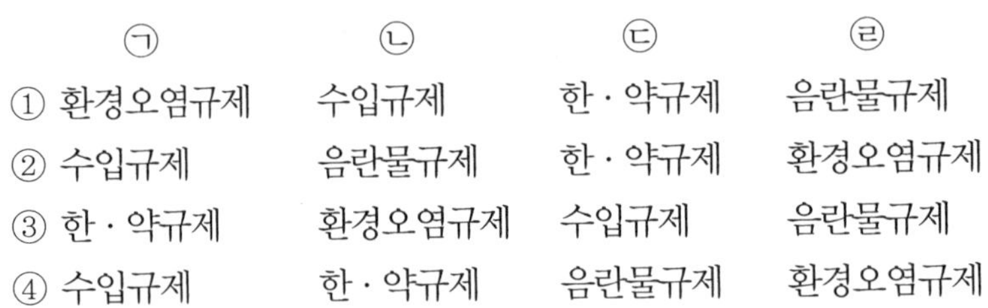

	㉠	㉡	㉢	㉣
①	환경오염규제	수입규제	한·약규제	음란물규제
②	수입규제	음란물규제	한·약규제	환경오염규제
③	한·약규제	환경오염규제	수입규제	음란물규제
④	수입규제	한·약규제	음란물규제	환경오염규제

12 각국의 경제력, 재정적 예측능력, 정치제도, 엘리트의 가치체계 및 지출규모 등에 따라 예산운영 유형이 달라질 수 있다. 총체적 희소성 상황에 처한 저개발국가에서 나타나는 예산운영 유형은?

① 보충적 예산운영

② 점증적 예산운영

③ 반복적 예산운영

④ 세입 예산운영

13 지방자치의 이론적 기초 중에서 적극적 보충성의 원리를 옳게 설명한 것은?

① 개인 및 지역 간의 과도한 격차를 줄이기 위해 상급 공동체는 필요한 최소수준을 정하고 이에 미달하는 개인 및 지역의 삶을 보장하여야 한다.

② 주민들의 자발적 참여가 전제된 상태에서 상향적 의사결정을 통해 공동이익을 실현하는 방식이다.

③ 개인이나 하급 공동체가 할 수 있는 일을 상급 공동체가 과도하게 개입하여 처리하는 것은 옳지 않다.

④ 강력한 통치권을 가진 국가(중앙정부)로부터 일정한 자치권을 부여받아 지방자치를 실시하는 전통을 말한다.

14 유비쿼터스 정부(u-government)에 대한 설명으로 옳지 않은 것은?

① 언제 어디서나 개인화되고 중단 없는 정보서비스를 제공함으로써 부가적인 가치를 제공하는 정부이다.

② 개인의 관심사, 선호도 등에 따른 실시간 맞춤정보 제공으로 시민참여도가 제고되어 궁극적으로 투명한 정책결정과 행정처리가 가능해진다.

③ 행정 서비스가 추구하는 가치는 고객지향성, 지능성, 실시간성, 형평성 등으로 요약된다.

④ 인터넷 기반 온라인 서비스의 강화에 초점을 맞춘 웹(web) 2.0시대의 미래형 전자정부이다.

15 다음에서 설명하고 있는 행정학의 성격은?

> 제2차 세계대전 후 미국은 저개발국가에 경제 원조와 함께 미국의 행정이론에 바탕을 둔 제도나 기술을 지원했다. 그러나 저개발국가의 정치제도나 사회문화적 환경이 미국과 달라 새로 도입한 각종 행정제도가 소기의 성과를 거두지 못하는 경우가 많았다. 선진국의 행정이론이 모든 국가에 적용가능하다고 전제하는 것은 무리가 있기 때문에 외국의 행정이론을 도입하는 경우 사전에 충분한 검토가 필요하다.

① 행정학의 기술성과 과학성   ② 행정학의 보편성과 특수성

③ 행정학의 가치판단과 가치중립성   ④ 행정학의 전문성과 일반성

16 광역행정의 방식에 대한 설명으로 옳지 않은 것은?

① 흡수통합은 자치단체를 몇 개 폐합하여 하나의 법인격을 가진 새로운 자치단체를 신설하는 방식이다.

② 공동처리방식은 둘 이상의 자치단체가 상호 협력관계를 형성하여 광역적 행정사무를 공동으로 처리하는 방식이다.

③ 연합은 기존의 자치단체가 각각 독립적인 법인격을 유지하면서 그 위에 광역행정을 전담하는 새로운 자치단체를 신설하는 방식이다.

④ 자치단체 간 계약은 한 자치단체가 다른 자치단체에게 일정한 대가를 받고 서비스를 제공하는 것을 말한다.

17 행정학의 접근방법 중 공공선택론의 특성에 해당하지 않는 것은?

㉠ 방법론적 개체주의	㉡ 국가의지의 강조
㉢ 부서목표의 극대화	㉣ 합리적 경제인
㉤ 교환으로서의 정치	㉥ 예산극대화

① ㉠㉣
② ㉡㉢
③ ㉢㉤
④ ㉢㉥

18 공무원 부패에 대한 다양한 접근방법 중 체제론적 접근방법을 설명하고 있는 것은?

① 특정한 지배적 관습이나 경험적 습성과 같은 요인이 공무원 부패를 조장한다고 보는 접근방법이다.

② 사회의 법과 제도상의 결함, 부패관리기구와 그 운영상의 문제점 또는 예기치 않았던 부작용들이 공무원 부패를 조장한다고 보는 접근방법이다.

③ 문화적 특성, 제도상 결함, 구조상 모순 그리고 공무원의 부정적 행태 등 다양한 요인에 의해 공무원 부패가 발생한다고 보는 접근방법이다.

④ 개인의 성격 및 독특한 습성과 윤리문제를 공무원 부패의 원인으로 접근하는 방법이다.

19 현행 우리나라 지방자치제도에 대한 설명으로 옳은 것을 모두 고르면?

> ㉠ 조례의 제정과 개폐 청구제, 주민투표제, 주민소송제, 주민소환제 등의 제도가 있다.
> ㉡ 제주특별자치도의 경우 자치계층과 행정계층이 일치하고 있다.
> ㉢ 중앙과 지방 간 기능배분 방식은 포괄적 예시 원칙을 폐지하고 보충성의 원칙을 적용하고 있다.
> ㉣ 지방교부세는 보통교부세, 특별교부세, 분권교부세, 부동산교부세 등으로 구분되어 있다.
> ㉤ 지방자치권은 자치입법권, 자치재정권, 자치조직권, 자치사법권으로 구성되어 있다.

① ㉠㉡ ② ㉡㉢

③ ㉠㉣ ④ ㉢㉤

20 우리나라 공무원 연금제도에 대한 설명으로 옳지 않은 것은?

① 공무원 연금제도는 공무원에 대한 사회보장제도의 일환이다.

② 우리나라에서는 1960년에 공무원연금법이 제정 공포되었다.

③ 보수후불설(거치보수설)에 따르면 퇴직연금은 공무원의 당연한 권리이다.

④ 공무원연금법 적용대상자에는 선거에 의해 취임하는 공무원을 포함한다.

☞ 정답 및 해설 P.18

1 행정가치에는 행정을 통해 이루고자 하는 궁극적 가치인 본질적 가치와 본질적 가치를 실현가능하게 하는 수단적 가치가 있다. 다음 중 본질적 가치로 옳은 것은?

① 형평성(equity)

② 합리성(rationality)

③ 민주성(democracy)

④ 합법성(legality)

2 선진국의 최근 예산제도 개혁에 대한 설명으로 옳지 않은 것은?

① 지출총액에 대한 통제를 강화하는 추세에 있으며, 이를 위하여 품목별 예산과 단년도 예산제도를 도입하였다.

② 예산집행의 자율성과 재량권을 확대하는 대신 절약에 대한 통제도 강화하기 위하여 매년 일정 비율로 국고에 반납토록 하는 효율성 배당제도를 도입하고 있다.

③ 권한의 위임과 융통성을 부여하기 위하여 운영예산제도를 도입하고 총액으로 예산을 결정하며 항목간 전용을 인정하고 있다.

④ 기존의 현금주의를 보완하기 위하여 발생주의를 도입하고 있다.

3 정책의제의 설정에 대한 설명으로 옳지 않은 것은?

① 체제 의제(systematic agenda)란 개인이나 민간 차원에서 쉽사리 해결될 수 없어서 정부가 이를 해결해야 한다고 많은 사람이 생각하는 정책적 해결 필요성이 있는 의제를 말한다.

② 동원형은 정부의 힘이 강하고 민간부문의 힘이 취약한 후진국에서 많이 나타나며, 의도적이고 일방적으로 국민을 무시하는 정부에서 나타날 수 있는 유형이다.

③ 외부주도형은 정책담당자가 아닌 외부 사람들의 주도에 의해 정책문제의 정부 귀속화가 이루어지는 유형이다.

④ 내부접근형은 정책담당자들에 의해 자발적으로 정책의제화가 진행되는 유형이다.

4 동기부여이론에 대한 설명으로 옳지 않은 것은?

① Maslow는 개인의 욕구는 학습되는 것이므로 개인마다 그 욕구의 계층에 차이가 많이 난다고 주장했다.

② Alderfer의 ERG이론은 Maslow와는 달리 순차적인 욕구발로뿐만 아니라 욕구좌절로 인한 욕구발로의 후진적·하향적 퇴행을 제시하고 있다.

③ Herzberg의 욕구충족요인 이원론에 대해 직무요소와 동기 및 성과 간의 관계가 충분히 분석되어 있지 않다는 비판이 있다.

④ Locke의 목표설정이론은 인간의 행동이 의식적인 목표와 성취의도에 의해 결정된다고 가정한다.

5 정책문제에 대한 설명으로 옳은 것으로만 연결된 것은?

> ㉠ 정책문제는 사익성을 띤다.
> ㉡ 정책문제는 객관적이고 자연적이다.
> ㉢ 정책문제는 복잡 다양하며 상호 의존적이다.
> ㉣ 정책문제는 정태적 성격을 갖는다.
> ㉤ 정책문제는 역사적 산물인 경우가 많다.

① ㉠㉡ ② ㉠㉢

③ ㉢㉣ ④ ㉢㉤

6 행정연구에서 혼돈이론(chaos theory)적 접근에 대한 설명으로 옳지 않은 것은?

① 복잡한 사회문제에 대한 통합적 접근을 시도한다.

② 행정조직은 개인과 집단 그리고 환경적 세력이 상호작용하는 복잡한 체제이다.

③ 행정조직은 혼돈상황을 적절히 회피하고 통제할 수 있는 능력이 요구된다.

④ 행정조직의 자생적 학습능력과 자기조직화 능력을 전제로 한다.

7 지방자치단체의 조직권을 강화하기 위한 방안의 하나로 도입된 '총액인건비제'에 대한 설명으로 옳지 않은 것은?

① 중앙정부에 의한 정원통제를 어느 정도 피할 수 있다.

② 정원 및 기구의 조정을 통해 조직 내에서 자동적인 제어기능이 작동한다.

③ 업무성격이나 내용에 따라 유연한 인력운영이 가능하다.

④ 표준정원제 운영에 적합하고, 지방자치단체장의 무분별한 기구와 정원관리의 폐해를 막을 수 있다.

8 **전자정부의 특징에 대한 설명으로 옳지 않은 것은?**

① 전자정부는 정보기술을 이용하여 정부활동의 시간적·공간적 제약을 축소한다.

② 전자정부는 공개지향적 정부로서 정부가 보유하고 있는 모든 정보에 대해 접근이 가능하다.

③ 전자정부는 생산성을 높이기 위해 정보기술 집약화를 이룩한 정부이다.

④ 전자정부는 대국민 서비스 제공의 효율화를 목표로 한다.

9 **행정통제를 향상시키기 위한 방안에 대한 설명으로 옳지 않은 것은?**

① 행정정보공개제도는 행정책임의 확보와 통제비용 절감에 기여할 수 있다.

② 행정절차의 명확화는 열린 행정과 투명행정을 통해 행정 기관과 시민 간의 분쟁을 방지할 수 있다.

③ 정책과정에서 시민참여 확대 및 자체감사 기능의 활성화는 투명하고 열린 행정을 가능하게 할 수 있다.

④ 옴부즈만제도의 권한으로서 독립적 조사권, 시찰권, 소추권 등은 대부분의 나라에서 인정하고 있다.

10 **의사전달의 장애요인에 대한 설명으로 옳지 않은 것은?**

① 어의상 문제, 의사전달 기술의 부족 등 매체의 불완전성으로 인해 의사전달의 장애가 발생할 수 있다.

② 수신자의 선입관은 준거틀을 형성하여 발신자의 의도를 왜곡할 수 있다.

③ 환류의 차단은 의사전달의 정확성을 제고할지 모르나 신속성이 우선되는 상황에서는 장애가 될 수 있다.

④ 시간의 압박, 의사전달의 분위기, 계서제적 문화는 의사전달에 영향을 미칠 수 있다.

11 정책결정모형에 관한 설명으로 옳지 않은 것은?

① 만족모형은 정책결정자나 정책분석가가 절대적 합리성을 가지고 있고, 주어진 상황 하에서 목표의 달성을 극대화할 수 있는 최선의 정책대안을 찾아낼 수 있다고 본다.

② 쓰레기통모형은 '조직화된 무정부상태' 속에서 나타나는 몇 가지 흐름에 의하여 정책결정이 우연히 이루어진다고 보는 정책모형이다.

③ 최적모형은 정책결정을 체계론적 시각에서 파악하고 정책성과를 최적화하려는 정책결정모형이다.

④ 혼합모형은 합리모형의 이상주의적 특성에서 나오는 단점과 점증모형의 지나친 보수성이라는 약점을 극복할 수 있는 전략으로 제시된 모형이다.

12 조직구조에 대한 특징 중 옳지 않은 것으로만 연결된 것은?

구분		기계적 구조	유기적 구조
장점	㉠	예측가능성	적응성
조직 특성	㉡	좁은 직무범위	넓은 직무범위
	㉢	적은 규칙/절차	표준운영절차
	㉣	분명한 책임관계	모호한 책임관계
	㉤	분화된 채널	계층제
	㉥	비공식적/인간적 대면관계	공식적/몰인간적 대면관계
상황 조건	㉦	명확한 조직목표와 과제	모호한 조직목표와 과제
	㉧	분업적 과제	분업이 어려운 과제
	㉨	단순한 과제	복합적 과제
	㉩	성과측정이 어려움	성과측정이 가능
	㉪	금전적 동기부여	복합적 동기부여
	㉫	권위의 정당성 확보	도전받는 권위

① ㉠㉢
② ㉢㉤
③ ㉤㉦
④ ㉦㉧

13 이슈 네트워크(issue network)와 비교한 정책동체(policy community)의 상대적 특성으로 옳지 않은 것은?

① 정책결정을 둘러싼 권력게임은 공동의 이익을 추구하는 정합게임(positive-sum game)의 성격을 띤다.
② 참여자들이 기본가치를 공유하며 그들 간의 접촉빈도가 높다.
③ 참여자의 범위가 넓고 경계의 개방성이 높다.
④ 모든 참여자가 교환할 자원을 가지고 참여한다.

14 예산집행의 신축성을 보장하기 위한 제도적 장치와 그것에 대한 설명으로 옳지 않은 것은?

① 총괄예산제도 — 구체적 용도를 제한하지 아니하고 포괄적인 지출을 허용하는 것
② 예산의 이용과 전용 — 예산의 목적 외 사용을 금지하는 한정성 원칙의 예외적 장치
③ 추가경정예산 — 국회의 의결에 의해 예산이 성립된 이후 상황 변화로 인해 사업을 변경하거나 새로운 사업을 추진해야 하는 경우 국회의결을 받아 예기치 못한 상태에 대처하는 예산
④ 예비비 제도 — 완공에 수년이 소요되는 대규모 공사·제조·연구개발 사업의 경우에 총액과 연부금을 정해 인정하는 제도

15 시장실패와 정부실패를 해결하기 위한 정부의 대응 방식에 대한 설명으로 옳지 않은 것은?

① 시장실패를 극복하기 위한 정부의 역할은 공적 공급, 공적 유도, 정부 규제 등으로 구분할 수 있다.
② 공공재의 존재에 의해서 발생하는 시장실패는 공적 공급의 방식으로 해결하는 것이 적합하다.
③ 자연독점에 의해서 발생하는 시장실패는 공적 유도(보조금)의 방식으로 해결하는 것이 적합하다.
④ 파생적 외부효과로 인한 정부실패는 정부 보조 삭감 또는 규제 완화의 방식으로 해결하는 것이 적합하다.

16 전자정부의 개념정의에 있어서 효율성 모델과 민주성 모델에 대한 비교 설명으로 옳지 않은 것은?

① 효율성 모델의 사회발전관은 기술결정론인데 반하여 민주성 모델은 사회결정론으로 볼 수 있다.

② 효율성 모델은 국민 편의의 극대화와 정책의 투명화·전문화 과정 등을 통한 정부 내부의 생산성 제고를 꾀하며, 민주성 모델은 행정과정상의 민주성 증진에 초점을 둔다.

③ 효율성 모델은 전자정부를 광의로 해석한 것이며, 민주성 모델은 협의로 해석한 것이다.

④ 효율성 모델은 행정전산망을 확충하거나 행정민원 해결을 강조하는데 반하여 민주성 모델은 전자민주주의와의 연계를 중요시한다.

17 '좋은 거버넌스(good governance)'에 대한 설명으로 옳지 않은 것은?

① 세계은행이 제3세계 국가들에 대한 대출조건으로서 사용한 개념이다.

② 행정의 투명성, 책임성, 통제 및 대응성이 높을수록 좋은 거버넌스라고 할 수 있다.

③ 행정업무 수행에서 공무원들이 효율적·개방적이면서도 타당한 정책결정과 집행을 할 수 있는 관료제적 능력을 지니는 것을 말한다.

④ 자유민주주의를 옹호하는 좋은 거버넌스는 효율성을 강조하는 신공공관리와는 결합되기 어렵다고 Rhodes는 주장했다.

18 공무원 평정제도로서 다양한 계급의 평가자가 피평가자를 평가하는 다면평가제도의 장점으로 옳지 않은 것은?

① 입체적·다면적 평가를 통해 평가의 객관성과 공정성을 높일 수 있다.

② 상급자가 직원들을 의식하지 않고 강력하게 업무를 추진할 수 있다.

③ 조직 내 원활한 인간관계를 증진시키려는 동기부여를 통해 업무의 효율성과 상호간 이해의 폭을 높일 수 있다.

④ 계층구조의 완화와 팀워크가 강조되는 새로운 조직유형에 적합한 평가제도이다.

19 공유재적 성격을 가지는 공공서비스의 특성에 대한 설명으로 옳은 것끼리 짝지어진 것은?

> ㉠ 인간은 합리적이고 이기적인 개인이라고 전제한다.
> ㉡ 소비의 배제는 불가능하지만, 경합성은 있는 공유재에 대한 정부의 실패를 설명해 준다.
> ㉢ 공유재는 비용회피와 과잉소비의 문제가 발생하지 않는다.
> ㉣ 사적 극대화가 공적 극대화를 파괴하여 구성원 모두가 공멸하게 된다.
> ㉤ 1968년에 Hardin의 논문에서 '공유지의 비극(tragedy of commons)'으로 설명되었다.

① ㉠㉡㉢
② ㉠㉣㉤
③ ㉡㉢㉣
④ ㉢㉣㉤

20 주민의 합의와 참여를 근거로 예산을 수립하는 '주민참여예산제도'에 대한 설명으로 옳지 않은 것은?

① 공공부문에서 예산운영의 효율성과 지출가치의 극대화보다는 예산주권의 극대화나 시민 욕구의 반영을 중요시하는 제도이다.

② 보수주의적 예산을 탈피하기 위하여 경직성경비를 삭감하고 최고관리층의 중앙집권적 통제에 의해 성과주의 예산과 목표기준예산을 활용한다.

③ 주민참여예산제도는 실질적 참여가 이루어지는 것을 전제로 하기 때문에 Arnstein의 주민권력단계에 속한다고 할 수 있다.

④ 관료중심의 예산운영으로 인한 전통적 비효율성과 지방자치단체장의 인기성, 선심성 예산운영으로 인한 비효율성을 극복하려는 사전적 주민통제방안이라고 할 수 있다.

☞ 정답 및 해설 P.23

1 다음 표에 제시된 공공서비스의 유형에 대한 설명으로 옳지 않은 것은?

특성		경합성 여부	
		경합성	비경합성
배제성 여부	배제성	㉠	㉡
	비배제성	㉢	㉣

① ㉠ – 기본적인 수요조차 충족하기 어려운 저소득층이나 사회적 약자를 위해 부분적인 정부개입이 필요하다.

② ㉡ – 서비스의 상당 부분이 정부에서 공급되는 이유는 부정적 외부효과로 인한 시장실패에 대응해야 하기 때문이다.

③ ㉢ – '공유재의 비극'을 초래하는 서비스로서 공급비용 부담 규칙과 무분별한 사용에 대한 규제 장치가 요구된다.

④ ㉣ – 과소 또는 과다 공급을 초래하는 만큼 원칙적으로 공공부문에서 공급해야 할 서비스이다.

2 신공공관리적 행정개혁의 문제점, 성과 및 과제에 대한 설명으로 옳지 않은 것은?

① 시장유사기제의 적용에 따른 문제점으로 민간위탁은 독과점의 폐해를 야기할 수 있다.

② 분권화와 권한이양에 따른 문제점으로 정책기능과 집행기능간 기능분담의 적절성 확보가 어렵다.

③ 공공부문의 책임성, 합리성 및 민주성 확보에 기여할 수 있다.

④ 신공공관리적 개혁의 효과성에 상대적으로 중요성이 높은 변수를 ㅂ개발하여 개혁수단으로 적용한다면적실성이 높아질 수 있다.

3 다음에서 공통적으로 설명하고 있는 것은?

> • 사회적 관계에서 상호이익을 위해 집합행동을 촉진시키는 규범과 네트워크
> • 행위자가 자신이 소속한 집단과 네트워크에 있는 자원에 접근함으로써 얻을 수 있는 자산
> • 사회적 네트워크 또는 사회구조의 구성원이 됨으로써 확보할 수 있는 행위자의 능력

① 뉴 거버넌스   ② 사회자본
③ 신제도론   ④ 조합주의

4 리더십에 대한 이론과 그에 대한 설명으로 옳지 않은 것은?

① 자질이론 – 지도자의 특성으로 지능과 인성 뿐 아니라 육체적 특징을 들고 있다.
② 행태이론 – 상이한 지도유형이 구성원의 과업 성과에 어떤 영향을 주는가를 분석한다.
③ 권력 영향력이론 – 지도자 행태, 부하의 성숙도, 그리고 특정 상황에 따른 각 지도자 행태의 효과성에 관심을 갖는다.
④ 상황 리더십이론 – 모든 조직에 적용할 수 있는 가장 효과적인 지도자 유형은 존재하지 않는다고 본다.

5 전자정부 및 지역정보화에 대한 설명으로 옳지 않은 것은?

① UN이 전자정부 발달단계에서 최종단계로 본 것은 통합처리(seamless) 단계이다.
② 지역정보화에는 기존의 산업화 과정에서 나타난 지역 간 격차문제 해결을 위해 지방정부의 주체적 노력이 요구된다.
③ 지역정보화는 지역 간 정보 격차를 해소하는 지역의 정보화와 지역의 균형적 발전을 위한 정보의 지방화를 포함한다.
④ 정보의 그레셤(Gresham) 법칙은 공개되는 공적정보시스템에는 사적정보시스템에 비해서 상대적으로 가치가 큰 정보가 축적되는 현상을 말한다.

6 발생주의회계에 대한 설명으로 옳은 것은?

① 자의적 회계처리가 불가능하여 통제가 용이하다.

② 기관별 성과의 비교가 가능하다.

③ 감가상각과 미지급금 등의 인식이 어렵다.

④ 자산, 부채, 자본(순자산) 등을 인식하지 못하는 단점이 있다.

7 각종 예산제도의 특성과 발달에 대한 설명으로 옳은 것은?

① 예산개혁의 정향은 주로 통제지향 → 기획지향 → 관리지향 → 참여지향 → 감축지향 순으로 진행되었다.

② 자본예산은 케인즈 경제학이나 후생경제학의 영향으로 성립된 예산제도로서 장기기획과 예산의 연계를 강조하게 된다. 그러나 행정부에 의한 기획중심적 성향으로 인하여 의회 예산심의기능의 약화를 초래할 수 있다.

③ 계획예산제도는 사업단위 뿐만 아니라 조직단위도 의사결정 단위가 될 수 있다는 점에서 영기준예산보다 더 융통성있는 제도라 할 수 있다.

④ 성과주의 예산은 단위원가를 근거로 신축적으로 예산을 수립하기 때문에 행정관리에 있어서 능률성을 추구한다. 따라서 장기적인 계획과의 연계보다는 구체적인 개별사업만을 중시하는 경향이 있다.

8 행정학의 주요 접근방법인 생태론적 접근방법의 특징에 대한 설명으로 옳지 않은 것은?

① 생태론적 접근방법을 행정학에 도입한 것은 1947년 가우스(J. M. Gaus)이다.

② 행정현상을 자연·사회·문화적 환경과 관련시켜 이해하려고 한다.

③ 행정이 추구해야 할 목표나 방향을 명확히 제시하고 있다.

④ 서구 행정제도가 후진국에서 잘 작동하지 않는 이유는 사회문화적 환경이 다르기 때문이라고 본다.

9 정부지출에 대한 설명으로 옳지 않은 것은?

① 정부의 총지출 규모는 일반회계 > 기금 > 특별회계의 순으로 크다.

② 기금은 특별회계처럼 국회의 심의 · 의결로 확정되며, 집행부의 재량이 상대적으로 큰 편이다.

③ 국가재정법상 금융성 기금의 주요항목 지출금액의 변경범위가 20 %를 초과하면 국회의 의결이 필요하다.

④ 국가재정법상 기금관리장치로 국정감사, 자산운용위원회, 기금운용심의회 등이 있다.

10 조직이론에서 집단의 성과에 영향을 미치는 요인에 대한 설명으로 옳지 않은 것은?

① 동질적인 집단은 신속성을 요구하거나 창조성을 요구하는 과업수행에 적합하다.

② 과업의 특성에 따라 집단 규모가 성과에 미치는 영향이 다르다.

③ 구성원들의 동조행동을 강요하는 규범의 역기능적 측면을 관리하여 성과를 향상시킨다.

④ 집단의 응집력이 반드시 조직의 목표달성에 기여한다고 볼 수는 없다.

11 세외수입의 종류와 그에 대한 설명을 바르게 연결한 것은?

> ㉠ 지방자치단체가 주민의 복지증진을 위해 설치한 공공시설을 특정소비자가 사용할 때 그 반대급부로 개별적인 보상원칙에 따라 지방자치단체의 조례에 의거하여 강제적으로 부과 · 징수하는 공과금이다.
>
> ㉡ 지방자치단체의 재산 또는 공공시설의 설치로 인해 주민의 일부가 특별히 이익을 받을 때 그 비용의 일부를 부담시키기 위해 그 이익을 받는 자로부터 수익의 정도에 따라 징수하는 공과금이다.
>
> ㉢ 지방자치단체가 특정인에게 제공한 행정 서비스에 의해 이익을 받는 자로부터 그 비용의 전부 또는 일부를 반대급부로 징수하는 수입이다.

	㉠	㉡	㉢
①	사용료	분담금	수수료
②	수수료	부담금	과년도 수입
③	사용료	부담금	과년도 수입
④	수수료	분담금	사용료

12 공공선택론적 행정학 연구의 특징이 아닌 것은?

① 합리적 경제인으로서의 개인
② 방법론적 개체주의
③ 정치는 합리적 개인들 간의 자발적 교환작용
④ 제도적 장치의 경시

13 학자와 조직유형간 관계를 연결한 것으로 옳지 않은 것은?

① Parsons – 강압적 조직, 공리적 조직, 규범적 조직
② Mintzberg – 단순구조, 기계적 관료제, 전문적 관료제, 할거적 구조, 임시체제
③ Blau & Scott – 호혜적 조직, 기업조직, 봉사조직, 공익조직
④ Cox, Jr. – 획일적 조직, 다원적 조직, 다문화적 조직

14 공무원 근무성적평정제도에 대한 설명으로 옳은 것을 모두 고른 것은?

> ㉠ 근무성적평정의 목적 중에는 공무원의 능력발전, 시험의 타당성 측정 등이 있다.
> ㉡ 우리나라는 평정상의 오차나 편파적 평정을 시정하기 위하여 이중평정제를 실시 한다.
> ㉢ 근무성적평정의 기준이 일정하지 않은 경우에 발생하는 오류를 시간적 오류라고 한다.
> ㉣ 근무성적평정 요소 간의 상대적 비중은 근무성적 50%, 직무수행능력 30%, 직무수행태도 20%이다.

① ㉠㉡ 　　　　　　　② ㉠㉢
③ ㉡㉣ 　　　　　　　④ ㉢㉣

15 정책평가의 내적타당도 저해요인에 대한 설명으로 옳지 않은 것은?

① 사건효과는 실험기간 동안에 일어난 역사적 사건이 실험에 영향을 미치는 것을 의미한다.

② 성숙(성장)효과는 실험기간 중 실험집단의 특성이 변화함으로써 결과에 영향을 미치는 것을 의미한다.

③ 시험효과는 측정자와 측정방법이 달라짐으로써 측정결과에 영향을 미치는 것을 의미한다.

④ 통계적 회귀는 실험집단으로 선정된 집단이 잘못 선정되어 측정하고자 하는 결과변수의 수준이 지나치게 높거나 낮았다가 다음 측정에서는 평균치로 향하는 것을 의미한다.

16 대표관료제(Representative Bureaucracy)에 대한 설명으로 옳지 않은 것은?

① 킹슬리(D. Kingsley)가 1944년에 처음 사용한 개념이다.

② 임명직 관료집단이 민주적 방법으로 행동하도록 하기 위한 방안으로 도입되었다.

③ 대표관료제는 내부통제를 강화하는 기능을 가지고 있다.

④ 관료들의 객관적 책임을 매우 현실적이라고 주장한다.

17 현상학적 접근방법에 대한 설명으로 옳은 것을 모두 고른 것은?

> ㉠ 행정현상의 본질, 인간인식의 특성, 이론의 성격 등 사회과학 연구의 본질적 문제에 대해 실증주의와 행태주의적 연구방법에 반대한다.
> ㉡ 진리의 기준을 맥락의존적인 것으로 보며, 상상·해체·영역해체·타자성 등의 핵심개념을 포함하고 있다.
> ㉢ 사회현상 또는 사회적 실재란 자연현상처럼 사람과 동떨어진 객체로 존재하는 것이 아니라, 사람들의 상호 주관적인 경험으로 이루어진다.
> ㉣ 복잡한 미래 사회에서 정부의 방향잡기 역할이 어렵거나 불가능하기 때문에 행정의 역할은 서비스를 제공해야 하는데 있음을 강조한다.

① ㉠㉡

② ㉠㉢

③ ㉡㉣

④ ㉢㉣

18 공직자윤리법과 그 시행령에 근거하여 재산등록 의무를 갖는 공무원이 아닌 것은?

① 건축 · 토목 · 환경 · 식품위생 분야의 대민 관련 인 · 허가 담당 지방자치단체 소속 7급 일반직 공무원
② 예산의 편성 및 심사를 담당하는 지방자치단체 소속 7급 일반직 공무원
③ 조세의 부과 · 징수 · 조사 및 심사를 담당하는 지방자치단체 소속 7급 일반직 공무원
④ 감사원 소속의 7급 일반직 공무원

19 정책의제설정이론에 대한 설명으로 옳지 않은 것은?

① Simon의 의사결정론은 왜 특정의 문제가 정책문제로 채택되고 다른 문제는 제외되는가에 대한 설명에 한계가 있다.
② 무의사결정론은 사회문제에 대한 정책과정이 진행되지 못하도록 막는 행동 등을 설명한 이론으로 엘리트 이론의 관점을 반영하는 것이다.
③ 체제이론에서는 체제의 능력을 과시하기 위해 다수의 사회문제를 정책문제로 채택한다고 본다.
④ 다원론에서는 어떤 사회문제로 인하여 고통을 받고 있는 집단이 있으면, 이들의 지지를 필요로 하는 누군가에 의해 그 사회문제가 정책문제로 채택된다고 본다.

20 프레스맨(Pressman)과 윌다브스키(Wildavsky)가 「집행론(Implementation)」에서 설명한 공동행동의 복잡성(Complexity of Joint Actions)에 대한 설명으로 옳지 않은 것은?

① Pressman과 Wildavsky는 실패한 정책인 The Oakland Project를 분석하여 정책집행과정을 설명하였다.
② Pressman과 Wildavsky는 정부사업이 성공하는 것이 얼마나 어려운 일인가를 설명하였다.
③ Pressman과 Wildavsky는 단순한 정부사업 또는 프로그램도 집행과정에서 많은 참여자와 다양한 관점과 길어진 의사결정과정을 통해 복잡한 프로그램으로 바뀐다고 설명하였다.
④ Pressman과 Wildavsky는 50개의 상호독립적인 의사결정점을 모두 통과할 수 있는 확률은 각 의사결정점을 통과할 수 있는 확률이 90%인 경우 약 5%라고 설명하였다.

☞ 정답 및 해설 P.27

1 직위분류제(position classification)의 장점으로 옳지 않은 것은?

① 행정의 전문화를 유도할 수 있다.
② 직무중심의 인사행정을 수행할 수 있게 한다.
③ 공무원의 신분보장과 직업공무원제를 확립하는 데 용이하다.
④ 현직 공무원의 교육훈련수요를 파악하는 데 기여할 수 있다.

2 옴부즈만(Ombudsman)제도에 대한 설명으로 옳지 않은 것은?

① 옴부즈만의 개인적 신망과 영향력에 의존하는 바가 크다.
② 비용이 적게 들고, 간편하게 문제해결이 가능하다.
③ 다른 통제기관들이 간과한 통제의 사각지대를 감시하는 데 유용하다.
④ 옴부즈만은 직권으로 조사활동을 개시하는 것이 일반적이지만, 예외적으로 국민의 요구나 신청에 의해 활동을 개시하기도 한다.

3 신공공관리론(New Public Management)에 대한 설명으로 옳지 않은 것은?

① 공공서비스의 민간위탁과 민영화보다는 시민과 기업이 참여하는 공동 공급을 중시한다.
② 시장주의와 신관리주의가 결합하여 전통적 관료제 패러다임의 한계를 극복하기 위한 것이다.
③ 가격메카니즘과 경쟁원리를 활용한 공공서비스의 제공을 강조한다.
④ 고객지향적인 공공서비스의 제공을 중시한다.

4 직무평가방법에 대한 설명으로 ㉠과 ㉡을 바르게 연결한 것은?

> (㉠)에서는 등급기준표를 미리 정해 놓고 각 직무를 등급정의에 비추어 어떤 등급에 배치할 것인가를 결정해 나간다. 미리 정한 등급기준이 있다는 점에서 (㉡)과 구분되지만, 양자는 직무를 포괄적으로 취급하고 수량적인 분석이 아닌 개괄적 판단에 의지한다는 점에서 서로 유사하다.

	㉠	㉡
①	분류법	서열법
②	분류법	요소비교법
③	서열법	분류법
④	요소비교법	분류법

5 아른슈타인(S. R. Arnstein)이 분류한 주민참여수준에 대한 설명으로 옳지 않은 것은?

① 회유(placation)는 주민이 정보를 제공받고, 각종 위원회 등에서 의견을 제시, 권고하는 등의 역할은 하지만, 주민이 정책결정에 영향력을 행사하는 능력은 갖지 못하는 수준이다.

② 정보제공(informing)은 행정기관과 주민간의 정보회로가 쌍방향적이어서 환류를 통한 협상과 타협에 연결되는 수준이다.

③ 대등협력(partnership)은 행정기관이 최종결정권을 가지고 있지만 주민이 필요하다고 판단될 경우 행정기관에 맞서서 자신의 주장을 내세울 만큼의 영향력을 갖고 있는 수준이다.

④ 권한위임(delegated power)은 주민이 정책의 결정·실시에 우월한 권력을 가지고 참여하는 경우로, 주민의 영향력이 강하여 행정기관은 문제해결을 위하여 주민을 협상으로 유도하는 수준이다.

6 공무원 연금제도에 대한 설명으로 옳지 않은 것은?

① 우리나라 「공무원연금법」의 적용 대상에는 장관도 포함된다.

② 우리나라의 공무원 연금제도는 기금제(pre-funding system 또는 funded plan)를 채택하고 있다.

③ 기금제는 운용·관리 비용이 적게 든다는 장점이 있다.

④ 기금제를 채택하는 경우 기금 조성의 비용을 정부에서 단독 부담하는 제도를 비기여제(non-contributory system)라 한다.

7 민츠버그(H. Mintzberg)의 조직유형론에 대한 설명으로 옳지 않은 것은?

① 단순구조(simple structure)는 집권화되고 유기적인 조직구조로서, 단순하고 동태적인 환경에서 주로 발견된다.

② 기계적 관료제(machine bureaucracy)는 단순하고 안정적인 환경에 적절한 조직형태로서, 주된 조정방법은 작업과정의 표준화이다.

③ 전문적 관료제(professional bureaucracy)는 수평·수직적으로 분권화된 조직형태로서, 복잡하고 안정적인 환경에 적합하다.

④ 사업부제조직(divisionalized form)은 기능부서간의 중복으로 인한 자원낭비를 방지할 수 있으며, 사업부내 과업의 조정은 산출물의 표준화를 통해 이루어진다.

8 다음이 설명하는 연구방법은?

> 준실험 설계방법 중에서 실험집단과 통제집단에 실험대상을 배정할 때 분명하게 알려진 자격기준(eligibility criterion)을 적용하는 방법으로, 투입자원이 희소하여 오직 대상 집단의 일부에게만 희소자원이 공급될 수밖에 없는 경우에 정책효과를 파악하기 위한 연구에 적합하다.

① 비동질적 통제집단설계(non - equivalent control group design)

② 회귀-불연속설계(regression discontinuity design)

③ 단절적 시계열설계(interrupted time - series design)

④ 통제-시계열설계(control - series design)

9 살라몬(L. M. Salamon)의 정책수단분류에서 직접성의 정도가 낮은 유형에 속하는 것끼리 묶은 것은?

> ㉠ 경제규제(economic regulation)
> ㉡ 보조금(grant)
> ㉢ 바우처(voucher)
> ㉣ 공기업(government corporations)

① ㉠㉢
② ㉠㉣
③ ㉡㉢
④ ㉡㉣

10 다음이 설명하는 정책분석방법은?

> 정책의 우선순위를 설정하고 예측을 하는 데 있어서, 하나의 문제를 더 작은 구성요소로 분해하고, 이 요소들을 둘씩 짝을 지어 비교하는 일련의 비교판단을 통해, 각 요소들의 영향력에 대한 상대적인 강도와 효용성을 나타내는 방법이다.

① 계층화분석법(analytical hierarchy process)

② 교차충격매트릭스방법(cross impactmatrix)

③ 정책델파이방법(policy delphi method)

④ 외삽법(extrapolation)

11 이스턴(D. Easton)이 정치체제(political system)모형에서 주장하는 '가치의 권위적 배분'과 가장 관련이 깊은 것은?

① 투입(input)

② 산출(output)

③ 전환(conversion)

④ 요구와 지지(demand & support)

12 피터스(B. Guy Peters)의 정부개혁모형 중 다음이 설명하는 것은?

> • 정책기능수행에서 기업가적 정부의 역할이 강조된다.
> • 조직구조에 대한 특정적 처방은 없다.
> • 관리작용의 자율성이 높다.
> • 거버넌스의 평가기준은 창의성과 행동주의이다.

① 탈규제적 정부모형　　　　　　② 신축적 정부모형
③ 시장적 정부모형　　　　　　　④ 참여적 정부모형

13 현행 「전자정부법」상 행정기관이 전자정부의 구현·운영 및 발전을 추진할 때 우선적으로 고려해야 하는 사항으로 옳지 않은 것은?

① 대민서비스의 전자화 및 행정기관 편의의 증진
② 행정업무의 혁신 및 효율성의 향상
③ 정보시스템의 안정성·신뢰성의 확보
④ 행정정보의 공개 및 공동이용의 확대

14 환경규제를 위한 정책수단을 명령지시적 규제와 시장유인적 규제로 나눌 경우, 시장유인적 규제수단에 해당하지 않는 것은?

① 부과금제도　　　　　　　　　② 공해권제도
③ 성과기준제도　　　　　　　　④ 보조금제도

15 사회자본(social capital)에 대한 설명으로 옳지 않은 것은?

① 부르디외(P. Bourdieu)는 서로 알고 지내는 사이에 지속적으로 존재하는 관계의 네트워크를 통하여 얻을 수 있는 실제적이고 잠재적인 자원의 합계로 정의하였다.
② 사회자본은 물적자본 및 인적자본과는 구분되는 자본으로 사회적 관계 속에 존재하는 것이다.
③ 사회자본은 사용할수록 점차 감소하기 때문에 소유주체가 지속적으로 유지하려는 노력을 투입해야 한다.
④ 후쿠야마(F. Fukuyama)는 국가의 복지수준과 경쟁력은 사회에 내재하는 신뢰수준이 결정한다고 보았다.

16 테이어(F. C. Thayer)가 주장하는 '계서제 없는 조작'의 특징으로 옳지 않은 것은?

① 소집단의 연합체 형성

② 책임과 권한에 따른 보수의 차등화

③ 집단내 또는 집단간 협동적 과정을 통한 의사결정

④ 모호하고 유동적인 집단과 조직의 경계

17 조세지출예산제도(tax expenditure budget)의 특징으로 옳지 않은 것은?

① 조세지출은 법률에 따라 집행되기 때문에 경직성이 강하다.

② 조세지출의 주된 분류방법은 세목별 분류로서 의회의 예산심의를 완화하기 위한 제도이다.

③ 조세지출은 세출예산상의 보조금과 같은 경제적 효과를 초래한다.

④ 과세의 수직적·수평적 형평을 파악할 수 있기 때문에 세수 인상을 위한 정책판단의 자료가 된다.

18 현행 「지방자치법」상 지방자치단체의 장의 보조기관은?

① 부단체장

② 사업소

③ 출장소

④ 읍면동

19 각 부처의 예산요구에 대해 중앙예산기관이 사용할 수 있는 대응전략들에 대한 내용으로 옳지 않은 것은?

① 한도액 설정법(fixed-ceiling budgeting) – 각 부처에 예산편성의 자율성을 부여할 수 있고 중앙예산기관은 예산사정 과정에서 도움을 받을 수 있다.

② 우선순위명시법(priority listing) – 각 부처는 예산사업 간의 우선순위를 책정함으로써 중앙예산기관이 예산을 사정하는데 도움을 줄 수 있다.

③ 항목별 통제법(item-item control) – 전체 사업의 관점에서 개별 사업을 검토하기가 힘들다는 문제점이 있다.

④ 증감분석법(increase-decrease analysis) – 모든 예산항목을 매년 재검토할 필요는 없지만, 각 기관에 필요한 기본 예산액이 얼마인지에 대한 충분한 검토가 이루어질 수 있다.

20 윌다브스키(A. Wildavsky)가 부(wealth)와 재정의 예측성(predictability)을 기준으로 분류한 예산과정형태 중에서, 경제력은 낮으나 재원의 예측 가능성이 높은 경우로서 미국의 지방정부에서 많이 발견되는 형태는?

① 점증예산(incrementalism)

② 대체점증예산(alternating incrementalism)

③ 반복예산(repetitive budgeting)

④ 세입예산(revenue budgeting)

☞ 정답 및 해설 P.31

1 왈도(D. Waldo)의 주장이나 사상으로 옳지 않은 것은?

① 행정에는 권위가 필요하지만 민주주의를 증진해야 한다는 전제를 배제할 수 없다고 보았다.

② 신행정학은 다양한 관점을 보이지만 대체로 규범이론, 철학, 사회적 타당성, 행동주의(activism)로 특징지을 수 있다고 하였다.

③ 행정관리론에서 개발된 행정 원리를 토대로 행정의 처방적 기능을 강조하였다.

④ 가치로부터 구분된 순수한 사실이란 존재하지 않는다고 주장하므로 사이몬(H. Simon)의 행태주의에 반대하는 입장이다.

2 니스카넨(Niskanen)의 예산극대화모형(budget-maximization model)에 대한 설명으로 옳지 않은 것은?

① 정치가는 사회후생의 극대화를 추구한다고 가정한다.

② 정치가는 총편익과 총비용의 차이인 순편익이 최대가 되는 수준에서 공공서비스를 공급하려 한다고 본다.

③ 관료는 자신의 효용을 극대화하려는 합리적 경제인이라고 가정한다.

④ 관료는 한계편익곡선과 한계비용곡선이 교차하는 점에서 공공서비스를 공급하려 한다고 본다.

3 공무원 개인의 가치와 태도를 토대로 공직사회 전체의 부패 정도를 설명하려는 경우에 발생되기 쉬운 오류는?

① 환원주의(reductionism) 오류

② 표본추출(sampling) 오류

③ 통계적 회귀(statistical regression) 오류

④ 생태적 오류(ecological fallacy)

4 고전적 조직이론의 기계적 조직관을 비판하고 조직 내 인간의 사회적 관계의 중요성을 주장하며 등장한 인간관계론의 궁극적인 목표로 옳은 것은?

① 조직의 성과 제고
② 조직 운영의 민주화
③ 조직 구성원의 자아실현
④ 조직 내부의 비공식 집단의 활성화

5 정책참여자들 간의 권력모형에 대한 설명으로 옳은 것은 모두 몇 개인가?

> ㉠ 신엘리트론자인 바흐라흐(Bachrach)와 바라츠(Baratz)는 정책문제 정의와 의제설정과정에 관한 엘리트론의 관점을 무의사결정론으로 설명하고자 하였다.
> ㉡ 다원주의와 신다원주의는 집단 간 경쟁의 중요성을 인정하는 점에서 같은 입장을 취하고 있다.
> ㉢ 다원주의는 정책결정에 있어서 정부의 이해관계와 영향력을 간과하고 있다고 비판을 받는다.
> ㉣ 하위정부모형은 공식적·비공식적 참여자들 간의 상호작용과 영향력 관계를 동태적으로 묘사하고 있다.

① 1개   ② 2개
③ 3개   ④ 4개

6 정책형성과정에 대한 설명으로 옳지 않은 것은?

① 제3종 오류를 방지하는 것이 정책문제 구조화의 핵심으로 간주된다.
② 주요 정책행위자들 간의 치열한 경쟁적 갈등관계는 철의 삼각(iron triangle)관계라고 불린다.
③ 정책문제를 정의하고 해석하는 과정은 다양한 결과에 이를 수 있는 애매하고 불투명한 과정으로 간주된다.
④ 정책행위자들은 실질적인 제약과 절차적인 제약 하에서 대안을 선택하게 된다.

7 우리나라에서 현재 시행되고 있는 예산제도에 대한 설명으로 옳은 것은?

① 국가와 지방자치단체 모두에 대해 성과계획서 및 성과보고서의 작성을 의무화하고 있다.
② 국가에 대해 조세지출예산서, 지방자치단체에 대해 지방세지출보고서의 작성을 의무화하고 있다.
③ 국가와 지방자치단체 모두에 대해 성인지 예산서 및 성인지 결산서의 작성을 의무화하고 있다.
④ 국가와 지방자치단체는 일반회계 예산총액의 100분의 1이내의 금액을 예비비로 계상하여야 한다.

8 현행 「공무원의 노동조합 설립 및 운영 등에 관한 법률」상 공무원노동조합에 대한 설명으로 옳지 않은 것은?

① 6급 이하의 일반직공무원 및 이에 상당하는 별정직·계약직공무원의 경우 법령에 의해 금지된 자를 제외하고는 노동조합에 가입할 수 있다.
② 정책결정에 관한 사항 등 근무조건과 직접 관련되지 아니하는 사항은 단체교섭을 할 수 없다.
③ 노동조합 전임자는 임용권자의 동의를 받아 노동조합 업무에만 종사할 수 있다.
④ 단체교섭이 결렬된 경우에 지방공무원노동조합은 해당 지방노동위원회에 조정을 신청할 수 있다.

9 우리나라 현행 제도상 사회적기업에 대한 설명으로 옳은 것은?

① 이익을 재투자하거나 그 일부를 연계기업에 배분할 수 있다.
② 재화 및 서비스의 생산·판매 등 영업활동을 하여야 한다.
③ 정부는 매년 사회적기업의 활동실태를 조사하고 육성계획을 수립·추진하여야 한다.
④ 설립 초기의 일정기간 동안에는 유급근로자를 고용하지 않고 무급근로자만으로 운영할 수 있다.

10 조직의 이중 순환고리 학습(double-loop learning)에 대한 설명으로 옳은 것은?

① 모건(G. Morgan)의 홀로그래픽(holographic) 조직설계를 위해 개발된 '학습을 위한 학습 원칙'과 관련성이 높다.

② 학습과정의 안정성이 필요하므로 개방적인 조직보다는 폐쇄적인 조직 하에서 발생할 가능성이 높다.

③ 학습과정에서 높은 수준의 통찰력을 요구하지만 학습효과는 빠르고 국소적으로 나타난다.

④ 기존의 운영규범 및 지식체계 하에서 오류를 발견하고 수정해가는 것이다.

11 공무원의 신분보장 및 퇴직에 대한 설명으로 옳지 않은 것은?

① 정치적 중립을 확보하기 위한 신분보장은 실적주의 및 직업공무원제 정착에 기여한다.

② 임의퇴직을 늘리기 위한 하나의 방편으로서 권고사직은 공무원에게 온정적 조치이지만 때로는 신분보장을 침해할 위험이 있다.

③ 우리나라 1급 공무원을 포함한 경력직 공무원은 형의 선고, 징계처분 또는 법령에서 정하는 사유에 따르지 아니하고는 본인의 의사에 반하여 휴직·강임 또는 면직을 당하지 아니한다.

④ 직위해제의 경우는 공무원의 신분을 유지하나, 해임 및 파면의 경우는 공무원의 신분을 상실한다.

12 포스트모더니티(postmodernity) 행정이론에 대한 설명으로 옳지 않은 것은?

① 파머(D. Farmer)는 패러다임 간의 통합(paradigm integration)을 연구전략의 하나로 주장하였다.

② 상대적이고 다원주의적이며, 동시에 해방주의적 성격의 세계관을 지니고 있다.

③ 바람직한 행정서비스는 다품종소량생산체제에서 제공될 가능성이 높다.

④ 파머(D. Farmer)에 따르면, 나 아닌 다른 사람을 인식적 타인(epistemic other)이 아닌 도덕적 타인(moral other)으로 인정한다.

13 정책집행연구에 있어서 하향적 접근방법에 대한 설명으로 옳지 않은 것은?

① 집행과정에서 나타나는 다양한 요인들을 연역적으로 도출한다.

② 명확한 정책목표와 그 실현을 위한 정책수단을 가지고 있다는 가정을 한다.

③ 집행을 주도하는 집단이 없거나, 집행이 다양한 기관에 의해 주도되는 경우를 설명하는데 유용하다.

④ 집행의 비정치적이고 기술적인 성격을 강조하는 입장이다.

14 우리나라 행정통제제도에 대한 설명으로 옳지 않은 것은?

① 국정감사는 국회가 국정 전반에 관하여 매년 9월 10일부터 20일간 실시하는 것을 원칙으로 한다.

② 재산등록의무자는 본인의 직계존속·직계비속·혼인한 자녀의 재산을 등록해야 한다.

③ 국가의 회계 및 지방자치단체의 회계는 감사원의 필요적 검사사항에 해당한다.

④ 감사원은 회계검사의 결과에 따라 국가의 세입·세출의 결산을 확인한다.

15 우리나라에서 현재 시행되고 있는 재정제도는?

① 국가예산의 편성과정에 국민의 참여를 허용하는 참여예산제도

② 지방예산의 편성시 세부내용을 미리 확정하기 곤란한 사업의 경우 총액규모만 반영하고 세부지출은 집행부서에 위임하는 총액계상예산제도

③ 국가재정지출에 있어서 낭비를 감시하고 그에 대한 책임을 추궁하는 납세자소송제도

④ 지방예산이 절약되거나 수입이 증대된 경우 그 일부를 기여자에게 보상으로 지급하는 예산성과금제도

16 공무원 보수제도로서 연봉제에 대한 설명으로 옳은 것은?

① 연봉제 도입을 통하여 관료제 내부의 공동체의식이나 팀정신이 향상된다.

② 연봉제는 실적주의 및 직위분류제를 강화시키지만 직업공무원제 및 계급제는 약화시키는 경향이 있다.

③ 우리나라의 경우 연봉액을 1년 단위로 책정하여 전액을 매년 1회 일괄해서 지급하는 것이 원칙이다.

④ 우리나라 고위공무원단에 속하는 공무원의 연봉제 수립에 있어서 직무분석이 직무평가보다 더 중요한 기능을 한다.

17 우리나라 현행 지방세제에 대한 설명으로 옳은 것은?

① 지방소비세는 특별시 · 광역시 · 도세이며, 지방소득세는 시 · 군 · 구세이다.
② 최근 유사 · 중복 세목이 통폐합되어 현재 보통세 8개와 목적세 3개의 세목으로 간소화
  되었다.
③ 기초자치단체는 목적세를 부과할 수 없다.
④ 재산과세 중 거래과세로 분류되는 취득세는 특별시 · 광역시 · 도세이며, 등록면허세는
  시 · 군 · 구세이다.

18 정책평가에 대한 설명으로 옳지 않은 것은?

① 형성평가(formative evaluation)는 정책집행과정에서 나타난 문제점을 해결함으로써 집
  행전략이나 집행설계를 수정 · 보완하는데 도움을 준다.
② 인과관계 추론의 조건으로 연관성(association), 시간적 선후성(time order), 비허위성
  (non-spuriousness)을 들 수 있다.
③ 메타분석(meta analysis)은 경험적 연구뿐만 아니라 이론적 연구에도 다양하게 적용할
  수 있는 장점이 있다.
④ 크리밍효과(creaming effect)는 어떤 요인이 내적 타당성과 외적 타당성을 모두 저해할
  수 있다는 것을 보여준다.

19 행정정보화 및 정보 · 지식정책과 관련된 설명으로 옳은 것은 모두 몇 개인가?

> ㉠ 지식관리에서는 암묵적 지식(tacit knowledge)을 명시적 지식(explicit knowledge)으로 전
>   환시켜 조직의 지식을 증폭시키는 것이 중요하다.
> ㉡ 정보재의 속성상 그 생산자는 자신의 소유권을 명확히 하기 어렵다.
> ㉢ 보편적 정보서비스정책의 준거 중에서 활용가능성이란 빈부격차 등 경제적인 이유 때문
>   에 배제되지 않아야 한다는 것을 의미한다.
> ㉣ 우리나라의 국가정보화 기본계획은 행정안전부장관이 수립한다.
> ㉤ 정보는 사물이나 사실을 기호로 표시한 것이고, 지식은 정보가 사용자에게 의미 있는 형
>   태로 가공된 결과이다.

① 2개   ② 3개
③ 4개   ④ 5개

20 베버(M. Weber)의 관료제에 대한 비판론자들이 있다. 그들이 주장하는 관료제의 병폐에 대한 설명으로 옳은 것을 모두 고른 것은?

> ㉠ 조직구성원은 한 가지의 지식 또는 기술에 관하여 훈련받고 기존규칙을 준수하도록 길들여지기 때문에 변동된 조건 하에서는 대응이 어렵게 된다.
> ㉡ 권한과 능력의 괴리, 상위직으로 갈수록 모호해지는 업적평가기준, 조직의 공식적 규범을 엄격하게 준수해야 한다는 압박감 등으로 조직구성원들이 불안해지므로 더욱 더 권위주의적인 행태를 가지게 된다.
> ㉢ 상관의 계서적 권한과 부하의 전문적 권력이 이원화됨에 따라 조직 내에서 갈등이 발생하게 되어 조직구성원들의 불만이 증대된다.
> ㉣ 집권적이고 권위주의적인 통제와 법규우선주의, 그리고 몰인격적(impersonal) 역할관계는 조직구성원의 사회적 욕구충족을 저해하며 그들의 성장과 성숙을 방해한다.

① ㉠㉣

② ㉠㉡㉢

③ ㉡㉢㉣

④ ㉠㉡㉢㉣

1 정책결정모형에 대한 설명으로 옳지 않은 것은?

① 점증주의적 정책결정모형은 합리주의적 정책결정모형의 현실적 한계를 비판하면서 등장한 모형으로서 다원적 정치체제의 정책결정에 대한 설명력이 높다.

② 에치오니(A. W. Etzioni)의 혼합탐색모형에서는 세부적 결정 단계에서 대안의 종류를 한정적으로 고려하고 대안들에 대한 분석은 개략적으로 한다.

③ 쓰레기통모형에서는 문제, 해결책, 선택 기회, 참여자의 네 요소가 독자적으로 흘러다니다가 어떤 계기로 교차해 만나게 될 때 결정이 이뤄진다고 본다.

④ 사이먼(H. A. Simon)은 현실적 제약 조건을 고려하여 제한된 합리성을 추구하는 정책결정모형을 제시하였다.

2 예산관리모형 중 '품목별 예산제도(LIBS)'에 대한 설명으로 옳지 않은 것은?

① 갈등을 야기할 수 있는 어려운 선택을 분할하기 때문에 모든 어려움에 한꺼번에 직면하지 않아도 된다.

② 기획 지향적이라기보다는 통제 지향적이다.

③ 회계책임을 묻는 데 용이하다.

④ 지출품목마다 그 비용이 얼마인가에 따라 예산을 배정하기 때문에 효율성 판단이 용이하다.

3 1990년대 이후부터 2000년대 초반까지 영·미 등 주요 선진국 행정개혁의 주장과 거리가 먼 것은?

① 시장원리의 도입을 통한 행정서비스 공급의 효율성 향상을 꾀한다.

② 책임성 향상에 대한 요구가 증가함에 따라 내부관리에 대한 규제를 보다 강화한다.

③ 자원배분의 기준으로서 투입보다는 성과를 중시한다.

④ 책임성과 효율성을 동시에 강조한다.

4 행정이념에 대한 설명으로 옳지 않은 것은?

① 19세기 후반 현대 미국 행정학의 태동기에 강조되었던 행정이념은 민주성과 합법성이었다.

② 효과성은 발전행정론에서 강조된 행정이념으로서 과정보다는 산출 결과에 중점을 둔다.

③ 롤스(J. Rawls)의 정의관은 자유와 평등의 조화를 추구하는 입장으로서 신행정론의 등장 이후 사회적 형평성 논의에 많은 영향을 미쳤다.

④ 민주성과 능률성은 항상 상충되는 것은 아니고 상호 보완적일 수 있다.

5 최근 정부회계제도 개혁의 일환으로 도입되고 있는 복식부기의 장점이 아닌 것은?

① 정부재정 활동의 효율성, 투명성, 책임성을 제고할 수 있다.

② 정부재정에 있어 미래 지향적 재정관리의 기반을 조성할 수 있다.

③ 공공부문의 생산성 향상을 위한 유용한 회계정보의 활용을 기대할 수 있다.

④ 상당액의 부채가 존재해도 현금으로 지출되지 않은 경우 재정건전 상태로 결산이 가능하다.

6 정책의제설정모형에 대한 설명 중 동원모형에 해당되는 것은?

① 정부 지도자들이 대중들의 지지를 확보하기 위하여 공공관계 캠페인(public relations campaign)을 벌인다.

② 정책확장이 정책 관련된 주제 대하여 특별한 지식이나 관심을 가진 집단들에 한정하여 이루어진다.

③ 심볼 활용(symbol utilization)이나 매스 미디어 등을 통해 쟁점이 확산된다.

④ 정책결정자들이 정치 과정을 통하여 사회적 이슈를 공식적 정책의제로 채택하는 전략적 과정을 설명하는 논리이다.

7 ‘정책네트워크(policy network)’에 대한 설명으로 옳지 않은 것은?

① 참여자 간 교호작용 속에서 형성되는 연계가 중요하고 참여자와 비참여자를 구분하는 경계가 없다.

② 정책형성뿐만 아니라 정책집행까지 설명하는 유용한 도구이다.

③ 정책네트워크 유형에는 하위정부, 정책공동체, 정책문제망 등이 있다.

④ 행위자들 사이에 나타나는 상호작용의 패턴을 찾아내는 데 사용된다.

8 정책집행 연구의 접근 방법에 대한 설명으로 옳은 것은?

① 나카무라(R. T. Nakamura)와 스몰우드(F. Smallwood)의 관료적 기업가(bureaucratic entrepreneur) 모형에 따르면 정보, 기술, 현실 여건들 때문에 정책결정자들은 구체적인 정책이나 목표를 설정하지 못하고 추상적인 수준에 머문다.

② 사바티어(P. Sabatier)의 정책지지연합모형(advocacy coalition framework)은 하향적 접근 방법의 분석 단위를 채택하고, 여기에 영향을 미치는 요인으로 상향적 접근 방법의 여러 가지 변수를 결합한다.

③ 일선집행관료이론을 주장한 립스키(M. Lipsky)는 일선의 문제성 있는 업무환경으로 자원부족, 권위에 대한 도전, 정책 담당자의 보수성 등 세 가지를 제시하였다.

④ 버먼(P. Berman)의 상황론적 집행모형에 따르면 거시적 집행구조는 실질적인 집행이 가능하고 의도한 효과가 발생되도록 프로그램을 어느 정도 구체화하는 것을 의미한다.

9 공기업 민영화와 관련해 '역대리안' 이론이 제기하는 문제점으로 가장 적합한 것은?

① '주인-대리인' 문제가 반복됨으로써 대리인 문제나 비효율의 문제가 반복된다.

② 민간이 흑자 공기업만 인수하려고 하기 때문에 적자 공기업은 매각되지 않고, 흑자 공기업만 매각된다.

③ 민영화 이후에 공공서비스가 제대로 공급되지 못하는 경우가 나타난다.

④ 민영화의 과정에서 정부가 일부 지분을 계속 유지하려고 한다.

10 현상학적 접근 방법의 주요 내용으로 적절하지 않은 것은?

① 인간의 의도된 행위와 표출된 행위를 구별하고, 관심 분야는 의도된 행위에 두어야 한다.

② 조직 내외에 있는 인간들은 자신의 행위나 다른 사람들의 행위에 의미를 부여함으로써 조직을 설계한다.

③ 객관적 존재의 서술을 위해서는 현상을 분해하여 분석할 필요가 있다.

④ 조직의 중요성은 겉으로 나타난 구조성에 있는 것이 아니라 그 안에 있는 가치, 의미 및 행동에 있다.

11 신중앙집권화의 촉진요인으로 적절하지 않은 것은?

① 유엔의 '리우선언'(1992)에 따른 환경보존행동계획

② 정보통신기술 및 교통의 발달로 인한 생활권역의 확대

③ 경제력 및 세원의 편제로 인한 지방자치단체 간 재정력 격차의 확대

④ 환경문제, 보건문제 등 전국적인 문제의 발생

12 조직구조모형을 유기적인 성격이 약한 것에서부터 강한 것의 순서로 바르게 배열한 것은?

① 네트워크구조 〈 매트릭스구조 〈 수평구조 〈 사업구조 〈 기능구조

② 기능구조 〈 사업구조 〈 수평구조 〈 매트릭스구조 〈 네트워크구조

③ 기능구조 〈 사업구조 〈 매트릭스구조 〈 수평구조 〈 네트워크구조

④ 기능구조 〈 매트릭스구조 〈 사업구조 〈 수평구조 〈 네트워크구조

13 정부혁신의 일반적 특징으로 옳지 않은 것은?

① 행정을 인위적·계획적으로 변화시키려는 것이므로 개혁 주도자들에 의해 계획적이고 전략적으로 추진되어야 한다.

② 조직관리의 기술적인 속성과 함께 권력투쟁, 타협, 설득이 병행되는 정치적·사회심리적 과정으로, 행정 내부에서만 이루어지는 것이 아니라 행정 외부의 정치세력들과 상호 연결되어 있다.

③ 반드시 의도한 결과만을 초래하는 것이 아니라 의도하지 않는 결과를 초래할 수도 있으며, 부작용과 저항, 나아가 개혁의 실패까지도 나타날 수 있다.

④ 생태적 속성을 지닌 비연속적 과정으로, 새로운 개혁 조치들이 개혁집단에 의해 주도되어 집행되는 제도로서 정착되기 위해서는 단기 집약적인 노력이 필요하다.

14 인사행정 관련 제도에 대한 설명으로 옳지 않은 것은?

① 관료들이 출신 집단의 이익을 위해 적극적으로 행동하는 적극적 대표는 민주주의에 위협요소로 작용할 수 있다.

② 직위분류제는 계급제에 비해 인력 활용의 융통성과 효율성이 높아 탄력적 인사관리가 가능하다는 장점을 가진다.

③ 우리나라에서 시행되고 있는 양성평등채용목표제, 지역인재추천채용제 등은 관료제의 대표성을 제고하기 위해 도입된 제도이다.

④ 엽관제는 선출직 정치지도자들을 통해 관료집단에 대한 통제를 용이하게 함으로써 관료제의 대응성을 제고할 수 있다.

15 지방자치단체 재정자립도 개념의 한계에 대한 설명으로 옳지 않은 것은?

① 지방자치단체의 일반회계만을 고려하고 특별회계와 기금 등을 종합적으로 고려하지 못하므로 지방자치단체의 실제 재정력이 과소평가된다.

② 일반회계에서 차지하는 자체 재원의 비율이 높을수록 재정자립도가 높게 산정되기 때문에 지방교부세를 받은 지방자치단체는 재정력이 커짐에도 불구하고 재정자립도는 반대로 낮아지게 된다.

③ 지방자치단체의 세출을 중심으로 산정되기 때문에 지방자치단체의 재정력을 효과적으로 파악하기 곤란하다.

④ 지방자치단체 간의 상대적 재정 규모를 평가하지 못하는 문제가 있다.

16 행정윤리를 벗어나는 행정권 오용행위에 대한 설명으로 옳은 것은?

① '비윤리적 행위'란 공무원들이 고속도로 통행료를 착복하고 영수증을 허위 작성한다든가 또는 공공기금을 횡령하고 계약의 대가로 지불금의 일부를 가로채는 등의 행위를 말한다.

② '부정행위'란 공무원들이 친구 또는 특정 정파에 호의를 베풀거나 자신의 경제적 이익을 위해 어떤 결정을 내리는 행위를 말한다.

③ '입법의도의 편향된 해석'이란 정부가 환경보호 의견을 무시한 채 관련 법규에서 개발업자나 목재회사 측의 편을 들어 벌목을 허용하는 등의 행위를 말한다.

④ '실책의 은폐'는 공무원들이 부여된 재량권을 행사하지 않고 적극적인 조치를 취하기를 꺼리는 현상을 말한다.

17 현행 전자정부 관련 법령상 우리나라 전자정부서비스에 대한 설명으로 옳지 않은 것은?

① 행정기관의 장은 해당 기관에서 처리할 민원 사항에 대하여 관련 법령에서 종이문서로 신청하도록 규정하고 있는 경우 전자문서로 신청을 하게 할 수 없다.

② 민원사항과 관련하여 전자문서로 신청을 하는 경우 전자문서에 첨부되는 서류는 전자화문서로 할 수 있다.

③ 행정기관의 장은 민원인이 제출하여야 하는 구비서류가 행정기관이 전자문서로 발급할 수 있는 문서인 경우에는 직접 그 구비서류를 발급하는 기관으로부터 발급받아 업무를 처리해야 한다.

④ 행정기관의 장은 전자민원창구를 설치할 경우 특별한 사유가 없으면 소속 기관마다 설치할 것이 아니라 하나의 창구로 설치해야 한다.

18 제안제도의 직접적인 효용으로 옳지 않은 것은?

① 행정절차의 간소화, 경비 절감 등의 업무 개선
② 공직의 침체 방지와 비공식적 집단의 활성화
③ 조직 구성원의 자기 개발 능력을 자극하여 창의력, 문제 해결 능력 신장
④ 참여의식 조장으로 조직 구성원의 사기 제고

19 리더십에 대한 설명으로 옳지 않은 것은?

① 피들러(F. Fiedler)에 따르면 리더십의 효과성을 제고하기 위해서는 리더의 스타일을 정확히 파악하고 상황에 맞춰 리더를 배치하는 것이 필요하다.

② 하우스(R. J. House)의 경로-목표이론에 따르면 참여적 리더십은 부하들이 구조화되지 않은 과업을 수행할 때 필요하다.

③ 허시(P. Hersey)와 블랜차드(K. Blanchard)의 생애주기이론에 따르면 효과적 리더십을 위해서는 리더가 부하의 성숙도에 따라 다른 행동 양식을 보여야 한다.

④ 리더십대체이론(leadership substitutes theory)에 따르면 구성원들이 충분한 경험과 능력을 갖추고 있는 상황에서는 지원적 리더십이 불필요하다.

20 공공서비스 공급 방식에 대한 설명으로 옳은 것은?

① 집합재는 원칙적으로 민간위탁 방식으로 공급해야 할 서비스이다.

② 요금재는 독점이익의 왜곡을 방지하기 위해 주로 일반행정 방식이나 책임경영 방식이 활용되어 왔고 민간기업의 참여가 활성화되어 있지 않다.

③ 민간위탁 방식 중 면허 방식은 공공서비스에 대한 요건을 구체적으로 명시하기 곤란하거나 서비스가 기술적으로 복잡하고 서비스의 목표를 어떻게 달성할 것인지가 불확실한 경우에 사용된다.

④ 공유재의 비극을 해결하기 위해 고전적 공유재 모형이 제시한 전형적인 대안들은 공유재산을 사유화하는 방식이었다.

☞ 정답 및 해설 P.42

1 행정학의 접근방법 중 신제도주의에 대한 설명으로 옳지 않은 것은?

① 제도가 수행하는 기능, 제도와 개인행태 사이의 관계, 제도의 성립과 변화를 설명한다.
② 행태주의에 대한 반발로서 등장하였다.
③ 법과 공식적인 제도에 대한 정태적 서술에 초점을 두고 있다.
④ 역사적 제도주의는 정치행위자를 합리적 극대화론자라기보다는 규칙을 준수하는 만족화 주의자(satisficer)로 본다.

2 조직군생태이론에 대한 설명으로 옳지 않은 것은?

① 조직은 환경을 선택하는 능동적인 존재이다.
② 조직변화는 종단적 분석에 의해서만 검증 가능하다고 전제한다.
③ 조직이 생겨나고 없어지는 원인을 환경적 적합도에서 찾는다.
④ 전략적 선택이나 집단적 행동의 중요성을 경시한다.

3 관료제의 역기능 모형에 대한 설명으로 옳지 않은 것은?

① 머튼(Merton)모형은 관료에 대한 최고관리자의 지나친 통제가 관료들의 경직성을 초래한다고 본다.
② 셀즈닉(Selznick)모형은 권한의 위임과 전문화가 조직 하위 체제의 이해관계를 지나치게 분열시킨다고 본다.
③ 맥커디(McCurdy)모형은 계층제적 관료조직 내에서 구성원이 각자의 능력을 넘는 수준까지 승진하게 된다고 본다.
④ 골드너(Gouldner)모형은 관료들이 규칙의 범위 내에서 최소한 행태만을 추구하여 무사안일주의를 초래한다고 본다.

4 점증주의적 정책변동과 가장 관련이 깊은 것은?

① 수확체감의 법칙(law of diminishing returns)

② 티핑 포인트(tipping point)

③ 단절적 균형모형(punctuated equilibrium model)

④ 자기강화기제(self-reinforcing mechanism)

5 아이스톤(Eyestone)이 제시한 정책의제 형성과정에 대한 설명으로 옳지 않은 것은?

① 사회문제(social problem)는 개인의 문제가 다수로부터 공감을 얻게 되어 많은 사람들의 문제로 인식된 상태를 말한다.

② 공공의제(public agenda)는 일반대중의 주목을 받을 가치는 있으나, 아직 정부가 문제해결을 하는 것이 정당한 것으로 인정되지 않는 상태를 말한다.

③ 사회논제(social issue)는 사회문제가 여러 가지 다른 견해를 갖는 다수의 집단들로 하여금 논쟁을 야기하며, 일반인의 관심을 집중하고 여론을 환기시키는 상태를 말한다.

④ 공식의제(official agenda)는 여러 가지 공공의제들 중에서 정부가 그 해결을 위하여 심각하게 관심과 행동을 집중하는 정부의제로 선별되는 상태를 말한다.

6 정책네트워크 모형에 대한 설명으로 옳지 않은 것은?

① 사회학이나 문화인류학의 연구에서 이용되어 왔던 네트워크 분석을 다양한 참여자들의 행위들로 특징지어지는 정책과정의 연구에 적용한 것이다.

② 행위자들 간의 연계는 의사소통과 전문지식, 신뢰, 그리고 여타 자원을 교환하는 통로로 작용한다.

③ 미국의 경우 정당과 의회중심의 정책과정 설명이 한계에 부딪히면서 등장하였다.

④ 이슈네트워크는 정부부처의 고위관료, 의원, 기업가, 로비스트, 학자, 언론인 등 특정 영역에 이해관계가 있거나 관심을 가지는 사람들 간의 네트워크이다.

7 다양한 이해관계가 충돌하는 복잡한 정책상황에서 정책중재자의 중요성은 더욱 높아져 가고 있다. 정책중재자에 대한 설명으로 옳지 않은 것은?

① 다원주의 정책상황에서 상대적으로 더 필요한 정책행위자이다.

② 갈등상황에 있는 정책이해관계자들의 상호 정책학습을 촉진하는 역할을 한다.

③ 강력한 권위를 바탕으로 이해관계자들에게 압력을 가하는 중재방식을 사용하기도 한다.

④ 정부는 공식적 권위를 지닌 정책중재자로서 가장 민주적인 역할을 한다.

8 덴하르트(Denhardt)의 신공공서비스이론에 대한 설명으로 옳은 것을 모두 고른 것은?

> ㉠ 공무원의 반응대상을 시민보다 고객에 두고 있고, 정부의 역할을 공유된 가치창출을 위한 봉사활동으로 보는 점에서 뉴거버넌스 이론과 유사하다.
> ㉡ 전략적 합리성보다 기술적·경제적 합리성을 추구하는 점에서 신공공관리론과 유사하다.
> ㉢ 이론적 토대는 민주주의 이론, 실증주의, 해석학, 비판이론 등 복합적이다.
> ㉣ 공익을 공유가치에 대한 담론의 결과로 보고 법, 공동체, 정치규범, 전문성, 시민이익 존중 등 다면적 책임성을 강조한다.
> ㉤ 공무원의 동기유발수단을 보수와 편익, 기업가 정신이 아닌 사회봉사 및 사회에 기여하려는 욕구에 두고 있다.

① ㉠, ㉡, ㉢

② ㉠, ㉣, ㉤

③ ㉡, ㉢, ㉣

④ ㉢, ㉣, ㉤

9 매트릭스 구조에 대한 설명으로 옳지 않은 것은?

① 기능부서의 신속한 대응성과 사업부서의 전문성에 대한 필요에 의해 결합된 조직이다.

② 기능부시 통제 권한의 계층은 수직적으로 흐르고, 사업부서 간 조정 권한의 계층은 수평적으로 흐르게 된다.

③ 조직구성원은 동시에 두 명의 상관에게 보고하는 체계를 가진다.

④ 개인들이 다양한 경험을 할 수 있기 때문에 전문기술의 개발과 더불어 넓은 시야를 갖출 수 있는 기회가 된다.

10 「국가공무원법」에서 제한하고 있는 공무원의 정치활동과 거리가 먼 것은?

① 정당이나 그 밖의 정치단체의 결성에 관여하거나 가입하는 것

② 투표권 행사여부에 대하여 사적 견해를 제시하는 것

③ 특정 정당의 지지를 위해 서명운동을 주재하거나 권유하는 것

④ 타인에게 정당이나 그 밖의 정치단체에 가입하도록 권유운동을 하는 것

11 근무성적 평정 방법과 그 단점에 대한 설명으로 옳지 않은 것은?

① 행태관찰척도법은 도표식 평정척도법이 갖는 등급과 등급 간의 모호한 구분과 연쇄효과와의 오류가 나타날 수 있다.

② 중요사건기록법은 평정자인 감독자와 피평자인 부하가 해당 사건에 대해 서로 토론하는 과정에서 피평정자의 태도와 직무수행을 개선하기 어렵고, 이례적인 행동을 지나치게 강조하게 될 위험이 있다.

③ 강제배분법은 평정자가 미리 정해진 비율에 따라 평정대상자를 각 등급에 분포시키고, 그 다음에 역으로 등급에 해당하는 점수를 부여하는 역산식 평정을 할 가능성이 높다.

④ 체크리스트평정법은 평정요소에 관한 평정 항목을 만들기가 힘들 뿐만 아니라, 질문 항목이 많을 경우 평정자가 혼란을 갖게 된다.

12 정부조직을 유연하게 만들기 위한 관리융통성 제도에 해당되지 않는 것은?

① 팀제   ② 총액인건비제

③ 개방형 임용제   ④ 실적주의

13 예산집행 시 회계책임을 명확히 하기 위한 분류로 옳지 않은 것은?

① 조직별 분류   ② 기능별 분류

③ 활동별 분류   ④ 품목별 분류

14 집중구매제도의 장점에 대한 설명으로 옳지 않은 것은?

① 재정적 통제체계를 향상시킬 수 있다.

② 긴급수요나 예상외의 수요에 신속히 대처할 수 있다.

③ 대량구매의 이점을 활용할 수 있다.

④ 일괄구매를 통해 구입절차를 단순화할 수 있다.

15 예산의 신축성 유지방법 중 '정부조직개편'과 가장 관련이 있는 것은?

① 전용(轉用) ② 이용(利用)

③ 이체(移替) ④ 이월(移越)

16 부패의 유형과 그 예에 대한 설명으로 옳지 않은 것은?

① 회색부패는 금융위기가 심각함에도 불구하고 국가적 동요를 막기 위해 관련 공직자가 문제없다고 거짓말을 하는 것이다.

② 제도화된 부패는 인·허가와 관련된 업무를 처리할 때 소위 '급행료'를 지불하는 것이다.

③ 일탈형 부패는 무허가업소를 단속하던 단속원이 금품을 제공하는 특정업소에 대해 단속을 하지 않는 것이다.

④ 개인부패는 공무원 개인이 직무를 수행하면서 공금을 횡령한 것이다.

17 티보(Tiebout) 발로 하는 투표(voting with feet) 가설에 대한 설명으로 옳지 않은 것은?

① 주민의 자유로운 이동을 전제로 한다.

② 분권화된 체제에서 효율적인 자원배분이 이루어진다.

③ 지방자치단체의 주된 재원은 지방소비세가 되어야 한다.

④ 지역재정프로그램의 혜택은 그 지역주민만이 누릴 수 있어야 한다.

18 지방자치단체의 기관구성에 대한 설명으로 옳지 않은 것은?

① 기관대립형은 이원적 구성으로 인한 비효율성을 야기할 수 있다.

② 기관통합형은 기관대립형과는 달리 지방의회만을 주민 직선으로 구성한다.

③ 기관대립형을 채택하고 있는 대표적인 나라는 일본, 독일이다.

④ 우리나라는 기관대립형을 채택하면서도 단체장의 지위를 강화하였다는 특징을 가진다.

19 측정의 타당성에 대한 설명으로 옳은 것은?

① 추상적 개념과 측정지표 간의 일치 정도를 구성개념 타당성이라 한다.

② 어떤 개념의 측정지표와 이미 타당성이 검증된 다른 기준과의 상관성 정도를 내용 타당성이라 한다.

③ 측정지표가 지표의 모집단을 대표하고 있는 정도를 기준타당성이라 한다.

④ 같은 개념을 상이한 측정방법으로 측정했을 때, 그 측정값사이의 상관관계의 정도를 차별적 타당성이라 한다.

20 행정정보공개에 대한 설명으로 옳지 않은 것은?

① 국민생활에 큰 영향을 미치는 정책정보는 청구가 없더라도 공개해야 한다.

② 유비쿼터스(ubiquitous) 정부의 실현은 행정정보공개제도의 실질적 구현에 긍정적인 영향을 미칠 수 있다.

③ 행정정보공개의 확대는 공무원의 도전적이고 적극적인 행태를 조장한다.

④ 정보공개청구제도는 특정 청구인을 대상으로 한다.

☞ 정답 및 해설 P.48

1 시장실패의 원인이 아닌 것은?

① 규모의 경제
② 정보의 비대칭성
③ X−비효율성
④ 외부효과의 발생

2 정책유형 중 국민들에게 권리나 혜택 또는 서비스를 나누어 주는 배분정책(distributive policy)에 속하는 것은?

① 고속도로, 항만, 공항 등 사회간접자본을 구축하는 정책
② 그린벨트내 공장 건설을 금지하는 정책
③ 계층간의 소득을 재분배하여 소득격차를 해소하는 정책
④ 정부체제를 유지하기 위하여 인적, 물적자원을 동원하는 정책

3 정책의제형성에 영향을 미치는 요인들에 대한 설명으로 옳지 않은 것은?

① 문제가 사회적 유의성이 높을수록 의제로 채택될 가능성이 높다.
② 단순한 문제가 의제로 채택될 가능성이 높다.
③ 극적인 사건이나 위기 등은 의제로 채택될 가능성이 높다.
④ 선례가 있는 문제들은 의제로 채택될 가능성이 낮다.

4 킹던(J.W. Kingdon)의 '정책의 창 이론(Policy Window Theory)'에서, 서로 결합하여 새로운 정책의제로 형성되는 독립된 흐름이 아닌 것은?

① 정보의 흐름(information stream)

② 정치의 흐름(political stream)

③ 정책의 흐름(policy stream)

④ 문제의 흐름(problem stream)

5 위원회의 유형과 우리나라 정부조직을 바르게 연결한 것은?

① 자문위원회 - 공정거래위원회

② 조정위원회 - 중앙선거관리위원회

③ 행정위원회 - 소청심사위원회

④ 독립규제위원회 - 경제관계장관회의

6 공무원의 징계에 대한 설명으로 옳지 않은 것은?

① 징계로 파면처분을 받은 때부터 5년이 지나지 아니한 자와, 징계로 해임처분을 받은 때부터 3년이 지나지 아니한 자는 공무원으로 임용될 수 없다.

② 금품 및 향응 수수, 공금의 횡령·유용으로 징계 해임된 자의 퇴직급여는 감액하지 아니한다.

③ 탄핵 또는 징계에 의하여 파면된 경우, 재직기간이 5년 이상인 사람의 퇴직급여는 1/2을 감액하여 지급한다.

④ 탄핵 또는 징계에 의하여 파면된 경우, 재직기간이 5년 미만인 사람의 퇴직급여는 1/4을 감액하여 지급한다.

7 국회의 결산심사에 대한 설명으로 옳지 않은 것은?

① 예산집행과정에서 위법 또는 부당한 지출이 있었는지의 여부를 확인하는 통제기능과, 예산운용에 대한 평가결과를 다음 연도 예산 심의에 반영하는 환류기능을 수행한다.

② 예산결산특별위원회의 결산심사는 제안설명과 전문위원의 검토보고를 듣고, 종합정책질의, 부별심사 또는 분과위원회심사 및 찬반토론을 거쳐 표결한다.

③ 결산의 심사결과 위법 또는 부당한 사항이 있는 때에 국회는 본회의 의결후 정부 또는 해당기관에 변상 및 징계조치 등 그 시정을 요구하고, 정부 또는 해당기관은 시정요구를 받은 사항을 지체없이 처리하여 그 결과를 국회에 보고하여야 한다.

④ 예산결산특별위원회 위원장은 결산을 소관상임위원회에 회부할 때에 심사기간을 정할 수 있으며, 상임위원회가 이유없이 그 기간내에 심사를 마치지 아니한 때에는 이를 바로 예산결산특별위원회에 회부할 수 있다.

8 직위분류제의 출발에 영향을 미친 것을 모두 고르면?

㉠ 과학적 관리론	㉡ 종신고용보장
㉢ 보수의 형평성 요구	㉣ 실적주의(merit system) 요구

① ㉠, ㉢
② ㉡, ㉣
③ ㉠, ㉢, ㉣
④ ㉠, ㉡, ㉢, ㉣

9 다음은 지방자치단체 상호간 관계에 대한 설명이다. ㉠~㉢에 들어갈 말을 순서대로 바르게 나열한 것은?

- 2개 이상의 지방자치단체가 하나 또는 둘 이상의 사무를 공동으로 처리할 필요가 있을 때에는 규약을 정하여 그 지방의회의 의결을 거쳐 시·도는 안전행정부장관의, 시·군 및 자치구는 시·도지사의 승인을 받아 | ㉠ | 을(를) 설립할 수 있다.
- 지방자치단체의 장이나 지방의회의 의장은 상호 간의 교류와 협력을 증진하고, 공동의 문제를 협의하기 위하여 전국적 | ㉡ | 를 설립할 수 있다.
- 지방자치단체 상호간이나 지방자치단체의 장 상호간 사무를 처리할 때 의견이 달라 생긴 분쟁의 조정과 행정협의회에서 합의가 이루어지지 아니한 사항의 조정에 필요한 사항을 심의·의결하기 위하여 안전행정부에 | ㉢ | 를 둔다.
- 지방자치단체는 2개 이상의 지방자치단체에 관련된 사무의 일부를 공동으로 처리하기 위하여 관계 지방자치단체 간의 | ㉣ | 를 구성할 수 있다.

	㉠	㉡	㉢	㉣
①	행정협의회	지방자치단체장협의회	지방자치단체 지방분쟁 조정위원회	협의체
②	지방자치단체조합	행정협의회	지방자치단체 지방분쟁 조정위원회	협의체
③	행정협의회	협의체	지방자치단체 중앙분쟁 조정위원회	지방자치단체장협의회
④	지방자치단체조합	협의체	지방자치단체 중앙분쟁 조정위원회	행정협의회

10 다음은 지방세 각 세목에 대한 설명이다. 목적세에 해당하는 것을 모두 고르면?

> ㉠ 국세인 부가가치세의 일부를 지방세로 전환한 세금이다. 납세의무자는 부가가치세를 납부할 의무가 있는 자이며, 국가에 부가가치세를 납부하면 국가가 납세액의 일정비율을 지방자치단체로 이전하는 형식을 취한다.
> ㉡ 지하ㆍ해저자원, 관광자원, 수자원, 특수지형 등 지역자원의 보호 및 개발, 지역의 특수한 재난예방 등 안전관리사업 및 환경보호ㆍ개선사업, 그 밖에 지역균형개발사업에 필요한 재원을 확보하거나 소방시설, 오물처리시설, 수리시설 및 그 밖의 공공시설에 필요한 비용을 충당하기 위하여 부과하는 세금이다.
> ㉢ 소득분과 종업원분으로 구분한다. 소득분은 지방자치단체에서 소득세 및 법인세의 납세의무가 있는 자에게 부과하고, 종업원분은 종업원에게 급여를 지급하는 사업주에게 부과한다.
> ㉣ 지방교육의 질적 향상에 필요한 지방교육재정의 확충에 소요되는 재원을 확보하기 위하여 부과한다. 레저세, 담배소비세, 주민세 균등분 등의 납세의무자에게 부과한다.

① ㉠, ㉡   ② ㉠, ㉣
③ ㉡, ㉢   ④ ㉡, ㉣

11 조직관리에서 수직적 연결을 위한 조정기제가 아닌 것은?

① 계층제   ② 규칙과 계획
③ 수직정보시스템   ④ 임시작업단(task force)

12 행정통제의 과정을 순서대로 바르게 나열한 것은?

> ㉠ 실제 행정 과정에 대한 정보의 수집
> ㉡ 목표와 계획에 따른 통제기준의 확인
> ㉢ 통제주체의 시정조치
> ㉣ 과정평가, 효과평가 등의 실시

① ㉠→㉡→㉣→㉢   ② ㉡→㉠→㉣→㉢
③ ㉡→㉢→㉠→㉣   ④ ㉢→㉡→㉠→㉣

13 수평적 전문화와 수직적 전문화에 대한 설명으로 옳지 않은 것은?

① 전문가적 직무는 수평적 전문화와 수직적 전문화의 수준이 모두 높은 경우에 효과적이다.

② 직무 확장(job enlargement)은 기존의 직무에 수평적으로 연관된 직무요소 또는 기능들을 추가하는 수평적 직무재설계의 방법으로서, 수평적 전문화의 수준이 낮아지는 것이다.

③ 고위관리직무는 수평적 전문화와 수직적 전문화의 수준이 모두 낮은 경우에 효과적이다.

④ 직무 풍요화(job enrichment)는 직무를 맡는 사람의 책임성과 자율성을 높이고, 직무수행에 관한 환류가 원활히 이루어지도록 직무를 재설계하는 방법으로서, 수직적 전문화의 수준이 낮아지는 것이다.

14 변혁적 리더십(transformational leadership)의 특징이 아닌 것은?

① 리더는 부하의 욕구와 직무수행에 필요한 자원을 정확히 파악하여 그에 대한 보상과 지원을 제공하고, 부하는 그에 상응하는 노력을 통하여 리더가 제시한 과업목표를 달성한다.

② 부하의 변화측면에 초점을 맞추어 재량권을 부여하고 부하를 리더로 키운다.

③ 부하의 자기 실현과 존중감 등 높은 수준의 욕구 실현에 관심을 갖는다.

④ 조직이 나아갈 비전을 제시하고 구성원들로 하여금 비전을 공유할 수 있도록 만든다.

15 제도화된 부패(institutionalized corruption)의 특징이 아닌 것은?

① 부패저항자에 대한 제재와 보복

② 부패행위자에 대한 보호와 관대한 처분

③ 실제로 지켜지지 않는 반부패 행동규범의 대외적 표방

④ 공식적 행동규범을 준수하려는 성향의 일상화

16 「공무원직장협의회의 설립 · 운영에 관한 법률」상 공무원직장협의회에 가입할 수 있는 공무원은?

① 5급 일반직 공무원

② 특정직공무원 중 재직경력 10년 미만의 외무영사직렬공무원

③ 5급에 상당하는 별정직공무원

④ 「국가공무원법」 제66조 제1항 단서에 따라 노동운동이 허용되는 공무원

17 「지방자치법」상 지방자치단체에 대한 국가의 지도·감독의 내용으로 옳지 않은 것은?

① 중앙행정기관의 장과 지방자치단체의 장이 사무를 처리할 때 의견을 달리하는 경우 이를 협의·조정하기 위하여 국무총리 소속으로 행정협의조정위원회를 둔다.

② 지방자치단체나 그 장이 위임받아 처리하는 국가사무에 관하여 시·도에서는 주무부장관의, 시·군 및 자치구에서는 1차로 시·도지사의, 2차로 주무부장관의 지도·감독을 받는다.

③ 안전행정부장관이나 시·도지사는 지방자치단체의 자치사무가 공익을 현저히 해친다고 판단되면 지방자치단체의 서류·장부 또는 회계를 감사할 수 있다.

④ 지방의회의 의결이 공익을 현저히 해친다고 판단되면 시·도에 대하여는 주무부장관이, 시·군 및 자치구에 대하여는 시·도지사가 재의를 요구하게 할 수 있다.

18 「국가정보화기본법」상 정보화책임관의 담당업무가 아닌 것은?

① 국가정보화 사업의 총괄조정, 지원 및 평가
② 정보문화의 창달과 정보격차의 해소
③ 중요지식정보자원의 지정
④ 「전자정부법」 제2조 제12호에 따른 정보기술아키텍처의 도입·활용

19 총액배분 자율편성 예산제도에 대한 설명으로 옳지 않은 것은?

① 사전에 결정된 예산의 지출한도 내에서 각 부처가 자율적으로 예산을 편성해 운영한다.
② 부처의 자율성이 높아지는 예산제도로 상향식(bottom-up) 방식이다.
③ 중기적 시각에서 정부 전체의 재정규모를 검토하기 때문에 전략적 계획의 발전을 촉진하고 재정의 경기조절기능을 강화할 수 있다.
④ 미래예측을 강조함으로써 점증주의적 예산 편성 관행을 바꾸는 데 기여할 수 있다.

20 집단적 문제해결의 전통적 방법을 수정한 대안과 그 특징을 바르게 연결하지 않은 것은?

① 델파이기법(delphi method) – 문제해결의 아이디어를 제공하는 사람들이 서로 대면적인 접촉을 하지 않고 각각 독자적으로 형성한 판단들을 종합·정리하는 방법이다.

② 브레인스토밍(brain storming) – 참가자들이 될 수 있는대로 많은 독창적 의견을 내도록 노력해야 하므로, 이미 제안된 여러 아이디어들을 종합하여 새로운 아이디어를 만들어내는 편승기법(piggy backing)의 사용을 지양한다.

③ 변증법적 토론(dialectical inquiry) – 두 집단으로 나누어 토론을 하기 때문에 특정 대안의 장점과 단점이 최대한 노출될 수 있다.

④ 명목집단기법(nominal group method) – 개인들이 개별적인 해결방안을 구상하고 그에 대해 제한된 집단적 토론만 한 다음, 표결로 의사를 결정하는 방법이다.

☞ 정답 및 해설 P.53

1 Hogwood와 Peters의 정책변동 유형 중 정책목적은 유지하되 세부적 정책수단을 변화시키는 유형은?

① 정책창안
② 정책종결
③ 정책유지
④ 정책승계
⑤ 정책전환

2 딜레마(dilemma)이론에서 딜레마 상황이란, 정책결정자가 선택을 하지 못하고 있는 곤란한 상황에서 무엇인가를 선택해야 하는 상황에 처해 있는 상태를 의미한다. 이런 딜레마상황을 예방하고 관리하는 데 바람직한 방법으로 보기 어려운 것은?

① 정책결정자가 개인적 이익이나 판단으로 시스템 전체가 딜레마에 빠지지 않도록 한다.
② 이해관계자가 정책결정자에게 직접적인 영향력을 행사할 수 있도록 장치를 설계하거나 마련할 필요가 있다.
③ 딜레마를 예방하기 위한 궁극적 방법은 제도를 정비하는 것이다.
④ 딜레마를 예방하기 위한 방법으로 토론 장치를 마련해야 한다.
⑤ 행위자들이 가지고 있는 이익으로 인해 문제 상황이 영향을 받지 않도록 해야 한다.

3 행정에 대한 정치적 통제와 관료제의 자율성에 대한 설명으로 가장 적절한 것은?

① 직업공무원이 선출직 공무원에게 책임을 지도록 조직화된 이유는 정부의 대응성을 제고하기 위함이나.
② 행정에 대한 정치적 통제의 강화는 행정의 안정성과 능률성을 제고할 수 있다.
③ 사회문제가 복잡해짐에 따라 직업공무원들의 행정적 재량 행위에 대한 더욱 엄격한 통제가 요구된다.
④ 정부의 대응성과 능률성은 상호 보완적 관계를 가진다.
⑤ 행정의 능률성 제고를 위해서는 관료제에 대한 적절한 통제가 필요하다.

4 합리모형에서 설명하는 합리성의 가정과 가장 거리가 먼 것은?

① 문제 상황에 대한 명확성
② 각 대안간의 우선 순위의 명확성
③ 목표달성에 대한 만족 기준의 명확성
④ 각 대안의 비용과 편익의 명확성
⑤ 달성하고자 하는 목표의 명확성

5 신공공관리 이론과 뉴거버넌스 이론과의 비교로 적절하지 않은 것은?

① 두 이론 모두 투입보다는 산출에 대한 통제를 강조한다.
② 신공공관리는 공공부문과 민간부문을 명확하게 구분하는데 비해서 뉴거버넌스는 명확하게 구분하지 않는다.
③ 신공공관리는 조직내부 문제, 뉴거버넌스는 조직간 문제를 다룬다.
④ 신공공관리는 부문간 경쟁을, 뉴거버넌스는 부문간 협력을 강조한다.
⑤ 두 이론 모두 정부실패를 이념적 토대로 설정하여 그 대응책을 마련하고자 한다.

6 조직구조의 상황요인에 대한 설명 중 옳은 것은?

① 비일상적 기술일수록 공식화가 높아질 것이다.
② 환경의 불확실성이 높을수록 집권화가 높아질 것이다.
③ 비일상적 기술일수록 집권화가 높아질 것이다.
④ 환경의 불확실성이 높을수록 공식화가 높아질 것이다.
⑤ 조직의 규모가 커짐에 따라 공식화가 높아질 것이다.

7 신뢰성과 윤리문제가 국정 운영의 핵심 쟁점으로 제기되는 이유가 아닌 것은?

① 지방 분권화 증대에 따른 중앙정부의 통제력 약화
② 재정적 압박으로 인해 효율성 가치에 치중
③ 경제 논리를 중심으로 한 민간부문 관리기법의 도입에 따른 생산성 강조
④ 정치적 후원의 증대와 고위공직자의 정치화에 따른 부패가능성 증대
⑤ 전통적 관리방식과 새로운 관리방식간의 충돌과 갈등

8 갈등관리에 대한 설명으로 옳지 않은 것은?

① 조직의 분업구조 관련 갈등예방을 위해서는 직급교육과 인사교류가 효과적이다.

② 자원의 희소성 관련 갈등예방을 위해서는 자원배분의 기준을 명확히 하는 것이 필요하다.

③ 조직침체 극복을 위한 갈등조장을 위해서는 불확실성을 높이는 전략이 유효하다.

④ 개인의 특성 관련 갈등예방을 위해서는 다른 사람과의 공감대 형성 능력 개발을 위한
교육이 바람직하다.

⑤ 업무의 상호의존성에 따른 갈등예방을 위해서는 부서간 접촉의 필요성을 늘려주는 전략
이 유효하다.

9 정치적 관점에서 바라본 정책 개념의 설명으로 가장 거리가 먼 것은?

① 가치를 사실에 투사해서 얻은 행동계획

② 사회 전체를 위한 가치의 권위적 배분의 결과

③ 주어진 목표달성을 위한 자원의 효율적·효과적 활용계획

④ 사회문제의 정의를 통한 문제의 해결방침

⑤ 목표와 수단에 대해 구속력 있는 정부기관이 내린 결정

10 동기부여 이론에 대한 설명 중 옳은 것은?

① 허즈버그(Herzberg)의 욕구충족요인 이원론에 따르면 보수는 매우 중요한 동기요인이다.

② 내용이론에는 형평성이론과 기대이론이 있다.

③ 동기부여란 개인과 조직이 욕구의 결핍을 충족하기 위한 수단을 탐색하는 과정지향적
행동을 의미한다.

④ 포터(L. Porter)와 롤러(E. Lawler)는 보상의 공정성에 대한 개인의 만족감을 주요 변
수로 삼아 기대이론을 보완하였다.

⑤ 매슬로우(A. H. Maslow)에 따르면 자기실현 욕구는 사람마다 큰 차이가 없다.

11 정책결정 참여자로서의 관료의 역할에 대한 설명으로 옳지 않은 것은?

① 조합주의는 관료의 적극적 역할을 옹호한다.
② 엘리트주의에서는 관료의 적극적 역할보다는 지배계층의 역할에 주목한다.
③ 철의 삼각에서 관료는 특수 이익집단의 이익에 종속되는 경향이 있다.
④ 다원주의에서는 외부집단이나 지배계층보다 관료의 역할을 더욱 중요시한다.
⑤ 이슈네트워크에서는 이슈에 따라 관료가 방관자가 되거나 주도적 역할을 하기도 한다.

12 「국가공무원법」제46조에 나타나 있는 보수결정의 원칙에 대한 설명으로 가장 정확한 것은?

① 공무원의 보수는 일반의 '가계생계비, 민간의 임금, 기타사정을 고려하여 직무의 곤란성 및 책임의 정도에 상응하도록 계급별 · 직위별로 정한다.'
② 공무원의 보수는 일반의 '표준생계비, 민간의 임금, 기타 사정을 고려하여 직무의 곤란성 및 책임의 정도에 상응하도록 계급별 · 직위별로 정한다.'
③ 공무원의 보수는 일반의 '표준생계비, 민간의 임금, 기타사정을 고려하여 직무의 곤란성 및 책임의 정도에 상응하도록 계급별로 정한다.'
④ 공무원의 보수는 일반의 '표준생계비와 기타 사정을 고려하여 직무의 곤란성 및 책임의 정도에 상응하도록 계급별 · 직위별로 정한다.'
⑤ 공무원의 보수는 일반의 '표준생계비, 민간의 임금, 기타 사정을 고려하여 계급별 · 직위별로 정한다.'

13 국가공무원과 지방공무원과의 비교에 대한 설명으로 적절한 것은?

① 계약직 지방공무원은 지방자치단체의 채용계약에 따른다.
② 국가공무원과 지방공무원은 법적 근거로 국가공무원법을 따른다.
③ 국가공무원과 지방공무원의 보수재원은 모두 국비로 충당한다.
④ 정무직 지방공무원도 국회의 동의를 얻어야 한다.
⑤ 국가공무원과 지방공무원은 모두 임용권자가 대통령이나 소속 장관이다.

14 서울시의 공동세 제도를 설명한 것 중 적절하지 못한 것은?

① 서울시 자치구간 재정력의 형평화에 기여할 수 있다.
② 지방자치제의 본래의 의미를 훼손할 수 있다는 비판을 받기도 한다.
③ 25개 자치구의 취득세의 50%를 서울시가 형평화의 논리에 따라 배분하는 것이다.
④ 기초지방자치단체간 갈등을 야기할 수 있다.
⑤ 양여금과 비슷한 원리의 제도라고 할 수 있다.

15 우리나라 정부예산의 과목구조에 대한 설명으로 옳은 것은?

① 우리나라 예산은 소관별로 구분된 후 목별로 분류되고 마지막으로 기능을 중심으로 분류된다.
② 성질별로 분류할 때 물건비는 목(성질)에 해당하고, 운영비는 세목에 해당한다.
③ 기능을 중심으로 장은 부문, 관은 분야, 항은 프로그램, 세항은 단위사업을 의미한다.
④ 장 사이의 상호융통(전용)은 국회의 통제를 받는다.
⑤ 세항의 경우 입법과목이고, 목은 행정과목이다.

16 예산 및 조세에 대한 내용으로 옳은 것은?

① 원가절감에 관한 정보를 제공하는 데에는 현금주의회계가 발생주의회계보다 유리하다.
② 부가가치세 같은 간접세는 비례세(proportional rate tax)라는 점에서 조세형평상 직접세에 비해 불공평하다.
③ 이로운 외부효과가 발생하는 서비스에 정부보조금을 제공하는 것은 정부예산의 정치적 기능에 속한다.
④ 출연금이 지원된 국가개발연구사업의 개발 성과물의 사용은 예산완전성 원칙의 적용을 받지 않는다.
⑤ 예산이 하나만 존재해야 한다는 예산 한정성의 원칙은 입법부 우위의 예산원칙이다.

17 성과주의 예산제도에 대한 설명으로 옳은 것은?

① 운영관리를 위한 지침으로 효과적이다.

② 기획기능을 상대적으로 강조한다.

③ 회계책임을 명확하게 한다.

④ 예산비목의 증가를 통제하기 쉽다.

⑤ 입법부에 의한 예산 통제에 효과적이다.

18 정부는 지속가능한 사회를 구축하기 위해 사회자본(social capital)을 형성해야 하는 중요한 역할을 담당한다. 이와 같이 정부가 사회자본을 형성하기 위한 전략으로 적절하지 않은 것은?

① 시민참여가 보다 수평적으로 이루어져야 한다.

② 정부에 대한 시민의 신뢰를 회복시키려는 노력을 해야 한다.

③ 법적 제도의 공정성과 효율성을 확립시켜야 한다.

④ 자발적 조직들 간의 연계망을 확대하기 위한 지원을 강화해야 한다.

⑤ 집단행동의 딜레마를 해결하려면 수직적 네트워크를 강화해야 한다.

19 지식정보사회의 도래는 사회의 모든 곳에 지대한 영향을 미치고 있다. 다음 중 지식정보사회가 행정조직에 미칠 영향에 대한 설명으로 적절하지 않은 것은?

① 정보화의 진전에 따라 오히려 정부관료제의 계층제적 구조가 강화될 수도 있다는 우려도 있다.

② 환경에 신속하게 적응하기 위해 조직구조를 보다 경직화할 필요가 있다.

③ 조직의 신축성이 더욱 요구되고 있다.

④ 수평적인 형태로 연결된 네트워크 구조가 증가할 것이다.

⑤ 조직의 신축성을 보장하는 조직이론의 탄생을 강요하고 있다.

20 라이트(D. S. Wright)의 정부간 관계모형에 대한 설명으로 옳은 것은?

① 대립형은 정책을 둘러싸고 정부간 경쟁 관계를 유지한다.

② 포함형은 정부간 관계의 이상적 모형으로 간주된다.

③ 포함형은 정치적 타협과 협상에 의한 정부간 상호 의존관계이다.

④ 중첩형은 지방정부가 중앙정부에 종속된 경우이다.

⑤ 분리형은 재정과 인사 등의 독립적 기능이 있다.

☞ 정답 및 해설 P.56

1 학습조직에 대한 설명으로 부적절한 것은?

① 관료제 모형의 대안으로 등장하였다.
② 조직 능력보다는 개인 능력을 제고하는 데 초점을 맞춘다.
③ 능률성보다는 문제해결을 필수적 가치로 추구한다.
④ 성공하기 위해서는 사려 깊은 리더십이 필요하다.

2 재분배 정책에 대한 설명으로 옳지 않은 것은?

① 표준운영절차나 상례적 절차를 확립하여 원활하게 집행할가능성이 상대적으로 낮다.
② 부나 권리의 편중을 해소하기 위하여 정부가 가진 자와 못 가진 자의 분포를 인위적으로 변화시키려고 하는 정책이다.
③ 누진세 · 사회보장 · 사회간접자본정책 등이 그 예이다.
④ 정책참여자들 간 이해 대립으로 갈등이 발생할 가능성이 높다.

3 베버(M. Weber)의 관료제 이론에 대한 설명으로 옳지 않은 것은?

① 계층제에서 근무하는 관료는 봉사 대상인 국민에게 책임을 져야 한다.
② 관료는 'Sine ira et studio'의 정신으로 업무를 수행하여야 한다.
③ 관료를 승진시킬 때에는 근무연한을 고려할 수 있다.
④ 보수를 받지 않고 봉사하는 사람은 관료라고 볼 수 없다.

4 예산 통일성 원칙에 대한 예외가 아닌 것은?

① 특별회계　　　　　　　　　② 목적세
③ 계속비　　　　　　　　　　④ 수입대체경비

5 롤스(J. Rawls)의 정의론과 거리가 먼 것은?

① 기본적 자유의 평등 원리
② 최대극대화의 원리
③ 차등의 원리
④ 공정한 기회균등의 원리

6 발생주의회계제도에 대한 설명으로 옳지 않은 것은?

① 거래나 사건이 발생하는 시점에서 인식하는 것으로 자산·부채·수입·지출을 정확하게
　측정하기 위한 회계기법이다.
② 미지급금·부채성충당금 등을 포함하여 부채를 정확하게 측정한다.
③ 산출에 대한 원가 산정이 가능하기 때문에 분권화된 조직의 자율과 책임을 구현할 수
　있는 중요한 수단이다.
④ 이 제도를 사용하더라도 현금흐름보고서를 통해 현금흐름을 파악할 수 있으며, 부채를
　과소평가하는 현금주의회계제도의 단점을 극복할 수 있다.

7 우리나라 특별회계에 대한 설명으로 옳지 않은 것은?

① 특별회계 설립 주체에 따라 중앙정부 특별회계와 지방자치단체 특별회계로 구분한다.
② 특정한 사업을 운영하기 위한 중앙정부 특별회계의 일례로 교육비특별회계가 있다.
③ 「지방공기업법」에 따라 설립된 모든 지방직영기업은 지방자치단체 공기업특별회계 대상
　이다.
④ 중앙정부의 기업특별회계에는 책임운영기관특별회계와 「정부기업예산법」의 적용을 받는
　우편사업·우체국예금·양곡관리·조달특별회계가 있다.

8 신제도주의 이론에 대한 설명으로 옳지 않은 것은?

① 신제도주의는 원자화된 개인이 아니라 제도라는 맥락 속에서 전개되는 개인 행위에 초점을 맞춘다.

② 신제도주의에서 제도는 독립변수일 수도 있고 종속변수일 수도 있다.

③ 합리적 선택 신제도주의에 의하면 행위자의 선호는 개인들 간 상호작용을 통해 형성된다.

④ 역사적 신제도주의는 전체주의(holism) 입장을 취하며 주로 중범위 수준에서 분석을 수행한다.

9 립스키(M. Lipsky)의 일선관료제 이론에 대한 설명으로 옳지 않은 것은?

① 일선관료(street-level bureaucrats)는 시민들과 직접 대면하면서 정책을 집행하는 사람들이다.

② 일선관료들은 일반적으로 과중한 업무 부담을 가진다.

③ 일선관료들은 모호하고 대립적인 기대들이 존재하는 업무환경때문에 정책목표를 달성할 수 없는 경우가 많다.

④ 일선관료들의 재량권이 부족하여 업무가 지연된다.

10 신공공서비스 이론에 대한 설명으로 옳지 않은 것은?

① 기업주의 가치를 추구한다.

② 고객이 아닌 시민을 위해 봉사한다.

③ 전략적으로 생각하고 민주적으로 행동한다.

④ 공익을 찾으려고 노력한다.

11 스마트사회 및 스마트정부의 모습과 거리가 먼 것은?

① 유연성 · 창의성 · 인간중심 가치가 중시되는 사회이다.

② 정부는 국민이 요구하기 전에 먼저 알아서 서비스를 제공한다.

③ 스마트워크의 확산으로 현장에서 업무를 처리하고 실시간으로 입력하기 때문에 효율성과 생산성이 제고된다.

④ 재난 발생 후 최대한 빠른 시간 내에 복구하는 것을 정책목표로 추구한다.

12 「지방자치법」에서 정한 주민참여의 방식으로 옳지 않은 것은?

① 주민의 조례제정 청구
② 주민의 감사 청구
③ 주민총회
④ 주민소송

13 지방공공서비스 공급과 관련된 설명으로 옳지 않은 것은?

① 영국에서는 의무경쟁입찰제도가 최고가치 정책으로 전환되었다.
② 사바스(E. S. Savas)의 분류에 따르면, 계약·허가·보조금 등은 지방정부가 공급을 결정하고 민간부문이 생산을 담당하는 공급 유형에 속한다.
③ 니스카넨(W. Niskanen)의 예산극대화 모형에 따르면, 관료들의 행태 때문에 지방정부의 예산 규모가 사회적으로 효율적인 수준보다 더 커질 수 있다.
④ 시민공동생산 논의는 시민과 지역주민을 정규생산자로 파악하는 데에서 출발한다.

14 다면평가제에 대한 설명으로 옳지 않은 것은?

① 공무원의 국민에 대한 충성심을 강화하는 데 기여할 수 있다.
② 작업집단의 팀워크 발전에 기여할 수 있다.
③ 우리나라에서는 평가자를 행정기관 내부자에 국한한다.
④ 피평가자를 업무목표의 성취보다 원만한 대인관계 유지에 급급하도록 만들 우려가 있다.

15 정부실패 및 행정개혁에 대한 설명으로 부적절한 것은?

① 내부성 문제는 정부실패를 초래할 수 있다.
② 경쟁적 환경을 조성하여 정부실패 문제를 완화할 수 있다.
③ 뉴거버넌스적 접근은 공공부문과 민간부문 간 협력을 중시한다.
④ 신공공관리적 개혁은 경제적 효율성과 민주주의 책임성을 제고한다.

16 성과중심주의에 입각한 성과관리의 효용 또는 한계에 대한 설명으로 부적절한 것은?

① 목표성취도에 유인기제를 연결하기 때문에 관리대상자들이 성과목표를 매우 높게 설정하는 행동 경향을 보인다.

② 관료적 조직문화의 변화를 유도한다.

③ 다양한 이해관계자들과 압력단체들의 개입 때문에 성과계획이 합리적으로 수립되기 어렵다.

④ 업무수행과 성과 사이에 개입하는 변수들이 많아 인과관계를 확인하기 어렵다.

17 행정윤리 및 행정통제 제도에 대한 설명으로 옳지 않은 것은?

① 행정절차법 – 국민의 권익을 제한하는 처분을 할 경우에는 당사자에게 사전 통지해야 한다.

② 내부고발자 보호제도 – 조직의 불법행위를 언론이나 국회 등 외부에 알린 조직구성원을 보호한다.

③ 옴부즈만(ombudsman) – 행정이 잘못된 경우 해당 공무원에게 설명을 요구하고 필요한 사항을 조사하여 그 결과를 민원인에게 알려 준다.

④ 백지신탁 – 4급 이상 공무원은 이해의 충돌을 막기 위해 보유한 부동산을 수탁기관에 신탁해야 한다.

18 직위분류제 분류 구조와 관련된 개념을 바르게 연결한 것은?

> ㉠ 한 사람의 공무원에게 부여할 수 있는 직무와 책임
> ㉡ 직무의 종류는 다르지만, 그 곤란성·책임수준 및 자격수준이 상당히 유사하여 동일한 보수를 지급할 수 있는 모든 직위를 포함하는 것
> ㉢ 직렬 내에서 담당분야가 동일한 직무의 군
> ㉣ 직무의 종류가 유사한 직렬의 군

	㉠	㉡	㉢	㉣
①	직위	등급	직류	직군
②	직렬	등급	직군	직류
③	직위	직급	직류	직군
④	직렬	직급	직군	직류

19 하이예스(M. Hayes)는 정책결정 상황을 참여자들 간 목표 합의 여부, 수단적 지식 합의 여부에 따라 아래 표와 같이 구분한다. 다음 설명 중 옳지 않은 것은?

정책결정 상황의 분류

구분	목표 갈등	목표 합의
수단적 지식 갈등	I	II
수단적 지식 합의	III	IV

① 상황 I에서는 점증주의적 결정이 불가피하며, 점증적이지 않은 대안은 입법과정에서 제외될 수밖에 없다.

② 상황 II에서는 사이버네틱스(cybernetics) 모형에 따라 정책이 결정된다.

③ 상황 III에서는 수단에 대한 합의로 인하여 합리적 의사결정이 이루어진다.

④ 상황 IV에서는 비교적 기술적이고 행정적인 문제가 포함되어 큰 변화가 일어날 수 있다.

20 대표관료제 이론이 상정하는 효과를 모두 고른 것은?

> ㉠ 다양한 집단을 참여시킴으로써 정부관료제를 민주화하는 데 기여한다.
> ㉡ 공무원 신분보장을 통해 행정의 안정성과 계속성을 확보한다.
> ㉢ 기회균등 원칙을 보장함으로써 사회적 형평성을 제고한다.
> ㉣ 정당의 대중화와 정당정치 발달에 기여한다.
> ㉤ 국민의 다양한 요구에 대한 대응성을 제고한다.

① ㉠, ㉡, ㉢

② ㉠, ㉢, ㉤

③ ㉡, ㉢, ㉣

④ ㉢, ㉣, ㉤

☞ 정답 및 해설 P.59

1 주민소환제에 대한 설명으로 옳은 것은?

① 주민은 그 지방자치단체의 장 및 비례대표를 포함한 지방의회의원을 소환할 권리를 가진다.

② 선출직 지방공직자의 임기만료일부터 1년 미만일 때에는 주민소환투표의 실시를 청구할 수 없다.

③ 주민소환은 주민소환투표권자 총수의 2분의 1 이상의 투표와 유효투표 총수 과반수의 찬성으로 확정된다.

④ 지방행정의 민주성과 책임성을 제고할 목적으로 도입한 주민 간접참여 방식의 제도이다.

⑤ 주민소환투표의 효력에 이의가 있는 경우 투표결과가 공표된 날부터 10일 이내에 소청할 수 있다.

2 공유재(common pool resource)에 관한 설명 중 옳지 않은 것은?

① 공유재는 잠재적 사용자의 배제가 불가능 또는 곤란한 자원이다.

② 공유지의 비극(tragedy of commons)은 개인의 합리성과 집단의 합리성이 충돌하는 딜레마 현상이다.

③ 공유지의 비극(tragedy of commons)은 개인의 합리성 추구로 인해 공유재가 고갈되는 현상을 일컫는다.

④ 하딘(Hardin)은 공유지의 비극을 방지하기 위하여 국가 규제의 강화를 주장하였다.

⑤ 공유재는 개인의 사용량이 증가함에 따라 나머지 사람들이 사용할 수 있는 양이 감소하는 특성을 가진 자원이다.

3 사회자본의 특징에 대한 설명으로 옳지 않은 것은?

① 사회자본은 행위자들 간의 관계 속에 존재하는 자본이다.
② 사회자본의 사회적 교환관계는 동등한 가치의 등가교환이다.
③ 사회자본은 지속적인 교환과정을 거쳐서 유지되고 재생산 된다.
④ 사회자본은 거시적 차원에서 공공재의 속성을 가지고 있다.
⑤ 사회자본의 교환은 시간적으로 동시성을 전제로 하지 않는다.

4 다음 중 정부업무 특정평가에 대한 설명으로 옳지 않은 것은?

① 중앙행정기관 간 긴밀한 정책 협력 체제 확립으로 정책 효과성을 제고할 수 있다.
② 국무총리가 중앙행정기관을 대상으로 국정통합관리 평가를 하는 것이다.
③ 평가방식으로 볼 때 하향식 평가방식이다.
④ 정권차원에서 관심을 기울일 필요가 있는 정책을 특정평가 항목으로 추가하여 집중적
 점검 및 평가를 실시할 수 있다.
⑤ 특정평가는 정부업무 성과관리의 한 종류이다.

5 정책평가에 관한 다음의 설명 중 옳은 것은?

① 구성적 타당성은 정책결과의 측정을 위해 충분히 정밀한 연구설계가 이루어졌는지를 의
 미한다.
② 외적 타당성은 정책효과가 오직 정책에 기인한 것인지를 의미한다.
③ 질적 평가는 주로 연역적 방법을 활용한다.
④ 프로그램 논리모형은 평가의 신뢰성을 제고한다.
⑤ 재정사업 자율평가의 대상은 전체 성과목표 중 1/3에 해당하는 성과목표 내 전체 관리
 과제가 대상이 된다.

6 효과성 평가모형 중 퀸과 로보그(Quinne & Rohrbaugh)의 경합가치모형에 관한 다음의 설명 중 적절하지 못한 것은?

① 조직이 내부·외부 중 어디에 초점을 두고 있는지와 조직 구조가 통제와 융통성 중 어떤 것을 강조하는지를 기준으로 조직효과성에 관한 네 가지 경쟁모형을 도출하였다.

② 조직의 내부에 초점을 두고 융통성을 강조하는 경우의 효과성 평가유형은 인간관계모형이다.

③ 개방체제모형은 조직의 외부에 초점을 두며 융통성을 강조하는 경우의 평가유형이다.

④ 조직의 외부에 초점을 두고 통제를 강조하는 경우 성장 및 자원 확보를 목표로 하게 된다.

⑤ 조직의 내부에 초점을 두고 통제를 강조하는 경우 안정성 및 균형을 목표로 하게 된다.

7 규제영향분석에 관한 다음의 설명 중 적합하지 않은 것은?

① 규제영향분석은 규제의 경제·사회적 영향을 과학적으로 분석하여 그 타당성을 평가한다.

② 규제영향분석은 정치적 이해관계의 조정과 수렴의 기회를 제공한다.

③ 불필요한 정부규제를 완화하고자 할 때 현존하는 규제의 사회적 편익과 비용을 점검하고 측정하는 체계적인 의사결정도구이다.

④ 1970년대 이후 세계의 여러 국가에서 도입하여 왔으며, OECD에서도 회원국들에게 규제영향분석의 채택을 권고하고 있다.

⑤ 규제 외의 대체수단 존재여부, 비용-편익분석, 경쟁 제한적 요소의 포함 여부 등을 고려하여야 한다.

8 베버(M.Weber)의 관료제론에 대한 설명으로 올바르지 않은 것은?

① 개개 직위의 관할 범위는 법규에 의해서 규정된다.

② 이상적인 관료제는 비정의성(impersonality)에 따라 움직인다.

③ 이상적인 관료제는 정치적 전문성에 의해 충원되는 제도를 갖는다.

④ 관료제는 일정한 자격 또는 능력에 따라 규정된 기능을 수행하는 분업의 원리에 따른다.

⑤ 조직은 엄격한 계층제의 원리에 따라 운영되고 상명하복의 질서정연한 체제이다.

9 맥그리거(McGregor)의 X-이론 측면에서 조직의 관리전략에 적합하지 않은 것은?

① 경제적 보상체계의 강화
② 권위주의적 리더십의 확립
③ 목표에 의한 관리체계의 구축
④ 상부책임제도의 강화
⑤ 고층적·계층적 조직구조의 확립

10 조직문화의 접근방법에 대한 설명으로 옳지 않은 것은?

① 특성론적 접근방법은 조직효과성을 향상시킬 수 있는 특정한 문화 특성이 존재한다고 여긴다.
② 문화강도적 접근방법은 조직 효과성을 향상시키기 위해서는 강한 문화가 필요하다는 견해이다.
③ 특성론적 접근방법은 긍정적인 문화를 가진 조직이 그렇지 못한 조직보다 효과성이 높다고 간주한다.
④ 상황론적 접근방법은 구성원들이 가치를 강하게 공유하고 있는 조직의 효과성이 높다고 전제한다.
⑤ 문화유형론적 접근방법은 문화 유형의 특성에 따라 조직 효과성이 각각 달라진다고 여긴다.

11 현대조직이론의 하나인 거래비용이론에 대한 설명으로 옳은 것은?

① 거래비용의 최소화를 위해서는 거래를 외부화(outsourcing)하는 것이 효율적이다.
② 생산보다는 비용에 관심을 가지며 조직을 거래비용 감소를 위한 장치로 파악한다.
③ 조직통합이나 내부 조직화는 조정비용이 거래비용보다 클 때 효과적이다.
④ 거래비용에는 거래 상대방의 기회주의적 행동에 대한 탐색 비용은 포함되지 않는다.
⑤ 거래비용이론은 민간조직보다는 공공조직에서 적용가능성이 높다.

12 공무원 신분의 변경과 소멸에 대한 설명으로 옳은 것은?

① 면직 처분에 대하여는 소청심사를 청구할 수 있으나, 승진 탈락에 대하여는 청구할 수 없다.

② 직제와 정원규정이 바뀌어 현재의 공무원 수가 정원을 초과한 경우는 당연퇴직 요건에 해당한다.

③ 권고사직은 의원면직의 형식을 취하므로 강제퇴직이라고 볼 수 없다.

④ 직위해제를 받게 되면 직무를 담당하지 못하게 되어 공무원의 신분을 유지할 수 없다.

⑤ 강임은 승진과 반대로 현 직급보다 낮은 하위 직급에 임용되는 것으로 징계에 해당한다.

13 계급제에 관한 설명으로 옳지 않은 것은?

① 개별 공무원의 자격과 능력을 기준으로 계급을 설정하고 이에 따라 공직을 분류하는 제도이다.

② 계급 간 승진이 어려워 한정된 계급범위에서만 승진이 가능하다.

③ 공무원 간의 협력이 원활하게 이루어지기 어렵다.

④ 해당 직무에 적임자의 임용이 보장되지 않는다.

⑤ 공무원의 신분보장과 경력발전이 강조된다.

14 우리나라의 경우 기획재정부 장관이 회계연도 개시 전에 예산을 배정할 수 없는 경비는?

① 과년도 지출 ② 외국에서 지급하는 경비

③ 여비 ④ 선박의 운영 · 수리 등에 소요되는 경비

⑤ 각 관서에서 필요한 부식물의 매입경비

15 다음은 우리나라의 예산에 관한 설명이다. 옳지 않은 설명은?

① 예산은 정부만이 제안권을 갖고 있고 국회는 제안권을 갖고 있지 않다.

② 예산안을 심의할 때 국회는 정부가 제출한 예산안의 범위 내에서 삭감할 수 있으나, 정부의 동의 없이 지출예산 각 항의 금액을 증액할 수 없다.

③ 예산은 국가기관만을 구속한다.

④ 예산은 국회의 의결로 성립하지만 정부의 수입 지출의 권한과 의무는 별도의 법률로 규정된다.

⑤ 국회에서 의결된 예산에 대해서 대통령이 거부권을 행사할 수 있다.

16 예산집행의 신축성을 유지하는 방법에 대한 설명으로 옳지 않은 것은?

① 계속비의 지출 기간은 5년 이내이며 필요한 경우 국회의 의결을 얻어 연장할 수 있는데, 매년 연부액은 국회의 의결을 받아야 한다.

② 사고이월은 지출원인행위를 하였으나 연도 내에 지출하지 못한 경비와 지출원인 행위를 하지 않은 부대경비를 다음 연도에 지출하는 것을 말한다.

③ 예산의 전용(轉用)은 행정 과목 간의 융통을 뜻하며, 이용(移用)은 입법 과목 간의 융통을 뜻한다.

④ 이체(移替)는 정부조직 등에 관한 법령의 제정, 개정 또는 폐지로 인하여 그 직무와 권한의 변동이 있을 때, 중앙관서장의 요구에 의하여 기획재정부 장관이 허용하는 제도이다.

⑤ 국고채무부담행위는 법률에 의한 것, 세출예산금액, 그리고 계속비 범위 이외의 것에 한하여 사전에 국회의 의결을 얻어 지출할 수 있는 권한이다.

17 다음 중 전통적 예산원칙에 해당하지 않는 것은?

① 예산은 국민에게 공개되고 누구나 알 수 있어야 한다.

② 예산집행 전 입법부의 의결을 거쳐야 한다.

③ 예산은 회계연도 내에 집행되어야 한다.

④ 사업 계획과 예산편성이 연계되어야 한다.

⑤ 예산은 주어진 목적 범위 내에서 집행되어야 한다.

18 다음은 지방의원의 권한과 의무에 관한 설명이다. 옳은 것끼리 연결된 것은?

> ㉠ 지방의원은 직무수행과 관련해 면책특권이 인정되지 않고 있다.
> ㉡ 집행기관의 행정사무 처리사항을 조사 및 감사할 권한을 가진다.
> ㉢ 임시회의 소집요구권이 없다.
> ㉣ 광역의회의원은 정당공천을 받을 수 없다.
> ㉤ 이해관계가 있는 안건에는 참여가 금지되어 있다.

① ㉡, ㉢, ㉤   ② ㉡, ㉣

③ ㉡, ㉢, ㉣   ④ ㉠, ㉣

⑤ ㉠, ㉡, ㉤

19 시민의 행정참여로 인한 역기능이라고 볼 수 없는 것은?

① 행정에 참여하는 시민의 대표성과 공정성 확보의 어려움
② 행정에 참여하는 시민의 전문성 결여로 인한 의사결정의 지연과 부실
③ 공동체 전체 이익보다는 지엽적인 특수이익에 집착할 가능성
④ 시민참여에 따른 시간과 비용의 과다 소요로 인한 행정의 지체와 비능률 초래
⑤ 시민의 행정참여로 인한 시민의 정책순응 약화

20 최근 정부의 '정부3.0'에 대한 설명 중 옳지 않은 것은?

① 개방, 공유, 소통 및 협력을 핵심가치로 사용하고 있다.
② 인터넷 사용과 함께 정부와 국민의 면대면 접촉을 강화하는 전략을 강조하고 있다.
③ 정부의 직접참여보다는 민간의 능동적 참여를 유도하는 플랫폼 정부를 지향하고 있다.
④ 국민 개개인의 행복에 초점을 둔 맞춤형 서비스 제공을 강조하고 있다.
⑤ 부처간 칸막이를 없애고 소통과 협력을 통한 일하는 방식의 개선을 강조하고 있다.

☞ 정답 및 해설 P.64

1 전자정부(e-government) 구현과정에서 예측되는 현상으로 옳지 않은 것은?

① 직무 간 경계와 기능 간 경계가 점점 명확해진다.

② 조직규모가 줄어들고 수평적 관계가 중요해진다.

③ 중간관리층 규모가 축소되고 행정농도가 낮아진다.

④ 분권화를 촉진시키지만 집권화를 위해서 사용될 수도 있다.

2 정책결정모형에 대한 설명으로 옳은 것만을 모두 고른 것은?

> ㉠ 점증모형은 기존 정책을 토대로 하여 그보다 약간 개선된 정책을 추구하는 방식으로 결정하는 것이다.
> ㉡ 만족모형은 모든 대안을 탐색한 후 만족할 만한 결과를 도출하는 것이다.
> ㉢ 사이버네틱스모형은 설정된 목표달성을 위해 정보제어와 환류과정을 통해 자신의 행동을 스스로 조정해 나간다고 가정하는 것이다.
> ㉣ 엘리슨모형은 정책문제, 해결책, 선택기회, 참여자의 네 요소가 독자적으로 흘러 다니다가 어떤 계기로 교차하여 만나게 될 때 의사결정이 이루어진다고 보는 것이다.

① ㉠, ㉡　　　　　　　　　② ㉠, ㉢

③ ㉡, ㉣　　　　　　　　　④ ㉢, ㉣

3 네트워크 조직의 특성에 대한 설명으로 옳지 않은 것은?

① 응집력 있는 조직문화를 만드는 데 유리하다.

② 업무처리의 신속성과 유연성을 확보하는 데 유리하다.

③ 네트워크 기관과 구성원들 간의 교류를 통한 신뢰관계 형성이 중요하다.

④ 각기 높은 독자성을 지닌 조직단위나 조직들 간에 협력적 연계장치로 구성된 조직이다.

4 조직구조 및 유형의 특성에 대한 설명으로 옳은 것은?

① 애드호크라시는 공식화 정도가 높고 분권화되어 있으며, 수직적 분화가 심한 특징을 보여주고 있다.

② 공식화는 자원배분을 포함한 의사결정 권한이 조직의 상하 직위 간에 어떻게 분배되어 있는가를 의미한다.

③ 복잡성은 조직이 얼마나 나누어지고 흩어져 있는가의 분화정도를 말하며, 수평적·수직적·공간적 분화 등으로 세분화 할 수 있다.

④ 집권화는 업무수행 방식이나 절차가 표준화되어 있는 정도를 의미하며 직무기술서, 내부규칙, 보고체계 등의 명문화 정도로 측정할 수 있다.

5 신제도주의 이론에 대한 설명으로 옳지 않은 것은?

① 역사적 제도주의에서는 제도의 경로의존성(path dependency)을 강조한다.

② 신제도주의는 이론적 배경을 달리하는 역사적 제도주의, 합리적 선택이론, 사회학적 제도주의 등으로 구별된다.

③ 신제도주의는 기존의 행태주의가 시대별 정책적 차이나 다양성을 설명하지 못하는 한계를 가지고 있다는 점에 주목한다.

④ 구제도주의와 신제도주의의 공통점은 제도의 개념을 동태적인 것으로 파악하면서, 국가 간 차이에 대한 설명을 시도하는 것이다.

6 공공서비스에 대한 설명으로 옳지 않은 것만을 모두 고른 것은?

> ㉠ 무임승차자 문제가 발생하는 근본 원인으로는 비배제성을 들 수 있다.
> ㉡ 정부가 공공서비스의 생산부문까지 반드시 책임져야 할 필요성은 약해지고 있다.
> ㉢ 전형적인 지방공공서비스에는 상하수도, 교통관리, 건강보험 등이 있다.
> ㉣ 공공서비스 공급을 정부가 담당해야 하는 이유로는 공공재의 존재 및 정보의 비대칭성 등이 있다.
> ㉤ 전기와 고속도로는 공유재의 성격을 가지는 공공서비스이다.

① ㉠, ㉢

② ㉠, ㉤

③ ㉡, ㉣

④ ㉢, ㉤

7 정책평가에 대한 설명으로 옳은 것은?

① 정책평가를 통해 최선의 정책대안을 선택한다.

② 정책평가의 양적 기법으로는 참여관찰법, 심층면접법 등을 들 수 있다.

③ 정책평가의 목적은 정책결정과 집행에 필요한 정보제공 및 정책과정의 책임성 확보에 있다.

④ 정책평가 연구에서는 현실적 제약으로 인해 준실험적 방법보다는 진실험적 방법이 많이 사용된다.

8 바흐라흐와 바라츠(P. Bachrach & M. S. Baratz)의 무의사결정(non-decision making)을 추진하는 수단이나 방법으로 옳지 않은 것은?

① 폭력이나 테러행위는 사용되지 않는다.

② 정치체제의 규범, 규칙, 절차 자체를 수정·보완하여 정책요구를 봉쇄한다.

③ 변화의 주창자에 대해서 현재 부여되고 있는 혜택을 박탈하거나 새로운 이익으로 매수한다.

④ 정치체제 내의 지배적 규범이나 절차를 강조하여 변화를 주장하는 요구가 제시되지 못하도록 한다.

9 우리나라 정부조직에 대한 설명으로 옳지 않은 것은?

① 국무총리는 국무회의의 부의장이다.

② 국가보훈처의 차장은 정무직 공무원이다.

③ 서울지방국세청은 특별지방행정기관이다.

④ 각 부처의 차관과 실장은 중앙행정기관의 보조기관이다.

10 뉴거버넌스에 대한 설명으로 옳지 않은 것은?

① 참여자 간 신뢰와 협력을 강조한다.

② 정치적 과정은 중요하게 인식되지 않는다.

③ 정부만이 공공서비스를 독점적으로 생산하고 공급한다고 보지 않는다.

④ 정책과정에서 정부와 민간부문 및 비영리부문 간의 네트워크를 활용한다.

11 우리나라 지방자치단체의 재정에 대한 설명으로 옳은 것은?

① 지방세는 재산보유에 대한 과세보다 재산거래에 대한 과세의 비중이 상대적으로 높다.
② 재정력지수는 지방자치단체의 전체 재원에 대한 자주재원(지방세 수입, 지방세 외 수입)의 비율을 의미한다.
③ 재정자립도란 일반회계 세입에서 자주재원과 지방교부세를 합한 일반재원의 비중으로 생계급여 등 사회복지 분야에서 차등보조율을 설계할 때 사용된다.
④ 지방재정조정제도는 크게 지방자치단체에 재원 사용의 자율성을 전적으로 부여하는 국고보조금과 특정한 사업에 사용할 것을 조건으로 선택적으로 지원하는 지방교부세로 구분한다.

12 정책유형과 사례를 바르게 연결한 것만을 모두 고른 것은?

> ㉠ 추출정책 – 부실기업 구조조정
> ㉡ 상징정책 – 노령연금제도
> ㉢ 규제정책 – 최저임금제도
> ㉣ 구성정책 – 정부조직 개편
> ㉤ 분배정책 – 신공항 건설
> ㉥ 재분배정책 – 지방자치단체에 지원되는 국고보조금

① ㉠, ㉡, ㉤
② ㉠, ㉣, ㉥
③ ㉡, ㉢, ㉥
④ ㉢, ㉣, ㉤

13 임용에 대한 설명으로 옳지 않은 것은?

① 징계로 해임처분을 받은 때부터 5년이 지나지 아니한 자는 공무원으로 임용될 수 없다.
② 승진의 기준으로 공무원 근무경력만을 중시하는 경우 행정의 능률성을 저하시킬 수 있다.
③ 전직과 전보는 부처 간 할거주의의 폐단을 타파하고 부처 간 협력조성을 위한 기반을 마련해 줄 수 있다.
④ 임용권자는 직제 또는 정원이 변경되거나 예산의 감소 등으로 직위가 폐직되었을 경우 또는 본인이 동의한 경우에는 소속 공무원을 강임할 수 있다.

14 부패와 행정통제에 대한 설명으로 옳지 않은 것은?

① 계층제는 공식적 행정통제 방법이다.
② 공금횡령은 거래형 부패에 해당된다.
③ 우리나라는 공공기관의 부패행위에 대해 국민감사청구제를 시행하고 있다.
④ 우리나라는 '모든 국민의 공공기관 부패방지 시책에 대한 협력의무'를 법률로 규정하고 있다.

15 우리나라의 국가공무원과 지방공무원에 대한 설명으로 옳은 것은?

① 인사관리에 적용하는 기본 법률이 동일하다.
② 고위공무원단제도는 동일하게 시행되고 있다.
③ 모두 「공무원연금법」의 적용을 받는다.
④ 특별지방행정기관에 소속된 공무원은 국가직이 아니다.

16 안전행정부에 설치된 소청심사위원회에 대한 설명으로 옳지 않은 것은?

① 「정당법」에 따른 정당의 당원, 「공직선거법」에 따라 실시하는 선거에 후보로 등록한 자는 소청심사위원회의 위원이 될 수 없다.
② 다른 법률로 정하는 바에 따라 특정직공무원의 소청을 심사·결정할 수 있다.
③ 위원장 1명을 포함한 5명 이상 7명 이내의 상임위원으로 구성하고, 필요시 비상임위원을 둘 수 있다.
④ 행정기관 소속 공무원의 징계처분, 그 밖에 그 의사에 반하는 불리한 처분이나 부작위에 대한 소청을 심사·결정한다.

17 예비타당성 조사제도에 대한 설명으로 옳지 않은 것은?

① 경제적 타당성뿐만 아니라 정책적 타당성도 분석의 대상이 된다.
② 사업 주무 부처(기관)에서 수행하며, 기술적인 검토와 예비 설계 등에 초점을 맞춘다.
③ 경제적 타당성의 분석을 위해 수요, 편익, 비용을 추정하고 재무성 평가와 민감도 분석을 시행한다.
④ 대형 신규 사업에서 발생할 수 있는 예산 낭비를 방지하고 재정운용의 효율성을 제고하기 위해 도입되었다.

18 예산 한정성 원칙의 예외로 볼 수 없는 것은?

① 예비비 편성
② 추가경정예산
③ 특별회계 운용
④ 예산의 이용 및 전용

19 예산 외 공공재원으로서의 기금에 대한 설명으로 옳지 않은 것은?

① 정부는 매년 기금운용계획안을 마련하여 국무회의의 의결을 받아야 하며, 국회에 제출할 필요는 없다.
② 출연금, 부담금 등 다양한 재원으로 융자 사업 등을 수행한다.
③ 특정 수입과 지출을 연계한다는 점에서 특별회계와 공통점이 있다.
④ 합목적성 차원에서 예산에 비하여 운영의 자율성과 탄력성이 높다.

20 행정가치에 대한 설명으로 옳지 않은 것은?

① 공익 과정설은 현실주의적이고 개인주의적인 공익개념이다.
② 공익 실체설은 개인의 사익을 모두 합한 것이 공익이라고 보지 않는다.
③ 행정 이념으로서 사회적 형평성은 신행정론의 등장과 함께 강조되었다.
④ 롤스(J. Rawls)가 정의론에서 제시한 '기본적 자유의 평등원리'는 개개인의 권리가 다른 사람의 유사한 자유와 상충되더라도 최대한의 기본적 자유가 인정되어야 한다는 것이다.

2014년 10월 11일 제2회 지방직 시행

1 공무원 경력개발 시 준수해야 할 기본 원칙에 해당되지 않는 것은?

① 적재적소의 원칙
② 직급중심의 원칙
③ 인재양성의 원칙
④ 자기주도의 원칙

2 「전자정부법」에서 규정하는 전자정부의 원칙에 해당되지 않는 것은?

① 개인정보 및 사생활의 보호
② 행정정보의 공개 및 공동이용의 확대
③ 중복투자의 방지 및 상호운용성 증진
④ 행정기관 및 국가공무원의 통제 효율성 확대

3 행정에서 불확실성의 문제를 해소하기 위한 대처방안과 가장 거리가 먼 것은?

① 일반적으로 불확실성이 높다고 생각하는 경우에는 정보와 지식의 수집활동에 소극적으로 대응하기 쉽다.
② 작업과정에서 행정의 표준화를 통해 개인의 자의적 행위를 예방하여 확실성을 확보하고자 한다.
③ 주요 정책결정에 있어 가외성(redundancy)을 감안할 수 있는 제도적 장치를 준비한다.
④ 행정 조직은 통제할 수 없는 환경에 대하여 구조적으로 대응할 수 있는 방책을 마련한다.

4 보조기관과 보좌기관에 대한 설명으로 옳지 않은 것은?

① 보조기관은 위임·전결권의 범위 내에서 의사결정과 집행의 권한을 가진다.

② 보좌기관은 정책에 대한 최종적인 책임을 지지 않는 경우가 많으며 보조기관과 갈등을 유발할 수도 있다.

③ 보좌기관이 보조기관보다는 더 현실적이고 보수적인 속성을 가질 가능성이 높다.

④ 보좌기관은 목표달성 및 정책수행에 간접적으로 기여한다.

5 행정윤리의 특징에 대한 설명으로 옳지 않은 것은?

① 공직자 윤리나 책임성을 평가하기 위해서는 결과주의와 의무론이 균형있게 결합되어야 한다.

② 공무원들은 국민생활에 심대한 영향을 미칠 수 있는 독점적 권력을 행사하기 때문에 높은 직업윤리를 요구받게 된다.

③ OECD는 정부의 '신뢰적자(confidence deficit)' 문제를 해결하기 위한 방안으로 윤리의 확보를 제시하고 있다.

④ 행정윤리는 특정 시점이나 사실과 관계없이 규범성과 당위성을 가지고 작동되어야 한다.

6 정책집행과 그 연구방법에 대한 설명으로 옳은 것만을 모두 고른 것은?

> ㉠ 정책을 성공적으로 설계하기 위해서는 적절한 인과모형이 필요하다.
> ㉡ 프레스만(J. Pressman)과 윌다브스키(A. Wildavsky)는 정책집행연구의 초기 학자들로서 집행을 정책결정과 분리하지 않고 연속적인 과정으로 정의한다.
> ㉢ 정책 대상 집단 중 수혜집단의 조직화가 강할수록 정책집행이 용이하다.
> ㉣ 립스키(M. Lipsky)는 상향적 접근 방법을 주장한 학자로서 분명한 정책목표의 가능성을 부인하고 집행문제 해결에 초점을 맞춘다.

① ㉠, ㉡, ㉢

② ㉠, ㉢, ㉣

③ ㉡, ㉢, ㉣

④ ㉠, ㉡, ㉢, ㉣

7 비용편익분석에 대한 설명으로 옳지 않은 것은?

① 바람직한 대안을 선택하는 것뿐 아니라, 단일 정책의 비용과 편익의 비교에도 이용된다.

② 적용되는 할인율이 낮을수록 미래 금액의 현재 가치는 높아지게 된다.

③ 비용편익비(B/C ratio)가 1보다 큰 사업은 경제적으로 타당성이 있다고 볼 수 있다.

④ 내부수익률(IRR)은 순현재가치(NPV)를 1로 만드는 할인율을 의미한다.

8 우리나라의 주민참여제도에 대한 연결로 옳지 않은 것은?

① 주민투표제도 – 주민에게 과도한 부담을 주거나 중대한 영향을 미치는 지방자치단체의 주요 결정사항으로서, 그 지방자치단체의 조례로 정하는 사항을 주민이 직접 결정하는 제도이다.

② 주민참여예산제도 – 법령이 정하는 절차에 따라 수렴된 주민의 의견을 검토하고, 그 결과를 예산편성에 반영하지 않을 수도 있다.

③ 주민발의제도 – 주민이 직접 조례의 제정 및 개폐를 청구할 수 있는 제도로, 주민은 지방의회에 이를 청구하게 되어 있다.

④ 주민소환제도 – 주민은 그 지방자치단체의 장 및 지방의회의원을 소환할 수 있다. 단, 비례대표의원은 제외된다.

9 커와 저미어(S. Kerr & J. Jermier)가 주장한 '리더십 대체물 접근법'에 대한 설명으로 옳은 것만을 모두 고른 것은?

> ㉠ 구조화되고, 일상적이며, 애매하지 않은 과업은 리더십의 대체물이다.
> ㉡ 조직이 제공하는 보상에 대한 무관심은 리더십의 대체물이다.
> ㉢ 부하의 경험, 능력, 훈련 수준이 높은 것은 리더십의 중화물이다.
> ㉣ 수행하는 과업의 결과에 대한 환류(feedback)가 빈번한 것은 리더십의 대체물이다.

① ㉠, ㉢   ② ㉠, ㉣

③ ㉡, ㉢   ④ ㉡, ㉣

10 「국가재정법」 제1조에 규정된 재정운영 목적과 그에 대한 설명으로 옳지 않은 것은?

① 재정운영의 형평성은 구성원 사이의 재화와 서비스를 공평하게 나누는 것을 의미하며, 이를 위하여 성인지 예산제도를 규정하고 있다.

② 재정의 투명성이란 재정의 편성부터 심의, 집행에 이르는 과정에서의 제반 사항 및 경과를 일반 국민들이 확인할 수 있는 정도를 의미한다.

③ 재정 건전성은 지출이 수입의 범위 내에서 충당되어 국채발행이나 차입이 없는 재정운용 또는 다소 적자가 발생하더라도 장기적으로 상환 가능할 정도로 크지 않은 재정운용을 의미한다.

④ 성과지향성이란 투입을 중심으로 하는 전통적인 재정운용방식에서 벗어나 성과를 중심으로 재정사업을 평가·관리하는 것을 의미하며, 재정지출뿐만 아니라 조세지출에도 적용된다.

11 신공공관리론에 대한 설명으로 옳지 않은 것은?

① 신공공관리론의 이면에는 공공선택론, 주인-대리인이론, 거래비용이론 등이 자리 잡고 있다.

② 신공공관리론에서는 수익자 부담 원칙의 강화, 정부부문 내 경쟁 원리 도입 등을 행정개혁의 방향으로 제시한다.

③ 관료제는 비효율적이므로 다른 수단으로 대체되어야 하며, 혁신을 통해 기업형 정부로 변화되어야 한다고 본다.

④ 신공공관리론에서는 사회적 요구에 대한 능동적 대처를 위해 구조적 통합을 통한 분절화의 축소를 지향하고 있다.

12 직위분류제와 계급제의 특성에 대한 비교설명으로 옳지 않은 것은?

① 직위분류제는 조직계획의 단기적 합리성을 확보할 수 있다.

② 직위분류제에서는 직무의 종류나 성격에 관계없이 폭넓은 인사이동이 가능하다.

③ 계급제에서는 직업공무원제 확립이 용이하다.

④ 계급제에서는 공무원 간의 유대의식이 높아 행정의 능률성을 제고할 수 있다.

13 총체적 품질관리(TQM)에 대한 설명으로 옳지 않은 것은?

① 품질관리가 서비스 생산 및 공급이 이루어지는 과정의 매 단계에서 이루어진다.

② 계획과 문제해결의 주된 방법은 집단적 과정이다.

③ TQM의 관심은 내향적이어서 고객의 필요에 따라 목표를 설정하는 것을 강조한다.

④ 산출물의 일관성 유지를 위해 과정통제계획과 같은 계량화된 통제수단을 활용한다.

14 윌슨(J. Wilson)의 규제정치 이론에 대한 설명으로 옳은 것만을 모두 고른 것은?

> ㉠ 감지된 비용(costs)과 편익(benefits)이 모두 좁게 집중되어 있는 규제정치를 이익집단정
> 치라 한다.
> ㉡ 기업가적 정치는 환경오염규제 사례처럼 오염업체에게는 비용이 좁게 집중되지만 일반
> 시민들에게는 편익이 넓게 분산된다.
> ㉢ 대중정치는 한·약분쟁의 경우처럼 쌍방이 모두 조직적인 힘을 바탕으로 이익확보를 위
> 해 첨예하게 대립하는 정치상황이다.
> ㉣ 환경규제 완화 상황인 경우에는 비용이 넓게 분산되고 감지된 편익이 좁게 집중되는 고
> 객정치의 상황이 된다.

① ㉠, ㉡, ㉢   ② ㉠, ㉡, ㉣

③ ㉠, ㉢, ㉣   ④ ㉡, ㉢, ㉣

15 우리나라의 주민감사청구 제도에 대한 설명으로 옳지 않은 것은?

① 19세 이상의 주민은 50만 이상의 대도시의 경우에는 19세 이상 주민 500명을 넘지 않
는 범위 내에서 해당 지방자치단체가 조례로 정하는 주민 수 이상의 연서로 청구할 수
있다.

② 사무처리가 있었던 날이나 끝난 날부터 2년이 지나면 제기할 수 없다.

③ 주무부장관이나 시·도지사는 감사청구를 수리한 날부터 60일 이내에 감사 청구된 사항
에 대하여 감사를 끝내야 한다. 다만, 그 기간에 감사를 끝내기가 어려운 정당한 사유
가 있으면 그 기간을 연장할 수 있다.

④ 주무부장관이나 시·도지사는 감사결과에 따라 기간을 정하여 해당 지방자치단체의 장
에게 필요한 조치를 요구할 수 있다.

16 영기준 예산제도의 단점으로 옳은 것만을 모두 고른 것은?

㉠ 계산전략의 한계	㉡ 정보획득의 애로
㉢ 예산통제의 애로	㉣ 경직성 경비로 인한 한계
㉤ 재정구조의 경직화	㉥ 비경제적 요인의 간과

① ㉠, ㉡, ㉣, ㉥

② ㉠, ㉢, ㉣, ㉤

③ ㉠, ㉢, ㉣, ㉥

④ ㉡, ㉢, ㉤, ㉥

17 '정부3.0 추진 기본계획'의 과제 중에서 공공정보가 민간의 창의성 및 혁신적인 아이디어와 결합하여 새로운 비즈니스를 창출할 수 있는 생태계를 조성하는 것과 관련이 있는 과제는?

① 공공정보 적극 공개로 국민의 알 권리 충족

② 공공데이터의 민간 활용 활성화

③ 민관 협치 강화

④ 빅데이터를 활용한 과학적 행정 구현

18 예산상의 점증주의를 유발하는 요인에 해당되지 않는 것은?

① 관계의 규칙성

② 외부적 요인의 영향 결여

③ '예산통일의 원칙'의 예외

④ 좁은 역할 범위를 지닌 참여자 간의 협상

19 정책학습(policy learning)에 대한 설명으로 옳지 않은 것은?

① 시행착오나 정책실패를 통해 더 나은 정책을 결정할 수 있는 방법을 얻을 수 있게 된다.

② 수단적 정책학습은 정책개입이나 집행설계의 실행가능성을 의미한다.

③ 사회적 정책학습이 성공적으로 적용되면 정책문제에 내재된 인과관계를 더 잘 이해하게 된다.

④ 정치적 학습은 단순한 프로그램 관리의 조정수준을 넘어서 정책의 목적들과 정부 행동들의 성격과 적합성까지 포함한다.

20 소방공무원의 선발시험에 대한 신뢰성과 타당성의 검증방법에 대한 연결로 옳지 않은 것은?

① 동질이형법(equivalent forms) – 내용과 난이도에 있어 동질적인 Ⓐ, Ⓑ책형을 중앙소방학교 교육후보생들을 대상으로 시험을 보게 한 후, 두 책형의 성적 간 상관관계를 분석한다.

② 내용타당성 – 소방공무원을 선발하고자 할 때 그 직무에 정통한 전문가의 의견을 들어 선발시험의 내용을 구성한다.

③ 기준타당성 – 소방직 시험에 합격한 사람들에게 3개월 뒤 같은 문제로 시험을 보게 하여 두 점수간의 상관관계를 분석한다.

④ 구성타당성 – 지원자의 근력·지구력 등을 측정하기 위해 새로 만든 시험방법을 통해 측정한 점수와 기존의 시험방법으로 측정한 결과 간의 상관관계를 분석한다.

2015년 6월 13일 서울특별시 시행

☞ 정답 및 해설 P.72

1 정책의제설정 모형에 대한 설명으로 가장 옳은 것은?

① 올림픽이나 월드컵 유치 등 국민들이 적극적인 관심을 보인 사례는 외부집단이 주도한 외부주도형이다.

② 내부접근형은 대중의 지지를 획득하기 위한 공중의제화 과정이 없다는 점에서 공중의제화 과정을 거치는 동원형과 다르다.

③ 사회문제가 바로 정책의제로 채택되는 과정을 거치는 모형은 외부주도형이다.

④ 동원형은 공중의제화 과정을 거치기 때문에 행정부의 영향력이 작고 민간부문이 발전된 선진국에서 많이 나타나는 모형이다.

2 재정수입의 측면에서 지방세의 세원이 특정지역에 편재되어 있지 않고 고루 분포되어 있어야 한다. 라는 내용과 관련된 지방세의 원칙은?

① 세수안정의 원칙

② 책임분담의 원칙

③ 응익성의 원칙

④ 보편성의 원칙

3 신고전적 조직이론을 태동시킨 인간관계론 주창자들에 대한 설명 중 가장 옳지 않은 것은?

① 메이요(E. Mayo) 등은 호손(hawthorne) 공장 실험을 통해 조직의 생산성에 대한 구성원들 간의 사회적 관계의 중요성을 확인하였다.

② 맥그리거(D. McGregor)는 전통적 조직이론의 인간관을 위생이론(hygene theory), 새로운 조직이론의 인간관을 동기이론(motivation theory)으로 구분하였다.

③ 리커트(R. Likert)는 지원적 관계의 원리와 참여관리의 가치에 따라 구성원의 참여를 통해 조직의 효과성을 제고할 수 있다고 주장하였다.

④ 아지리스(C. Argyris)는 개인의 성격은 미성숙한 상태에서 성숙한 상태로 변하며 이러한 성격변화는 하나의 연속선상에 있다고 주장하였다.

4 통합재정 또는 통합예산에 대한 설명으로 가장 옳지 않은 것은?

① 국가예산의 세입·세출을 총계 개념으로 파악하여 재정 건전성을 판단한다.
② 중앙재정을 일반회계와 특별회계 외에 기금 및 세입세출외 자금을 포함해 파악한다.
③ 통합재정은 중앙재정, 지방재정, 지방교육재정(교육비특별회계)을 포함한다.
④ 재정이 국민 경제에 미치는 효과를 효과적으로 파악하게 한다.

5 중앙정부와 지방정부 간 갈등관계에 대한 설명으로 가장 옳지 않은 것은?

① 중앙정부와 지방정부 간 공식적인 갈등조정 기구는 대통령 소속의 행정협의조정위원회이다.
② 중앙정부와 지방정부 간 국책사업 갈등에는 지역주민이 갈등의 당사자로 참여하는 경우가 있다.
③ 중앙정부와 지방정부는 사무권한과 관련한 갈등의 경우 헌법재판소에 권한쟁의심판을 청구할 수 있다.
④ 취득세 감면조치는 중앙정부와 지방정부의 갈등요인으로 작용할 수 있다.

6 민츠버그(Mintzberg)는 조직을 단순구조, 기계적 관료제, 전문적 관료제, 할거적 양태(사업부제), 임시체제 등으로 구분하였다. 이 중 전문적 관료제의 특징으로 가장 옳지 않은 것은?

① 높은 수평적 분화 수준
② 복잡하고 불안정적인 환경
③ 낮고 불명확한 공식화 수준
④ 높은 연결·연락 수준

7 발생주의 복식부기에 기초한 재무회계방식을 도입하여 적용하고 있는 우리나라 중앙정부 재무제표의 구성요소가 아닌 것은?

① 재정상태표　　　　　　　　② 재정운영표
③ 현금흐름표　　　　　　　　④ 순자산변동표

8 다음 중 「공직자윤리법」의 내용으로 가장 옳지 않은 것은?

① 이해충돌 방지 의무
② 정무직공무원 등의 재산등록 의무
③ 외국 정부 등으로부터 받은 선물의 신고
④ 비위면직자의 취업제한

9 조직구조의 유형 중에서 기능별 구조(functional structure)와 비교하여 사업별 구조(divisional structure)가 가지는 장점으로 보기 어려운 것은?

① 사업부서 내의 기능 간 조정이 용이하고 변화하는 환경에 신속하게 대응할 수 있다.
② 성과책임의 소재가 분명해 성과관리 체제에 유리하다.
③ 특정 산출물별로 운영되기 때문에 고객만족도를 제고할 수 있다.
④ 중복과 낭비를 예방하고 기능 내에서 규모의 경제를 구현할 수 있다.

10 신행정학의 특징으로 가장 옳지 않은 것은?

① 정치 · 행정일원론보다는 정치 · 행정이원론에 가까운 입장이다.
② 행정학 연구에 있어 적실성을 강조한다.
③ 행정의 고객지향성을 강조한다.
④ 분권화와 참여를 강조한다.

11 다음 중 정부규제와 관련된 설명으로 가장 옳은 것은?

① 정부규제를 수단규제와 성과규제로 구분할 경우, 수단 규제는 성과규제에 비해 규제대상기관의 자율성이 크다.
② 정부규제를 수행주체에 따라 구분할 경우, 공동규제는 정부로부터 위임을 받은 민간집단에 의해 이루어지는 규제로 자율규제와 직접규제의 중간 성격을 띤다.
③ 정부규제를 포지티브(positive) 규제와 네거티브(negative) 규제로 구분할 경우, 포지티브(positive) 규제는 네거티브(negative) 규제에 비해 규제대상기관의 자율성이 크다.
④ 규제개혁은 규제관리 → 규제품질관리 → 규제완화 등의 단계로 진행되는 것이 일반적이다.

12 다음 중 지식행정관리의 기대효과로 가장 옳지 않은 것은?

① 조직구성원의 전문적 자질 향상
② 지식공유를 통한 지식가치의 확대 재생산
③ 학습조직 기반 구축
④ 지식의 개인 사유화 촉진

13 평상시 근무하면서 일을 배우는 직장 내 교육훈련방법으로 가장 옳지 않은 것은?

① 실무지도
② 인턴십
③ 직무순환
④ 감수성훈련

14 민영화의 유형에 대한 설명으로 가장 옳지 않은 것은?

① 민영화의 계약방식(contracting-out)은 일반적으로 경쟁 입찰을 통해 서비스 생산주체가 결정되므로 정부재정 부담을 경감시킬 수 있다.
② 민영화의 프랜차이즈(franchise) 방식은 정부가 서비스 제공자에게 서비스 비용을 직접 지불하여 이용자의 비용 부담을 경감시키는 장점이 있다.
③ 전자 바우처(vouchers) 방식은 개별적인 바우처 사용행태를 분석하여 실제 이용자의 실시간 모니터링이 가능하다.
④ 자조활동(self-help) 방식은 공공서비스 수혜자와 제공자가 같은 집단에 소속되어 서로 돕는 형식이다.

15 시장실패에 대한 설명 중 가장 옳지 않은 것은?

① 자원배분의 효율성을 저해하는 불완전 경쟁은 시장실패의 원인이다.
② 제3자에게 의도하지 않은 이득이나 손해를 주는 현상은 시장실패의 원인이 되기도 한다.
③ 공공조직의 내부성(internalities)은 시장실패의 원인이다.
④ 시장실패에 대응하기 위해 정부는 공적 유도를 통한 시장에의 개입을 시도한다.

16 다음 중 머스그레이브(R. A. Musgrave)가 주장한 재정의 3대 기능 중 공공재의 외부효과 및 소비의 비경합성과 비배 재성에 기인한 시장실패(market failure)를 재정을 통해서 교정하고 사회적 최적 생산과 소비수준이 이루어지도록 한다. 라는 내용과 관련성이 가장 높은 재정의 기능은?

① 소득 재분배 기능 ② 경제 안정화 기능

③ 자원 배분 기능 ④ 행정적 기능

17 다음 중 딜레마 이론에서 논의되는 딜레마 상황이 갖는 논리적 구성요건을 모두 고른 것은?

㉠ 분절성(discreteness)	㉡ 안정성(stability)
㉢ 상충성(trade-off)	㉣ 적시성(timeliness)
㉤ 균등성(equality)	㉥ 선택불가피성(unavoidability)

① ㉠, ㉡, ㉣, ㉥ ② ㉠, ㉢, ㉣, ㉤

③ ㉠, ㉢, ㉤, ㉥ ④ ㉡, ㉣, ㉤, ㉥

18 정책유형의 분류에 대한 설명으로 가장 옳지 않은 것은?

① 로이(Lowi)는 정책을 강제력의 행사방법과 강제력의 적용대상에 따라 분배정책, 구성정책, 규제정책, 재분배정책으로 구분하였다.

② 분배정책은 참여자들 간의 정면대결보다는 갈라먹기식(log-rolling)에 의해 이루어지며, 이해관계보다는 이데올로기가 작용한다.

③ 구성정책은 헌정수행에 필요한 운영규칙과 관련된 정책으로 선거구의 조정, 정부의 새로운 조직이나 기구의 설립, 공직자의 보수 등에 관한 정책 등이 이에 해당된다.

④ 규제정책은 분배정책에 비해 피규제자(피해자)와 수혜자가 명백하게 구분된다.

19 애드호크라시(adhocracy)에 대한 설명으로 가장 옳지 않은 것은?

① 애드호크라시는 특정 업무를 수행하기 위해 다양한 분야의 전문가가 일시적으로 구성된 후 업무가 끝나면 해체되는 경우가 많다.

② 애드호크라시는 문제해결 지향적인 체계이다.

③ 애드호크라시는 변화가 심하고 적응력이 강한 임시적인 체계이다.

④ 애드호크라시는 수평적 조직형태를 갖추고 있기 때문에 권한과 책임을 둘러싼 갈등은 발생하지 않는다.

20 행정학의 이론과 접근방법에 대한 설명 중 가장 옳지 않은 것은?

① 행태주의는 행태의 규칙성 및 인과성을 경험적으로 입증하고 설명할 수 있다고 보며 가치와 사실을 통합하고 가치중립성을 지향한다.

② 체제론에 따르면 체제의 변화나 성장은 기존의 균형상태에서 일어나지 않고 구성요소 중 어느 하나에 변화가 생기거나 새로운 이질적 요소가 투입될 때 발생한다고 본다.

③ 생태론은 가우스(J. M. Gaus)와 리그스(F. W. Riggs) 등이 발전시킨 이론으로 행정의 보편적 이론보다는 중범위 이론의 구축에 자극을 주고, 행정학의 과학화에 기여하였다.

④ 신제도주의는 공식적인 제도뿐만 아니라 비공식적 제도나 규범에 관심을 가지며, 외생변수로 다루어졌던 정책 혹은 행정환경을 내생변수로 분석대상에 포함시켰다.

☞ 정답 및 해설 P.76

1 예산집행의 신축성을 보장하기 위한 장치가 아닌 것은?

① 예산총계주의
② 예산의 이체와 이월
③ 예비비
④ 수입대체경비

2 공무원 평정제도에 대한 설명으로 옳은 것은?

① 근무성적평가 결과는 승진 및 보직관리에는 이용되지 않고 성과급 지급에만 활용된다.
② 근무성적평정 결과와 공무원채용시험 성적의 일치성이 높을수록 시험의 타당성이 높다고 할 수 있다.
③ 역량평가제는 고위공무원으로 임용된 이후 업무실적을 평가하는 사후평가제도로서 고위공무원의 업무역량 강화에 기여할 수 있다.
④ 다면평가를 계서적 문화가 강한 조직에 적용할 경우 상급자와 하급자 간의 갈등을 최소화할 수 있다.

3 사바스(Savas)가 구분한 네 가지 공공서비스 유형과 내용의 연결이 옳지 않은 것은?

① 요금재(toll goods) – 대가를 지불하지 않는 소비자를 배제할 수 없다.
② 집합재(collective goods) – '무임승차'의 문제가 생길 수 있다.
③ 시장재(private goods) – 경합성과 배제성을 동시에 갖는 서비스이다.
④ 공유재(common pool goods) – 과잉소비의 문제가 발생할 수 있다.

4 정책결정모형 중 점증모형에 대한 설명으로 옳지 않은 것은?

① 정치적 현상유지를 옹호하므로 보수적이라는 비판을 받고 있다.
② 가장 합리적인 대안을 선택하기 위해 모든 대안을 검토해야 한다.
③ 정책결정과정에서 참여집단의 합의를 중시한다.
④ 목표와 수단이 뚜렷하게 구분되지 않기 때문에 목표 – 수단에 대한 분석은 부적절하다.

5 우리나라 기금 운영에 대한 설명으로 옳지 않은 것은?

① 기금이란 국가가 특정한 목적을 위하여 특정한 자금을 신축적으로 운용할 필요가 있을 때에 한하여 법률로써 설치한다.
② 기금운용계획안은 국회의 심의와 의결을 거쳐 확정된다.
③ 군인연금, 공무원연금, 국민연금은 기금으로 운영된다.
④ 주한 미군기지 이전, 행정중심 복합도시 건설 등 기존의 일반회계에서 처리하기 곤란한 대규모 국책사업을 실행하기 위해 운영된다.

6 공무원 부패에 대한 체제론적 접근방법을 설명한 것으로 옳은 것은?

① 공무원 부패는 개인들의 윤리의식과 자질 때문에 발생한다.
② 부패는 하나의 변수가 아니라 다양한 요인에 의해 복합적으로 나타난다.
③ 사회의 법과 제도상의 결함 때문에 부패가 발생한다.
④ 특정한 지배적 관습이나 경험적 습성과 같은 것이 부패를 조장한다.

7 앨리슨(Allison)은 쿠바 미사일 위기에 대한 분석을 통해 합리적 행위자모형, 조직과정모형, 관료정치모형이라는 세 가지 정책결정 모형을 제시하였다. 다음 중 조직과정모형의 가정은?

① 정책산출물은 주로 관행과 표준적 절차에 따라 만들어진다.
② 의사결정자는 완벽한 정보를 가지고 주어진 목표의 극대화를 추구하는 합리적 존재이다.
③ 정책은 정치적 경쟁, 협상, 타협의 산물이다.
④ 정책결정의 행위주체는 독자성이 강한 다수 행위자들의 집합이다.

8 「지방자치법」이 규정하고 있는 제도가 아닌 것은?

① 주민소환제도   ② 주민정보공개청구제도

③ 주민소송제도   ④ 주민감사청구제도

9 정책집행 연구에 대한 설명으로 옳지 않은 것은?

① 마즈마니언(Mazmanian)과 사바티어(Sabatier)는 하향식 접근 방법의 발전에 기여하였다.

② 상향식 접근방법은 정책결정과 정책집행 간의 엄밀한 구분에 의문을 제기한다.

③ 상향식 접근론자들은 정책집행을 이해하기 위해서는 일선관료의 행태를 고찰하여야 한다고 본다.

④ 하향식 접근방법은 공식적 정책목표를 중요한 변수로 취급하지 않는다.

10 킹던(Kingdon)의 '정책의 창(정책흐름)' 모형에 대한 설명으로 옳지 않은 것은?

① 정책과정 중 정책의제설정 단계에 초점을 맞춘 모형이다.

② 정치의 흐름은 국가적 분위기 전환, 선거에 따른 행정부나 의회의 인적 교체, 이익집단들의 로비활동과 압력행사 등과 같은 요소들로 구성된다.

③ 문제의 흐름, 정책의 흐름, 정치의 흐름의 세 가지 흐름은 상호의존적 경로를 따라 진행된다.

④ 정책의 흐름은 문제를 검토하여 해결방안들을 제안하는 전문가들과 분석가들로 구성되며, 여기서 여러 가능성들이 탐색되고 그 범위가 좁혀진다.

11 베버(Weber)의 관료제 모형에 대한 설명으로 옳지 않은 것은?

① 관료에게 지급되는 봉급은 업무수행 실적에 대한 평가에 따라 결정된다.

② 관료제 모형은 계층제의 원리를 근간으로 한다.

③ 베버(Weber)는 정당성을 기준으로 권위의 유형을 전통적 권위, 카리스마적 권위, 법적·합리적 권위로 나누었는데 근대적 관료제는 법적·합리적 권위에 기초를 두고 있다고 주장한다.

④ 관료제 모형은 '전문화로 인한 무능(trained incapacity)' 등 역기능을 초래할 수도 있다.

12 공기업 민영화 과정에서 발생할 수 있는 문제점에 대한 설명으로 옳지 않은 것은?

① 민영화 과정에서 특혜, 정경유착 등의 부패가 발생할 수 있다.

② 공기업에서 제공하던 공공서비스가 사적 서비스로 변환되기 때문에 서비스 배분의 형평성 문제가 제기될 수 있다.

③ 민영화를 통해 정부의 지분이 다수 국민에게 지나치게 분산되면 대주주는 없고 다수의 소액주주만 있어서 공기업에 대한 효과적인 감시가 어려워질 수 있다.

④ 시장성이 큰 서비스를 다루는 공기업을 민영화하게 되면 지나친 경쟁체제에 노출되기 때문에 민영화의 실익이 없다.

13 행정문화란 행정체제의 구성원들이 공유하는 가치와 신념, 그리고 태도와 행동양식의 총체라고 할 수 있다. 호프스테드(Hofstede)의 문화차원을 근거로 하였을 때 한국문화의 특성으로 보기 어려운 것은?

① 개인주의

② 온정주의

③ 권위주의

④ 안정주의

14 1990년대에 새롭게 주목받게 된 성과관리 예산제도에 대한 설명으로 옳지 않은 것은?

① 투입보다는 산출 또는 성과를 중심으로 삼고 있다.

② 거리청소사업으로 예를 들면, 거리의 청결도와 주민의 만족도 등을 다음연도 예산배분에 반영하는 것이다.

③ 장기적인 기획과 단기적인 예산편성을 유기적으로 연결하여 합리적인 자원 배분을 이루려는 제도다.

④ 모든 조직에 공통적으로 적용할 수 있는 표준적 성과측정 지표를 개발하기 어렵다는 점은 성과관리 예산제도의 단점으로 지적된다.

15 직위분류제의 장점에 대한 설명으로 옳지 않은 것은?

① 동일 직렬에서 장기간 근무하기 때문에 전문가 양성에 도움이 된다.

② 동일 직무를 수행하는 직원이 동일한 보수를 받도록 하는 직무급체계를 확립하는 것이 용이하다.

③ 직무의 성질·내용에 따라 공직을 분류하므로 채용·승진 등 인사배치를 위한 합리적 기준을 제공해 준다.

④ 특정 직위에 맞는 사람을 배치하는 제도이기 때문에 직위나 직무의 변화 상황에 신속히 대처할 수 있는 상황적응적인 인사제도라고 할 수 있다.

16 대표관료제(Representative Bureaucracy)에 대한 설명으로 옳지 않은 것은?

① 킹슬리(Kingsley)가 처음 사용한 용어로서 엽관주의 인사제도의 폐단을 극복하기 위해 등장하였다.

② 관료제의 인적 구성 측면을 강조하며 관료제의 대표성과 대응성을 강화하기 위한 제도이다.

③ 우리나라의 양성평등채용목표제는 대표관료제의 발상을 반영한 것이라고 할 수 있다.

④ 행정의 전문성과 생산성을 저해할 수 있다는 비판이 있다.

17 동기유발요인으로 금전적·물질적 보상보다 지역공동체나 국가, 인류를 위해 봉사하려는 이타심에 주목하는 이론은?

① 페리(Perry)의 공공서비스동기이론

② 스키너(Skinner)의 강화이론

③ 해크만(Hackman)과 올드햄(Oldham)의 직무특성이론

④ 매슬로우(Maslow)의 욕구계층이론

18 데이터 기반의 과학적 정책 수립을 위하여 빅데이터의 중요성이 커지고 있다. 빅데이터에 대한 설명으로 옳지 않은 것은?

① 빅데이터 부상의 이유로 페이스북(Facebook)·트위터(Twitter) 등의 소셜네트워크서비스(SNS)의 보급 확대를 들 수 있다.

② 인터넷쇼핑업체인 아마존(Amazon)이 고객 행동 패턴 데이터를 분석하여 상품 추천 시스템을 도입한 것은 빅데이터를 활용한 사례이다.

③ 빅데이터는 비정형적 데이터가 아닌 정형적 데이터를 지칭한다.

④ 빅데이터를 활성화하기 위해서는 개인정보 보호 장치가 제도적으로 선행될 필요가 있다.

19 행정에 대한 시민단체의 역할로 옳지 않은 것은?

① 국민에게 교육을 실시하는 등 사회에 필요한 재화와 서비스의 제공자 역할을 한다.

② 정당과 함께 행정에 대한 공식적 통제자 역할을 한다.

③ 소수 약자의 인권이나 재산권 침해 등에 대한 대변자 역할을 한다.

④ 이익집단 간 갈등이나 지역이기주의로 나타나는 지역 간 갈등 등에 대한 조정자 역할을 한다.

20 리그스(Riggs)의 프리즘적 모형(Prismatic Model)에서 설명하는 프리즘적 사회의 특성으로 옳지 않은 것은?

① 고도의 이질혼합성   ② 형식주의

③ 고도의 분화성   ④ 다규범성

2015년 10월 17일 제2회 지방직 시행

☞ 정답 및 해설 P.80

1 신행정학(New Public Administration)의 특징에 해당하는 것만을 모두 고른 것은?

> ㉠ 논리실증주의에 대한 지지
> ㉡ 사회적 형평성의 추구
> ㉢ 현실 적합성의 추구
> ㉣ 참여의 강조

① ㉠, ㉡　　　　　　　　　　② ㉡, ㉢

③ ㉠, ㉡, ㉢　　　　　　　　④ ㉡, ㉢, ㉣

2 공익(public interest)의 개념에 대한 설명으로 옳지 않은 것은?

① 실체설은 사회 구성원 간에 보편적으로 공유되는 공동의 이익보다는 부분적이며 특수한 이익을 공익으로 보는 입장이다.

② 실체설에서 인식하는 공익개념의 구체적 내용은 도덕적 절대가치, 정의, 공동사회의 기본적 가치 등으로 다양하다.

③ 과정설에는 서로 상충되는 이익을 가진 집단들 사이의 조정과 타협의 산물이 공익이라고 보는 입장이 있다.

④ 과정설에는 절차적 합리성을 강조하여 적법절차의 준수에 의해 공익이 보장된다고 보는 입장이 있다.

3 정책네트워크모형에 대한 설명으로 옳지 않은 것은?

① 로즈와 마쉬(Rhodes & Marsh)에 따르면, 이슈네트워크는 비교적 폐쇄적이고 안정적인 반면 정책공동체는 개방적이고 유동적이다.

② 헤클로(Heclo)는 하위정부모형에 대한 비판적 입장에서 이슈네트워크모형을 제안했다.

③ 많은 학자들은 1960년대에 등장한 하위정부모형이나 1970년대에 등장한 이슈네트워크모형이 정책네트워크모형의 기원이라고 본다.

④ 정책공동체의 경우, 모든 참여자가 자원을 가지며 참여자 사이의 근본적인 관계는 교환관계이다.

4 정책의제설정과정에서 일반대중의 관심과 주의를 받고 있으며, 정부가 개입하여 문제를 해결하여야 한다고 인정되지만, 정부가 문제 해결을 고려하기로 공식적으로 밝히지 않은 것은?

① 사회문제(social problem)

② 사회적 쟁점(social issue)

③ 공중의제(public agenda) 또는 체제의제(systemic agenda)

④ 정부의제(governmental agenda) 또는 제도의제(institutional agenda)

5 규제에 대한 설명으로 옳지 않은 것은?

① 윌슨(Wilson)의 규제정치이론에 따르면, 고객정치 상황에서는 응집력이 강한 소수의 편익 수혜자의 논리가 투입될 가능성이 높다.

② 포지티브 규제는 '원칙 허용·예외 금지'의 형태를 취하는 것으로서, 명시적으로 금지하는 것 이외의 모든 것을 허용한다.

③ 국회, 법원, 헌법재판소, 선거관리위원회 및 감사원이 하는 사무에 대하여는 「행정규제기본법」을 적용하지 아니한다.

④ 「행정규제기본법」상 규제의 존속기한 또는 재검토기한은 규제의 목적을 달성하기 위하여 필요한 최소한의 기간 내에서 설정되어야 하며, 그 기간은 원칙적으로 5년을 초과할 수 없다.

6 매틀랜드(Matland)가 모호성(ambiguity)과 갈등(conflict)이라는 두 차원에 따라 분류한 네 가지 정책집행상황 중에서, 모호성이 낮고 갈등이 높은 상황에 대한 설명으로 옳지 않은 것은?

① 갈등은 매수(side payment)나 담합(logrolling) 등과 같은 방식으로 해결되기도 한다.
② 순응을 확보하기 위해서는 강압적 또는 보상적 수단이 중요해진다.
③ 정책집행과정은 대립적 이해관계를 가진 집행조직 외부의 행위자에 의해 영향을 많이 받는다.
④ 정책목표가 명확하지 않기 때문에 집행과정은 목표의 해석과정으로 이해될 수 있다.

7 바스(Bass) 등이 제시한 '변혁적 리더십(transformational leadership)'에 대한 설명으로 옳지 않은 것은?

① 리더는 구성원 개개인의 니즈에 관심을 가지며 잠재력 개발을 돕는다.
② 리더는 성과계약과 같이 교환과 거래에 기반한 관리방식을 활용한다.
③ 리더는 혁신적이고 창조적인 관점에서 해결책을 구하도록 구성원을 자극하고 변화를 유도한다.
④ 리더는 조직이 나아갈 비전을 제시하고 구성원들과의 소통을 통하여 이를 공유하고자 한다.

8 조직의 구조적 특성에 대한 설명으로 옳지 않은 것은?

① 복잡성은 조직의 분화 정도를 의미하며, 단위 부서 간에 업무를 세분화하는 것을 수직적 분화라고 한다.
② 공간적 분화는 조직의 시설과 구성원이 물리적으로 분리되어 있는 정도를 의미한다.
③ 공식화는 일반적으로 업무수행 방식에 대한 공식적 규정의 수준을 의미한다.
④ 집권화는 의사결정 권한이 조직의 고위층에 집중되어 있는 정도를 의미한다.

9 파슨스(Parsons)가 제시한 사회적 기능, 각 기능을 수행하는 조직유형, 그리고 각 조직유형별 예시를 모두 바르게 연결한 것은?

① 적응(adaptation) 기능 – 교육조직 – 학교

② 목표 달성(goal attainment) 기능 – 정치조직 – 행정기관

③ 통합(integration) 기능 – 통합조직 – 종교단체

④ 잠재적 형상 유지(latent pattern maintenance) 기능 – 경제조직 – 민간기업

10 근무성적평정 방법에 대한 설명으로 옳지 않은 것은?

① 도표식 평정척도법(graphic rating scale)에서는 연쇄효과(halo effect)가 나타나기 쉽다.

② 대인비교법(man-to-man comparison)은 평정기준으로 구체적인 인물을 활용한다는 점에서 평정의 추상성을 극복할 수 있다.

③ 산출기록법(production records)은 일정한 시간당 달성한 작업량과 같이 객관적 사실에 기초를 두고 평가하는 방법이다.

④ 체크리스트법(check list)은 피평정자의 근무실적에 큰 영향을 주는 사건들을 평정자로 하여금 기술하게 하는 방법이다.

11 교육참가자들이 팀을 구성하여 실제 현안문제를 해결하면서 동시에 문제해결과정에 대한 성찰을 통해 학습하도록 지원하는 행동학습(learning by doing)으로서, 주로 관리자훈련에 사용되는 교육방식은?

① 멘토링(mentoring)

② 감수성훈련(sensitivity training)

③ 액션 러닝(action learning)

④ 워크아웃 프로그램(work-out program)

12 「국가공무원법」상 공무원의 인사에 대한 규정으로 옳지 않은 것은?

① 정직은 1개월 이상 3개월 이하의 기간으로 하고, 정직 처분을 받은 자는 그 기간 중 공무원의 신분은 보유하나 직무에 종사하지 못하며 보수의 3분의 2를 감한다.

② 강임은 1계급 아래로 직급을 내리고 공무원신분은 보유하나 3개월간 직무에 종사하지 못하며 그 기간 중 보수의 3분의 2를 감한다.

③ 징계로 해임처분을 받은 때부터 3년이 지나지 아니한 자는 공무원으로 임용될 수 없다.

④ 징계로 파면처분을 받은 때부터 5년이 지나지 아니한 자는 공무원으로 임용될 수 없다.

13 예산제도에 대한 설명으로 옳지 않은 것은?

① 계획예산제도(PPBS)는 계획(plan) – 사업(program) – 예산(budget)의 체계적 연계를 강조한다.

② 영기준예산제도(ZBB)는 원칙적으로 정부사업과 예산항목을 원점(zero base)에서 재검토하는 예산제도이다.

③ 목표관리예산제도(MBO)는 참여를 통해 설정한 세부사업의 목표를 예산 편성과 연계하는 제도이다.

④ 품목별 예산제도(line-item budgeting)는 주어진 재원 수준에서 달성한 산출물 수준을 성과지표에 표시한다.

14 우리나라의 예산과정에 대한 설명으로 옳은 것은?

① 국회에서는 본회의보다 상임위원회와 예산결산특별위원회를 중심으로 예산이 심의된다.

② 국회는 정부의 동의없이 새 비목을 설치할 수 없지만, 정부가 제출한 지출예산 각항의 금액을 증가할 수 있다.

③ 예산안은 세출예산법안의 형식으로 국회에서 의결된다.

④ 「국회법」에서는 국회가 회계연도 개시 30일 전까지 정부가 제출한 예산안을 의결하여야 한다고 규정하고 있다.

15 「국가재정법」상 예산집행에 있어서 신축성을 보장하는 규정으로 옳지 않은 것은?

① 각 중앙관서의 장은 예산이 정한 각 기관 간 또는 각 장·관·항 간에 상호 이용(移用)할 수 없다. 다만, 예산집행상 필요에 따라 미리 예산으로써 국회의 의결을 얻은 때에는 기획재정부장관의 승인을 얻어 이용하거나 기획재정부장관이 위임하는 범위 안에서 자체적으로 이용할 수 있다.

② 각 중앙관서의 장은 예산의 목적범위 안에서 재원의 효율적 활용을 위하여 대통령령이 정하는 바에 따라 기획재정부장관의 승인을 얻어 각 세항 또는 목의 금액을 전용(轉用)할 수 있다.

③ 행정자치부장관은 정부조직 등에 관한 법령의 제정·개정 또는 폐지로 인하여 중앙관서의 직무와 권한에 변동이 있는 때에는 기획재정부장관의 요구에 따라 그 예산을 상호 이용하거나 이체(移替)할 수 있다.

④ 세출예산 중 경비의 성질상 연도 내에 지출을 끝내지 못할 것이 예측되는 때에는 그 취지를 세입세출예산에 명시하여 미리 국회의 승인을 얻은 후 다음 연도에 이월하여 사용할 수 있다.

16 공무원의 복무와 관련하여 「지방공무원법」에서 규정하고 있지 않은 것은?

① 공무원은 소속 상사의 허가 없이 또는 정당한 이유 없이 직장을 이탈하지 못한다.

② 공무원은 외국정부로부터 영예 또는 증여를 받을 경우에는 대통령의 허가를 받아야 한다.

③ 퇴직한 모든 공무원은 본인 또는 제3자의 이익을 위하여 퇴직 전 소속 기관의 임직원에게 법령을 위반하게 하거나 지위 또는 권한을 남용하게 하는 등 공정한 직무수행을 저해하는 부정한 청탁 또는 알선을 하여서는 아니된다.

④ 공무원은 공무 외에 영리를 목적으로 하는 업무에 종사하지 못하며, 소속 기관의 장의 허가 없이 다른 직무를 겸할 수 없다.

17 우리나라의 지방교부세에 대한 설명으로 옳지 않은 것은?

① 국고보조금제도와 함께 지방재정조정제도 중의 하나로 운영되고 있다.

② 지방교부세는 대표적인 지방세로서, 내국세의 일정 비율의 금액으로 법정되어 있다.

③ 보통교부세는 그 용도를 특정하지 아니한 일반재원이다.

④ 특별교부세는 중앙정부가 지방정부를 통제하기 위한 수단으로 사용된다는 비판도 있다.

18 ‘사회적 자본(social capital)’에 대한 설명으로 옳지 않은 것은?

① 사회적 자본을 축적하기 위해서는 자발적 결사체의 결성과 활동이 촉진될 수 있는 여건이 중요하다.

② 지역이 보유하고 있는 물질적 자원을 중심으로 한 발전전략에 따라 강조되었다.

③ 주요 속성으로는 상호신뢰, 호혜주의, 적극적 참여 등이 있다.

④ 공동체 의식의 강화를 통하여 지식의 공유와 네트워크의 강화를 기대할 수 있다.

19 지식관리시스템(KMS : Knowledge Management System)의 성공요인에 대한 설명으로 옳지 않은 것은?

① 조직적 지식의 창출보다는 조직구성원의 개인적 지식 축적을 강조한다.

② 개인 또는 부서가 업무결과로 얻은 새로운 지식을 다른 구성원들과 공유하는 문화를 조성한다.

③ 지식을 효과적으로 발굴하고 활용할 수 있는 제도와 조직구조를 정비한다.

④ 지식관리의 촉진제이자 실질적인 도구인 정보기술 인프라를 구축한다.

20 행정개혁에 대한 저항을 극복하는 방법에 관한 설명으로 옳지 않은 것은?

① 강제적 방법은 저항을 근본적으로 해결하기보다는 단기적으로 또는 피상적으로 해결하는 방법으로서, 장래에 더 큰 저항을 야기할 위험이 있다.

② 공리적 · 기술적 방법에는 개혁의 시기조절, 경제적 손실에 대한 보상, 개혁이 가져오는 가치와 개인적 이득의 실증 등이 있다.

③ 규범적 · 사회적 방법에는 개혁지도자의 신망 개선, 의사전달과 참여의 원활화, 사명감 고취와 자존적 욕구의 충족 등이 있다.

④ 저항을 가장 근본적으로 해결하는 방법은 공리적 · 기술적 방법이다.

☞ 정답 및 해설 P.85

1 다음 중 자본예산제도의 특징으로 가장 옳지 않은 것은?

① 재정안정화 효과 증진
② 중장기 예산운용 가능
③ 부채의 정당화
④ 예산의 적자재정 편성

2 다음 상황론적 조직이론(contingent theory)에 대한 설명 중 가장 옳은 것은?

① 우드워드(J. Woodward)는 제조업체의 생산기술에 따라 조직이 사용하는 기술의 유형을 구분하고, 대량생산 기술에는 관료제와 같은 기계적 구조가 효과적이지 않다고 주장하였다.

② 톰슨(V. A. Thompson)은 업무 처리 과정에서 일어나는 조직 간·개인 간 상호의존도를 기준으로 기술을 분류하고, 종합병원처럼 집약기술이 필요한 조직은 수직적 조정이 중요하다고 주장하였다.

③ 페로우(C. Perrow)는 조직원이 업무를 처리하는 과정에서 발생하는 예외적인 사건의 정도와 업무 처리가 표준화된 절차에 의해 수행되는 정도를 기준으로 조직의 기술을 장인기술, 비일상적 기술, 일상적 기술, 공학적 기술로 유형을 구분하였다.

④ 상황론적 조직이론에서는 정책결정자가 환경에 대해 충분한 정보를 갖지 못하므로 환경이 조직구조에 영향을 미치지 않는다고 본다.

3 다음 중 계급제에 대한 설명으로 가장 옳지 않은 것은?

① 계급제는 개인의 자격, 능력, 학벌 등에 의해 분류된 계급에 따라 직무가 부여되는 제도
   이다.
② 계급제는 정치적 민주화가 꽃을 피우기 훨씬 전부터 국가체제를 유지하기 위한 공직 분류
   체계의 기본 틀로 형성되었다.
③ 사회의 수평적 분화가 이루어지고 산업사회가 고도화됨에 따라 많은 나라가 계급제의
   골격을 유지하면서 직위분류제를 도입하고 있다.
④ 계급제는 직위분류제에 비해 분류 구조와 보수 체계가 복잡하고 융통성이 적어 그 활용
   성이 떨어진다는 단점이 있다.

4 다음 공무원 부패의 원인에 대한 접근방법을 설명한 것 중 가장 옳지 않은 것은?

① 도덕적 접근은 부패의 원인을 부패를 저지르는 관료 개인의 윤리 의식과 자질의 탓으로
   돌린다.
② 제도적 접근은 법과 제도상의 결함이나 운영의 미숙 등이 부정부패의 원인으로 작용한
   다고 본다.
③ 사회문화적 접근은 관료 부패를 사회문화적 환경의 독립변수로 본다.
④ 체제론적 접근은 관료 부패 현상을 관료 개인의 속성과 제도, 사회문화 환경 등 여러
   요인이 복합적으로 상호작용한 결과로 이해한다.

5 다음 중 포스트모더니티이론 및 그에 입각한 행정에 대한 설명으로 가장 옳지 않은 것은?

① 행정은 객관적으로 연구될 수 있다는 설화를 해체해야 한다.
② 인권, 인간 이성과 인간 중심적 관점에서의 행정을 강조하였다.
③ 진리의 기준은 맥락 의존적이다.
④ 행정에 있어서의 상상, 해체, 타자성 등을 강조하였다.

6 다음 중 BSC에 대한 설명으로 가장 옳지 않은 것은?

① BSC는 고객 관점에서 고객만족도, 정책순응도, 민원인의 불만율, 신규 고객의 증감 등의 성과지표를 중요시한다.

② BSC는 추상성이 높은 비전에서부터 구체적인 성과지표로 이어지는 위계적인 체제를 가진다.

③ BSC는 조직의 목표를 달성하기 위하여 조직 구성원 간 의사소통의 도구로 기능한다.

④ BSC는 정부실패와 시장실패 등의 위기를 극복하기 위하여 비재무적 지표보다는 재무적 지표관리의 중요성을 강조한다.

7 다음 중 정책결정모형에 대한 설명으로 가장 옳지 않은 것은?

① 점증모형에서는 기존 정책을 수정 보완해 약간 개선된 상태의 정책대안을 채택하는 것이 일반적이다.

② 사이버네틱스(cybernetics)모형은 습관적 의사결정을 설명하는 데에 활용된다.

③ 최적모형(optimal model)은 기존의 계량적 분석뿐만 아니라 직관적 판단에 의한 결정도 중요시한다.

④ 합리모형은 제한된 합리성(bounded rationality)에 의거하여 효용을 계산하며 효용을 극대화할 수 있는 대안을 선택한다.

8 다음 신공공관리론(new public management)과 뉴거버넌 스론(new governance)에 대한 설명으로 가장 옳은 것은?

① 신공공관리론의 인식론적 기초는 민주주의이다.

② 뉴거버넌스론의 인식론적 기초는 공동체주의이다.

③ 신공공관리론은 관료의 역할로 조정자(coordinator)의 역할을 강조하였다.

④ 뉴거버넌스론은 관료의 역할로 공공기업가(public entrepreneur)의 역할을 강조하였다.

9 조직인의 동기이론에 대한 설명으로 가장 옳지 않은 것은?

① 핵맨과 올드햄(Hackman & Oldham)의 직무특성이론에 의하면 직무특성을 결정하는 변수로 기술다양성, 직무정체성, 직무중요성, 자율성, 환류를 들고 있다.

② 앨더퍼(Alderfer)의 ERG이론에 의하면 상위욕구가 만족되지 않거나 좌절될 때 하위욕구를 더욱 충족시키고자 한다는 좌절-퇴행법을 주장하였다.

③ 허즈버그(Herzberg)의 욕구충족요인 이원론에서 불만요인은 개인의 불만족을 방지하는 효과를 가져오는 요인으로서, 충족되면 만족감을 갖게 되어 동기가 유발된다.

④ 맥클랜드(McCelland)의 성취동기이론에 의하면 성취욕구는 행운을 바라는 대신 우수한 결과를 얻기 위해 높은 기준을 설정하고 이를 달성하려는 욕구이다.

10 다음 중 ZBB에 대한 설명으로 가장 옳지 않은 것은?

① 과거연도의 예산지출이 참고자료로 고려되지 않는다.

② 예산의 과대추정을 억제할 수 있다.

③ 비용편익 분석과 시스템 분석을 주요 수단으로 활용한다.

④ 각 부처에서 지출규모에 대한 결정을 한다.

11 다음 〈보기〉에서 특별(광역)시세로만 짝지어진 것은?

〈보기〉

㉠ 레저세   ㉡ 담배소비세
㉢ 지방소비세   ㉣ 주민세
㉤ 자동차세   ㉥ 재산세
㉦ 지방교육세   ㉧ 등록면허세
㉨ 지역자원시설세

① ㉠, ㉡, ㉢   ② ㉣, ㉤, ㉥

③ ㉣, ㉤, ㉧   ④ ㉦, ㉧, ㉨

12 다음 중 행정학과 관련된 학자에 대한 설명으로 가장 옳지 않은 것은?

① 굿노(F. J. Goodnow)는 행정은 국가의 의지를 실천하는 것이라고 주장하였다.

② 테일러(F. W. Taylor)는 시간과 동작에 관한 연구를 통해 최선의 방법(one best way)을 추구하였다.

③ 사이먼(H. A. Simon)은 행정 원리의 보편성과 과학성을 강조하였다.

④ 귤릭(L. H. Gulick)은 POSDCoRB를 통해 능률적인 관리활동방법을 제시하였다.

13 조직구조에 있어 기능구조와 사업구조의 장단점에 대한 설명으로 가장 옳지 않은 것은?

① 기능구조는 중복과 낭비를 예방하고 기능 내에서 규모의 경제를 구현할 수 있다.

② 기능구조는 각 기능부서들 간의 조정과 협력이 요구되는 환경에 적응하기 곤란할 수 있다.

③ 사업구조는 의사결정의 상위 집중화로 최고관리층의 업무부담이 증가될 수 있다.

④ 사업구조는 성과책임의 소재가 분명해 성과관리 체제에 유리하다.

14 다음 중 호손실험에 대한 내용으로 가장 옳은 것은?

① 인간관계론의 이론적 틀을 마련하였다.

② 테일러의 과학적 관리법을 계승한다.

③ 개인의 생산성 향상을 위해서는 물리적 작업환경이 중요하다는 점을 발견하였다.

④ 본래 실험 의도와 다르게 작업의 과학화, 객관화, 분업화의 중요성을 발견하였다.

15 공공선택론에 대한 비판적 시각으로 가장 적절하지 않은 것은?

① 행정은 가치중립적인 것이며 정치의 영역 밖에 있다고 가정하는데, 이는 현실적합성이 매우 떨어진다.

② 시민과 기업의 참여를 통한 서비스의 공동 공급을 주장하지만, 이는 실현 불가능한 이상향에 가깝다.

③ 현실 세계가 효용극대화를 추구하고 있으며 합리적인 개인들로 구성되어 있다고 가정하는데, 이는 현실적이지 못하다.

④ 자유경쟁시장의 논리를 공공부문에 도입하고자 하는데, 그 논리 자체가 현상유지와 균형이론에 집착하는 것이며 시장실패라는 고유한 한계 또한 가지고 있다.

16 신공공서비스론(NPS)에 대한 설명으로 가장 옳지 않은 것은?

① 신공공서비스론은 민주주의 이론 및 비판이론, 포스트 모더니즘 등을 바탕으로 탄생한 복합적 이론이다.

② 책임성 확보의 방법으로 행정인이 민주적으로 선출된 대표자에게 책임을 다하는 것을 강조한다.

③ 정책과정에 있어서 전략적으로 생각하고 민주적으로 행동해야 한다고 강조한다.

④ 관료의 역할로 방향잡기보다는 시민들로 하여금 공유된 가치를 표명하고 그것을 충족시킬 수 있도록 도와주고 봉사해야 함을 강조한다.

17 조직목표의 모호성에 대한 설명 중 가장 옳지 않은 것은?

① 사명 이해 모호성(mission comprehension ambiguity)은 목표가 모호해 조직원이 어떤 조직의 사명을 이해하고 설명하고 의사소통하는 과정에서 자신의 업무가 무엇인지를 각자 다르게 이해하는 것을 의미한다.

② 지시적 모호성(directive ambiguity)은 어떤 조직의 사명이나 일반적 목표들을 그 사명을 달성하기 위한 구체적 행동지침으로 전환하는 데 발생하는 다양하고 경쟁적인 해석의 정도를 의미한다.

③ 평가적 모호성(evaluative ambiguity)은 다수의 조직목표 중 우선순위를 선정하고 평가하는 데 발생하는 경쟁적 해석의 정도를 의미한다.

④ 목표 모호성은 공공조직과 기업조직 모두에서 발견되지만 공공조직의 목표는 기업조직의 목표보다 일반적으로 더 추상적이다.

18 다음 집단의 의사결정 기법에 대한 설명 중 가장 옳은 것은?

① 델파이(Delphi) 기법은 미래 예측을 위해 전문가가 아닌 일반인 다수를 활용하는 의사결정 기법이다.

② 브레인스토밍(brainstorming)은 아이디어가 많은 소수에게 여러 개 주제에 대해 아이디어를 제시하도록 해 좋은 아이디어를 발굴하는 기법이다.

③ 지명반론자 기법(devil s advocate method)은 작위적으로 특정 조직원들 또는 집단을 반론을 제기하는 집단으로 지정해 반론자 역할을 부여하고 이들이 제기하는 반론과 이에 대한 제안자의 옹호 과정을 통해 의사결정을 유도하는 기법이다.

④ 명목집단기법(nominal group technique)은 관련자들이 의사결정에 직접 참여하여 대안에 대한 아이디어를 제출하도록 하고 충분한 토의를 거쳐 투표로 의사결정을 하는 기법이다.

19 다음 중 예산집행상 지출특례와 가장 거리가 먼 것은?

① 선수금 ② 과년도 지출
③ 수입대체경비 ④ 개산급

20 지방의회가 지방자치단체에 대하여 행사할 수 있는 권한으로 옳지 않은 것은?

① 예산불성립 시 예산집행
② 선결처분의 사후승인
③ 행정사무의 감사·조사
④ 청원서의 이송·보고요구

☞ 정답 및 해설 P.88

1 굴릭(Gulick)의 조직 설계의 고전적 원리에 대한 설명으로 옳지 않은 것은?

① 전문화의 원리란 전문화가 되면 될수록 행정능률은 올라간다는 것을 의미한다.
② 명령통일의 원리는 명령을 내리고 보고를 받는 사람이 한 사람이어야 한다는 것을 의미한다.
③ 통솔범위의 원리는 부하들을 효과적으로 통솔하기 위해 부하의 수가 한정되어야 한다는 것을 의미한다.
④ 부서편성의 원리는 조직편성의 기준을 제시하며, 그 기준은 목적, 성과, 자원 및 환경의 네 가지이다.

2 조합주의(corporatism)에 대한 설명으로 옳지 않은 것은?

① 정부활동은 다양한 이익집단 간 이익의 소극적 중재자 역할에 한정된다.
② 이익집단은 단일적·위계적인 이익대표체계를 형성한다.
③ 정부는 사회적 공동선을 달성하기 위해 중요 이익집단과 우호적 협력관계를 유지한다.
④ 이익집단은 상호 경쟁보다는 국가에 협조함으로써 특정 영역에서 자신의 요구를 정책과정에 투입한다.

3 정책평가의 유형에 대한 설명으로 옳지 않은 것은?

① 총괄평가(summative evaluation)는 정책집행이 종료된 후에 그 성과나 효과를 평가하는 것이다.

② 형성평가(formative evaluation)는 정책집행 도중에 과정의 적절성과 수단·목표 간 인과성 등을 평가하는 것이다.

③ 총괄평가는 주로 내부 평가자에 의해 수행되며, 평가결과를 환류하여 최종안을 개선하는 것이 목적이다.

④ 형성평가는 주로 내부 평가자 및 외부 평가자의 자문에 의해 평가를 진행하며, 정책집행 단계에서 정책 담당자 등을 돕기 위한 것이다.

4 행정통제 중 내부통제에 해당하는 것만을 모두 고른 것은?

㉠ 입법부에 의한 통제	㉡ 사법부에 의한 통제
㉢ 감사원에 의한 통제	㉣ 시민에 의한 통제
㉤ 공무원으로서 직업윤리	

① ㉠, ㉡

② ㉡, ㉢

③ ㉢, ㉤

④ ㉣, ㉤

5 우리나라 지방자치제도에 대한 설명으로 옳지 않은 것은?

① 자치사무(고유사무)와 달리 법령에 의하여 지방자치단체에 속하는 사무(단체위임사무)에 관해서는 조례로 규정할 수 없다.

② 합의제 행정기관의 설치·운영에 관하여 필요한 사항은 대통령령 또는 조례로 정한다.

③ 지방자치단체는 공공시설을 부정사용한 자에 대하여 과태료를 부과하는 규정을 조례로 정할 수 있다.

④ 지방자치단체는 공공시설을 관계 지방자치단체의 동의를 얻어 그 지방자치단체의 구역 밖에 설치할 수 있다.

6 살라먼(Salamon)의 정책수단유형 중 간접수단에 해당하는 것은?

① 경제적 규제　　　　　　　　② 조세지출
③ 직접대출　　　　　　　　　　④ 공기업

7 관료제에 대한 설명으로 옳지 않은 것은?

① 관료제(bureaucracy)는 관료(bureaucrat)에 의하여 통치(cracy)된다는 의미로서 왕정이나 민주정(民主政)에 비해 관료가 국가정치와 행정의 중심역할을 수행한다는 의미가 있다.
② 관료제는 소수의 상관과 다수의 부하로 구성되는 피라미드 형태를 취하며 과두제(oligarchy)의 철칙이 나타날 수 있다.
③ 관료제의 병리현상으로 과잉동조에 따른 목표대치, 할거주의, 훈련된 무능력 등을 들 수 있다.
④ 베버(Weber)의 이념형 관료제는 성과급 제도와 부합한다.

8 우리나라 공무원연금제도에 대한 설명으로 옳은 것만을 모두 고른 것은?

> ㉠ 최초의 공적연금제도로서 직업공무원을 대상으로 하는 특수직역연금제도이다.
> ㉡ 「공무원연금법」상 공무원연금 대상에는 군인, 공무원 임용 전의 견습직원 등이 포함된다.
> ㉢ 사회보험 원리와 부양원리가 혼합된 제도이다.

① ㉠　　　　　　　　　　　　② ㉠, ㉢
③ ㉡, ㉢　　　　　　　　　　④ ㉠, ㉡, ㉢

9 프로그램 예산제도에 대한 설명으로 옳지 않은 것은?

① 동일한 정책목표를 가진 단위사업들을 하나의 프로그램으로 묶어 예산 및 성과 관리의 기본 단위로 삼는다.
② 우리나라에서는 지방자치단체가 2004년부터, 중앙정부는 2008년부터 공식적으로 채택하였다.
③ 자원배분의 투명성을 높일 수 있고, 일반 국민이 예산 사업을 쉽게 이해할 수 있게 한다.
④ 우리나라가 도입한 배경에는 투입 중심 예산 운용의 한계를 극복하고자 하는 측면이 있었다.

10 조직의 의사결정과정에서 나타나는 특성에 대한 개념을 바르게 연결한 것은?

A. 시간과 능력의 제약 때문에 정책결정자들은 모든 상황을 고려하기보다 특별히 관심을 끄는 부분에 대해서만 고려한다.
B. 정책결정에서는 관련 집단들의 요구가 모두 성취되기보다는 서로 나쁘지 않을 정도의 수준에서 타협점을 찾는 경향이 있다.
C. 반복적인 의사결정의 경험이 전수되며 시간의 흐름에 따라 결정수준이 개선되고 목표달성도가 높아지게 된다.
D. 정책결정자들의 경험이 축적됨에 따라 가장 효율적이라고 판단되는 정책결정절차와 방식을 마련하게 되고 이를 활용한 정책결정이 증가한다.

㉠ 조직의 학습   ㉡ 표준운영절차 수립
㉢ 갈등의 준해결   ㉣ 문제중심의 탐색

	A	B	C	D
①	㉠	㉡	㉢	㉣
②	㉠	㉢	㉣	㉡
③	㉣	㉡	㉢	㉠
④	㉣	㉢	㉠	㉡

11 애드호크라시(Adhocracy)에 대한 설명으로 옳지 않은 것은?

① 구조적으로 복잡성, 공식화, 집권화의 정도가 낮은 수준이다.
② 고도의 창의성과 환경 적응성이 필요한 상황에서 유효한 임시조직이다.
③ 다양한 전문가들로 구성된 집합으로 조직화와 표준화가 신속하게 이뤄진다.
④ 업무 처리 과정에서 갈등과 비협조가 일어나고, 창의적 업무수행과정에서 심적 스트레스를 많이 받는다.

12 「지방자치법」상 주민에 의한 조례의 제정 및 개폐 청구대상에 포함되지 않는 것만을 모두 고른 것은?

> ㉠ 지방세의 부과·징수에 관한 사항
> ㉡ 행정기구를 설치하거나 변경하는 것에 관한 사항
> ㉢ 공공시설의 설치를 반대하는 사항

① ㉠
② ㉠, ㉢
③ ㉡, ㉢
④ ㉠, ㉡, ㉢

13 조직구조에 대한 설명으로 옳지 않은 것은?

① 수평적 분화가 심할수록 전문성을 가진 부서 간 커뮤니케이션과 업무협조가 용이하다.
② 수직적 분화는 조직의 종적인 분화로서 책임과 권한의 계층적 분화를 말한다.
③ 공간적(장소적) 분화는 조직의 구성원과 물리적인 시설이 지역적으로 분산되어 있는 정도를 말한다.
④ 조직구조의 복잡성은 조직이 얼마나 나누어지고 흩어져 있는가의 분화 정도를 말한다.

14 행정학의 발달과정에 대한 설명으로 옳지 않은 것은?

① 1960년대 신행정학은 행정학의 실천적 성격과 적실성을 회복하기 위해 정책지향적인 행정학을 강조했다.
② 사이먼(Simon)은 인간행태에 연구의 초점을 두었고 행정이론의 과학화에 기여하였다.
③ 애플비(Appleby)는 정치는 국가의 의지를 표명하고 정책을 구현하는 것이며 행정은 이를 실천하는 것으로 정치와 행정의 차이를 명확히 구별했다.
④ 미국행정학은 테일러(Taylor)의 과학적 관리법에 근거를 둔 조직이론으로부터 영향을 받았다.

15 (   )안에 들어갈 말을 바르게 나열한 것은?

> 「국가공무원법」상 행정각부의 차관은 (㉠)공무원 중 (㉡)공무원이다.

	㉠	㉡
①	경력직	일반직
②	경력직	특정직
③	특수경력직	별정직
④	특수경력직	정무직

16 전통적인 연공주의 인적자원관리와 비교할 때 성과주의 인적자원관리의 특징으로 옳지 않은 것은?

① 형식 요건을 중시하고 규격화된 임용 방식을 확대한다.
② 태도와 근속연수보다 성과와 능력 중심의 평가를 강조한다.
③ 직급파괴와 역량에 의한 승진을 강조한다.
④ 조기퇴직 및 전직 지원을 활성화한다.

17 우리나라 재정사업 성과관리제도에 대한 설명으로 옳지 않은 것은?

① 재정사업 성과관리제도는 재정성과 목표관리제도, 재정사업 자율평가제도, 재정사업 심층평가제도의 세 가지 형태로 운영되고 있다.
② 재정성과 목표관리제도는 기관별 성과계획서 및 성과보고서를 통해 설정된 성과 목표의 달성여부를 모니터링한다.
③ 재정사업 자율평가제도는 사업수행부처가 자체적으로 정한 10개의 평가지표에 근거하여 소관 재정사업을 매년 모두 평가한다.
④ 부처 간 유사·중복 사업 또는 비효율적인 사업 추진으로 예산 낭비의 소지가 있는 사업에 대해서는 재정사업 심층평가를 실시할 수 있다.

18 우리나라 정부재정에 대한 설명으로 옳지 않은 것은?

① 일반회계예산의 세입은 원칙적으로 조세수입을 재원으로 하고 세출은 국가사업을 위한 기본적 경비지출로 구성된다.

② 실질적인 정부의 총예산 규모를 파악하는 데에는 예산순계 기준보다 예산총계 기준이 더 유용하다.

③ 중앙관서의 장은 특별회계를 신설하고자 하는 때에는 해당 법률안을 입법예고하기 전에 특별회계 신설에 관한 계획서를 기획재정부장관에게 제출하며 그 신설의 타당성에 관한 심사를 요청하여야 한다.

④ 중앙정부의 통합재정 규모는 일반회계, 특별회계, 기금, 세입세출 외 항목을 포함하지만 내부거래와 보전거래는 제외한다.

19 규제는 해결할 수단, 관리 방식, 최종 성과를 대상으로 설계될 수 있는데, 이들을 각각 수단규제, 관리규제, 성과규제라고 한다. 그 사례를 바르게 연결한 것은?

> ㉠ 식품안전을 위해 그 효용이 부각되는 위해요소중점관리기준(HACCP : Hazard Analysis Critical Control Point)을 지킬 것을 요구하는 것
> ㉡ 인체건강을 위해 개발된 신약에 대해 부작용의 허용가능한 발생 수준을 요구하는 것
> ㉢ 환경오염을 방지하기 위해 기업에 특정한 유형의 환경통제 기술을 사용할 것을 요구하는 것

	수단규제	관리규제	성과규제
①	㉠	㉡	㉢
②	㉠	㉢	㉡
③	㉢	㉡	㉠
④	㉢	㉠	㉡

20 내적타당성의 위협 요인에 대한 설명을 바르게 연결한 것은?

> ㉠ 실험(testing)효과 ㉡ 회귀(regression)효과
> ㉢ 성숙(maturation)효과 ㉣ 역사(history)효과

> A. 순전히 시간의 경과 때문에 발생하는 조사대상 집단의 특성변화가 나타나는 경우
> B. 정책 및 프로그램의 실시 전후 유사한 검사를 반복하는 경우에 시험에 친숙도가 높아져 측정값에 영향을 미치는 경우
> C. 특정 프로그램처리가 집행될 즈음에 발생한 다른 어떤 외부적 사건 때문에 나타난 효과
> D. 극단적인 점수를 얻은 실험대상들이 시간이 흐름에 따라 보다 덜 극단적인 상태로 표류하게 되는 경향

	㉠	㉡	㉢	㉣
①	B	A	D	C
②	B	D	A	C
③	D	C	B	A
④	D	C	A	B

2016년 10월 1일 제2회 지방직 시행

☞ 정답 및 해설 P.91

1 민간부문의 자율성을 높이고 그 역할을 확대하는 민간화(privatization) 방법과 거리가 먼 것은?

① 진입규제 강화

② 바우처 제공

③ 정부계약(contracting out) 활용

④ 공동생산(co - production)

2 다음은 예산의 이용과 전용에 대한 설명이다. ⊙과 ⓒ에 해당하는 것은?

> 이용은 국회에서 승인된 예산 중 (⊙) 간 울타리를 뛰어넘어 자금을 이전하는 것을 말하며 이를 위해서는 국회의 승인을 받아야 한다. 반면, 전용은 (ⓒ) 간 울타리를 뛰어넘어 자금을 이전하는 것을 말하며 이를 위해서는 국회의 승인을 받을 필요가 없다.

	⊙	ⓒ
①	장	관, 항, 세항, 목
②	장, 관	항, 세항, 목
③	장, 관, 항	세항, 목
④	장, 관, 항, 세항	목

3 의사결정모형 중 쓰레기통 모형의 내용이 아닌 것은?

① 진빼기 결정

② 의사결정을 구성하는 네 가지의 흐름

③ 조직화된 무정부 상태

④ 갈등의 준해결

4 지방재정에 대한 설명으로 옳은 것은?

① 지방교부세의 기본 목적은 지방자치단체 간 재정격차를 줄임으로써 기초적인 행정서비스가 제공될 수 있도록 하는 데 있다.
② 세외수입은 연도별 신장률이 안정적이며 그 종류와 형태가 다양하다.
③ 보통교부세, 특별교부세, 분권교부세, 부동산교부세 등의 지방교부세가 운영되고 있다.
④ 대부분의 국고보조사업에는 차등보조율이 적용되고 있다.

5 정부규제에 대한 설명으로 옳지 않은 것은?

① 「행정규제기본법」은 규제 법정주의를 규정하고 있다.
② 규제개혁위원회는 위원장 2명을 포함한 20명 이상 25명 이하의 위원으로 구성한다.
③ 규제영향분석이 필요한 이유 중 하나는 관료에게 규제비용에 대한 관심과 책임성을 갖도록 유도한다는 점이다.
④ 정부의 규제정책을 심의·조정하고 규제의 심사·정비 등에 관한 사항을 종합적으로 추진하기 위하여 국무총리 소속으로 규제개혁위원회를 두고 있다.

6 행정 조직의 구조적인 측면에서 발생하는 갈등 요인이 아닌 것은?

① 개인의 이기적인 태도
② 기능이나 업무의 특성에 따른 분업구조
③ 제한된 자원의 하위 부서 간 공유
④ 업무의 연계성으로 인한 타인과의 협조 필요성 증가

7 공무원 교육훈련 방법에 대한 설명으로 옳지 않은 것은?

① 현장훈련(on the job training)은 피훈련자가 실제 직무를 수행하면서 직무수행에 관한 지식과 기술을 배우는 방법이다.
② 강의, 토론회, 시찰, 시청각교육 등은 태도나 행동의 변화를 주된 목적으로 한다.
③ 액션러닝(action learning)은 소규모로 구성된 그룹이 실질적인 업무현장의 문제를 해결해 내고 그 과정에서 성찰을 통해 학습하도록 하는 행동학습(learning by doing) 교육훈련 방법이다.
④ 감수성훈련(sensitivity training)은 대인관계의 이해와 이를 통한 인간관계의 개선을 목적으로 한다.

8 정책평가의 논리와 방법에 대한 설명으로 옳지 않은 것은?

① 내적타당성이란 다른 요인들이 작용한 효과를 제외하고 오로지 정책 때문에 발생한 순수한 효과를 정확히 추출해 내는 것과 관련되는 개념이다.

② 내적타당성을 위협하는 성숙요인이란 순전히 시간의 경과 때문에 발생하는 조사대상집단의 특성변화를 말한다.

③ 진실험설계의 주요 형태 중 하나인 단일집단 사전사후측정설계는 동일한 정책대상집단에 대한 사전측정과 사후측정을 통해 정책효과를 추정하는 방식이다.

④ 결과변수에 영향을 미친다고 생각되는 제3변수들을 식별하여 통계분석모형에 포함시킨 후 정책효과를 추정하는 것은 비실험적설계의 한 예이다.

9 로위(Lowi)는 강제력의 행사방법과 강제력의 적용영역 차이에 따라 정책을 네 가지(A~D)로 유형화하고, 정책유형별 특징과 사례를 제시하였다. 이에 대한 설명으로 옳지 않은 것은?

강제력의 적용영역 강제력의 행사방법	개별적 행위	행위의 환경
간접적	A	B
직접적	C	D

① A에서는 정책내용이 세부단위로 쉽게 구분되고 각 단위는 다른 단위와 별개로 처리될 수 있다.

② B에는 선거구 조정, 정부조직이나 기구 신설, 공직자 보수 등에 관한 정책이 포함된다.

③ C에서는 피해자와 수혜자가 명백하게 구분되며 정책결정자와 집행자가 서로 결탁하여 갈라먹기식(log－rolling)으로 정책을 결정하는 것이 어렵다.

④ D에서는 지방적 수준에서 분산적인 정책결정이 이루어진다.

10 루빈(Rubin)의 '실시간 예산운영(Real Time Budgeting)' 모형에 대한 설명으로 옳지 않은 것은?

① 세입 흐름에서 의사결정 – '누가, 얼마만큼 부담할 것인가'에 관한 의사결정으로 의사결정의 흐름 속에는 설득의 정치가 내재해 있다.

② 세출 흐름에서 의사결정 – '누구에게 배분할 것인가'에 관한 의사결정으로서 선택의 정치로 특징지어지며, 참여자들은 지출의 우선순위가 재조정되기를 바라거나 현재의 우선순위를 고수하려고 노력한다.

③ 예산 균형 흐름에서 의사결정 – '예산 균형을 어떻게 정의할 것인가'에 관한 의사결정으로 제약조건의 정치라는 성격을 지니며, 예산균형의 결정은 근본적으로 정부의 범위 및 역할에 대한 결정과 연계되어 있다.

④ 예산 과정 흐름에서 의사결정 – '계획된 대로 수행할 수 있는가'에 대한 의사결정으로 기술적 성격이 강하고 책임성의 정치라는 특성을 지니며, 예산계획에 따른 집행과 수정 및 일탈의 허용 범위에 대한 문제가 중요하다.

11 기존 전자정부와 비교한 스마트 전자정부의 특징이 아닌 것은?

① 개인별 맞춤형 통합서비스 제공
② 스마트폰, 태블릿 PC, 스마트 TV 등 다매체 활용
③ 공급자 중심의 서비스 개발
④ 1회 신청으로 연관 민원 일괄처리

12 윌슨(Wilson)의 '행정연구(The Study of Administration, 1887)'에 대한 설명으로 옳지 않은 것은?

① 정부개혁을 통해 특정지역 및 계층중심의 관료파벌을 해체하고자 했다.
② 행정과 경영의 유사성을 강조했다.
③ 정치와 행정을 분리하고자 했다.
④ 효율적 정부 운영에 관심을 두었다.

13 관료제 병리현상에 대한 설명으로 옳은 것은?

① 동조과잉과 형식주의로 인해 '전문화로 인한 무능' 현상이 발생한다.

② '피터의 원리(Peter Principle)'가 지적하듯이 무능력자가 승진하게 되는 경우가 생긴다.

③ 상관의 권위에 의존하면서 소극적으로 일을 처리하려는 할거주의가 나타난다.

④ 목표가 아닌 수단으로서의 규칙과 절차에 지나치게 집착하는 번문욕례(red tape) 현상이 나타난다.

14 엽관주의와 실적주의에 대한 설명으로 옳지 않은 것은?

① 엽관주의는 행정의 민주화에 공헌한다는 장점이 있다.

② 실적주의는 공무원의 정치적 중립을 강조한다.

③ 잭슨(Jackson) 대통령이 암살당한 사건은 미국에서 실적주의 도입의 배경이 되었다.

④ 엽관주의는 공직의 상품화를 가져올 가능성이 있다.

15 예산원칙에 대한 설명으로 옳지 않은 것은?

① 입법부가 사전에 의결한 사항만 집행이 가능하다는 사전의결의 원칙의 예외로는 긴급명령과 준예산 등이 있다.

② 예산총계주의는 모든 세입과 세출이 예산에 계상되어야 한다는 것을 의미한다.

③ 정부가 특정 수입과 특정 지출을 직접 연계해서는 안 된다는 한계성 원칙의 예외로는 예비비, 계속비 등이 있다.

④ 예산은 결산과 일치해야 한다는 예산 엄밀성의 원칙은 정확성의 원칙이라고도 불린다.

16 주민참여제도에 대한 설명으로 옳지 않은 것은?

① 주민투표제도, 주민발안제도, 주민소환제도가 모두 시행되고 있다.

② 「지방자치법」은 주민감사청구 요건으로 시·군·자치구의 경우 19세 이상 주민 500명 이상의 연서를 받아 감사를 청구할 수 있도록 규정하고 있다.

③ 지방자치단체장에 대한 주민소환투표가 실시된 적이 있다.

④ 「지방재정법」은 지방자치단체의 장이 주민참여예산제도를 의무적으로 시행하도록 규정하고 있다.

17 비교행정의 한계에 대한 설명으로 옳지 않은 것은?

① 독자적인 연구대상을 획정하기가 어렵다.

② 환경과 행정의 교류적 관계를 경시한 정태적 접근이다.

③ 처방성과 문제해결성을 강조함에 따라 행정의 비과학화를 초래하였다.

④ 행정을 지나치게 과소평가함으로써 행정의 독자성을 무시하고 행정의 종속성을 강조하고 있다.

18 메이(May)는 정책의제설정의 주도자와 대중의 관여 정도에 따라 정책의제설정과정을 네 가지 유형(A ~ D)으로 구분하였는데, 이에 대한 설명으로 옳지 않은 것은?

정책의제설정의 주도자 ＼ 대중의 관여 정도	높음	낮음
민간	A	B
정부	C	D

① A는 외부집단이 주도하여 정책의제 채택을 정부에게 강요하는 경우로 허쉬만(Hirschman)이 말하는 '강요된 정책문제'에 해당된다.

② B의 경우 정책결정에 영향력을 가진 집단은 대중들에게 정책을 공개하여 지지를 획득하려고 한다.

③ C에서는 이미 민간집단의 광범위한 지지가 형성된 이슈에 대하여 정책결정자가 지지의 공고화(consolidation)를 추진한다.

④ D는 정부의 힘이 강하고 이익집단의 역할이 취약한 후진국에서 일반적으로 많이 나타난다.

19 공무원 보수제도 중 연봉제에 대한 설명으로 옳지 않은 것은?

① 직무성과급적 연봉제는 고위공무원단 소속 공무원에게 적용된다.

② 고정급적 연봉제에서 연봉은 기본연봉과 성과연봉으로 구성된다.

③ 직무성과급적 연봉제에서 기본연봉은 기준급과 직무급으로 구성된다.

④ 성과급적 연봉제와 직무성과급적 연봉제의 성과연봉은 전년도의 업무실적에 따른 평가 결과에 따라 차등지급된다는 점에서 유사한 면이 있다.

20 고충민원 처리 및 부패방지와 관련된 설명으로 옳지 않은 것은?

① 내부고발자를 보호하기 위한 제도가 시행되고 있다.

② 공공기관의 부패행위에 대해 국민권익위원회에 감사를 청구할 수 있는 국민감사청구제도가 시행되고 있다.

③ 국민권익위원회 위원장과 위원의 임기는 각각 3년으로 하되, 1차에 한하여 연임할 수 있다.

④ 지방자치단체는 고충민원을 처리하기 위해 시민고충처리위원회를 둘 수 있다.

2017년 6월 24일 서울특별시 시행

1 다음 중 직무성과계약제에 대한 설명으로 가장 옳은 것은?

① 직무성과계약제는 상·하급자 간의 합의를 통해 목표를 설정하고 성과계약의 내용이 구체적이며 상향식으로 체결된다는 점에서 목표관리제(MBO)와 유사하다.

② 직무성과계약제는 실·국장 등과 5급 이하 공무원 간에 공식적 성과계약을 체결한다.

③ 직무성과계약제는 주로 개인의 성과평가제도로 조직 전반의 성과관리를 중심으로 하는 균형성과지표(BSC)와 구분된다.

④ 직무성과계약제는 산출이나 성과보다는 투입부문의 통제에 초점을 두고 있다.

2 미국 행정이론의 발달과정에 대한 설명으로 가장 옳지 않은 것은?

① 19세기 이후 엽관제의 비효율 극복을 위해 제퍼슨-잭슨 철학에 입각한 진보주의 운동과 행정의 탈정치화를 강조한 정치-행정이원론이 전개되었다.

② 1930년대 경제대공황 이후 행정권의 우월화 현상을 인정한 정치-행정일원론이 등장하였다.

③ 비교행정론의 대표적 학자 리그스(F. W. Riggs)의 프리즘적 모형은 농경국가도 산업국가도 아닌 제3의 국가형태인 개발도상국을 연구하는 데 적합하다.

④ 1968년 미노부르크 회의(Minnowbrook Conference)는 행정의 적실성, 사회적 형평성 등을 강조한 '신행정학'의 탄생에 영향을 주었다.

3 정책문제의 특성에 대한 설명으로 가장 옳지 않은 것은?

① 정책문제는 당위론적 가치관의 입장에서 정의하는 것이 중요하다.

② 정책주체와 객체의 행태는 주관적이지만 정책문제는 객관적이다.

③ 특정 문제의 발생 원인이나 해결 방안 등은 다른 문제들과 상호 연관성을 갖는다.

④ 정책수혜집단과 정책비용집단이 있다는 것을 의미하는 차별적 이해성을 갖는다.

4 다음 중 커뮤니티 비즈니스(Community Business)에 대한 설명으로 가장 옳지 않은 것은?

① 혁신적인 중소기업의 창업 촉진과 육성 그리고 도시의 발전이라는 두 가지 과제를 동시에 해결하기 위해 시도되었다.

② 일본에서 커뮤니티 비즈니스란 마을 만들기 경험의 축적이 비즈니스 차원으로 전개된 것이다.

③ 커뮤니티 비즈니스는 지역공동체 단위의 사회적 기업을 함께 공유한다는 점에서 사회적 기업과 유사점이 강하다.

④ 일본에서는 버블경제 붕괴 후, 구도심 쇠퇴현상이 발생하자, 지역 재활성화를 위한 방안으로 1990년대 중반부터 이 용어를 사용하기 시작했다.

5 주요 동기부여 이론과 그로부터 도출할 수 있는 올바른 동기부여 방안이 가장 바르게 연결된 것은?

① 브룸(Vroom)의 기대이론 – 개인의선호에 부합하는 결과물을 유인으로 제시한다.

② 로크(Locke)의 목표설정이론 – 평이하고 구체적인 목표를 제시한다.

③ 허즈버그(Herzberg)의 2요인이론 – 낮은 보수를 인상한다.

④ 아담스(Adams)의 형평성이론 – 프로젝트에 참여한 모든 사람에게 동일한 보상을 한다.

6 행태론적 접근방법에 대한 설명으로 가장 옳지 않은 것은?

① 행태주의는 사회과학이 행태에 공통된 관심을 갖고 있기 때문에 통합된다고 보고 있다.

② 행정의 실체는 제도나 법률이 아니라고 주장하며 행정인의 행태에 초점을 맞춘다.

③ 논리실증주의를 강조한 사이먼(Simon) 이후 행정학 분야에서 크게 발전하였다.

④ 사회적 문제의 개선에 기여할 수 있는 연구와 가치평가적 정책연구를 지향한다.

7 다음 중 Savas의 공공서비스 제공방식에 대한 유형별 설명으로 가장 옳지 않은 것은?

① 공공부문이 생산자(productor)인 동시에 배열자(arranger)인 경우의 예로 정부 간 협약을 통해 한 정부가 또 다른 정부의 공공서비스를 구매하는 방식이 있다.

② 공공부문이 생산자이고 민간부문이 배열자인 경우의 예로 정부응찰방식을 통해 민간부문이 정부가 생산한 공공서비스를 선별, 구매하고 대가를 지불하는 방식이 있다.

③ 민간부문이 생산자이고 정부가 배열자인 경우의 예로 민간위탁, 바우처(voucher)를 통한 서비스 제공 등이 있다.

④ 민간부문이 생산자인 동시에 배열자인 경우의 예로 임대형 민자사업(BTL), 보조금에 의한 서비스 제공 등을 들 수 있다.

8 주인-대리인이론(principal-agent theory)에 대한 설명으로 가장 옳지 않은 것은?

① 주인(principal)과 대리인(agent) 모두를 자신의 효용을 극대화시키는 합리적인 인간으로 가정하며 주인이 대리인보다 전문적인 지식이 부족하다고 간주한다.

② 주인이 대리인을 통제하고 감시하는 데 발생하는 비용을 거래비용(transaction cost)이라고 한다.

③ 대리인에 의한 도덕적 해이(moral hazard)는 대리인에게 지급한 성과급이 거래비용보다 클 때 나타난다.

④ 주인과 대리인 간의 정보의 비대칭(information asymmetry)으로 인하여 역선택(adverse selection)이 발생한다.

9 다음 중 지방자치발전위원회에서 발표한 '지방자치발전 종합계획(2014)'의 내용으로 가장 옳지 않은 것은?

① 8개 핵심과제와 10개 일반과제, 2개 미래발전과제로 구성

② 지방재정의 자율성 제고를 위해 지방세 비과세 · 감면 비율을 확대하는 한편 재정위기관리제도를 현행 4단계에서 3단계로 간편화

③ 그동안 이양확정 후 법률개정이 되지 않은 미이양 사무(기관위임사무 중심)를 대상으로 일괄 법제화 추진

④ 기초자치단체에 자치경찰제를 시범실시 후, 지방자치단체가 자율적으로 도입 여부 결정

10 다음 중 공직윤리 확보를 위해 우리나라에서 시행하고 있는 제도에 관한 설명으로 가장 옳지 않은 것은?

① 공직자 재산등록 및 공개 제도는 공직자, 공직후보자의 재산정보를 등록 및 공개하는 제도로 우리나라 「공직자윤리법」에 시행근거를 두고 있다.

② 고위공직자의 직무 관련 주식 보유에 따른 공·사적 이해 충돌 방지를 위해 주식백지신탁제도를 도입, 운용하고 있다.

③ 현행 「부정청탁 및 금품등 수수의 금지에 관한 법률」에 의하면 공직자는 직무관련 여부와 관계없이 동일인으로부터 1회에 100만원 또는 매 회계연도에 300만원을 초과하는 금품 등을 받을 수 없다.

④ 퇴직공직자 취업제한제도는 적용대상 공직자의 퇴직 후 5년간 그가 퇴직이전에 3년 간 속해있던 소속 부서나 기관과 밀접한 업무관련성이 있는 기관으로의 취업을 제한한다.

11 사회적 자본에 대한 설명으로 가장 옳지 않은 것은?

① 신뢰를 통해 거래비용을 감소시키는 기능이 있다.

② 단기간에 정부 주도하의 국민운동에 의해 형성될 수 있다.

③ 개념적으로 추상적이기에 객관적으로 계량화하기 쉽지 않다.

④ 개인, 집단, 지역공동체, 국가 등 상이한 수준에서 정의될 수 있다.

12 지방공기업의 유형 중 지방직영기업에 대한 설명으로 가장 옳지 않은 것은?

① 지방자치단체가 일반회계와 구분되는 공기업특별회계를 설치해 독립적으로 회계를 운영하는 형태의 기업이다.

② 지방직영기업의 직원은 대부분 민간인 신분이다.

③ 지방자치단체가 직접 사업 수행을 위해 소속 행정기관의 형태로 설립하여 경영한다.

④ 일반적으로 상수도사업, 하수도사업, 공영개발, 지역개발기금 등이 지방직영기업에 속한다.

13 다음 중 국가예산제도 개혁에 관한 설명으로 가장 옳지 않은 것은?

① 디지털예산회계시스템(BAR) : 성과중심형 예산시스템으로 발생주의 · 복식부기 회계제도를 기반으로 한 과학적 예산관리 제도

② 조세지출예산제도 : 예산지출을 절약하거나 조세를 통해 국고수입을 증대시킨 경우 그 성과의 일부를 기여자에게 인센티브로 지급하는 제도

③ 총액배분 · 자율편성(top-down) 예산제도 : 각 부처가 국가재정운용계획에 의해 설정된 1년 예산상한선 내에서 자율적으로 예산을 편성하는 제도

④ 주민참여예산제도 : 예산편성권을 지역사회와 지역주민에게 분권화함으로써 예산편성과정에 해당 지역주민들이 직접 참여하는 제도

14 우리나라 예산심의의 특징으로 가장 옳지 않은 것은?

① 정치 체계의 성격상 예산심의 과정이 의원내각제에 비해 상대적으로 엄격하지 않다.

② 일반적으로 예산의 심의에서 본회의는 형식적인 경우가 많다.

③ 국회는 정부의 동의 없이 금액 증가나 새로운 비목을 설치하지 못한다.

④ 예산심의 과정에서 국회 상임위원회가 소관 부처의 이해관계를 대변하기 쉽다.

15 정부의 예산 분석에 활용되는 비용편익분석에 대한 설명으로 가장 옳지 않은 것은?

① 예산 편성 과정에서 사업의 타당성과 우선순위를 식별하는 분석도구로 사용된다.

② 완전경쟁적인 가격으로 조정된 시장가격을 잠재가격(shadow price)이라 한다.

③ 전체 이자를 계산하는 데 사용되는 일반적인 방법은 복리접근 방법이다.

④ 높은 할인율을 적용하면 장기간에 걸쳐 편익이 발생하는 장기 투자에 유리하다.

16 정책분석의 기법과그 내용의 연결로 가장 옳은 것은?

① DEA 분석 – 정책의 우선순위 선정을 위한 기법

② AHP 분석 – 생산성/효율성 분석을 위한 기법

③ Q-방법론 – 주관적 요인을 측정하기 위한 기법

④ 시나리오 기법 – 전문가들의 주관적 의견을 수렴하기 위한 기법

17 다음 중 정책평가의 타당성 검토에 대한 설명으로 가장 옳지 않은 것은?

① '청렴'이라는 이론적 구성요소에 대한 측정지표가 성공적으로 조작화되어 있는가를 살펴본다.

② '까마귀 날자 배 떨어진다'는 속담에서처럼 정책의 효과가 우연히 나타난 것은 아닌지, 다시 말해서 오직 정책에 기인한 것인지를 살펴본다.

③ 서울특별시를 대상으로 시범실시하여 효과적으로 나타난 A사업을 전국 광역시를 대상으로 확대 실시한 경우에도 효과적인지를 검토한다.

④ 정책의 대상집단과 내용 등이 동질적이나 정책평가시기를 달리하는 경우 각 시기별 정책결과 측정값의 상관관계를 분석한다.

18 롤스(J. Rawls)가 제시한 정의론(Justice theory)의 내용으로 가장 옳지 않은 것은?

① 롤스는 사회계약론의 입장에서 정의의 원리를 도출한다.

② 전제조건으로 원초상태란 '무지의 베일'에 가리어져 있는 상태를 말한다.

③ 제1의 원리는 사회적 약자의 편익을 최대화하는 것이다.

④ 롤스의 정의관은 자유와 평등의 조화를 추구하고 있다.

19 조직발전(OD)에 대한 설명으로 가장 옳은 것은?

① 조직 전체의 변화를 추구하는 계획적·의도적인 개입방법이다.

② 감수성훈련은 동료 간·동료와 상사 간의 상호작용을 진작시키기 위한 실제 근무상황에서 실시하는 기법이다.

③ 블레이크와 머튼(Blake & Mouton)은 과업형리더를 가장 효과적인 관리유형으로 꼽았다.

④ 변화관리자의 도움으로 단기간에 급진적 조직변화를 추구한다.

20 직무평가 방법에 대한 설명으로 가장 옳지 않은 것은?

① 계량적 방법과 비계량적 방법이 있으며, 서열법과 분류법이 전자에 해당되고 요소비교법이 후자에 해당된다.

② 단순서열법은 직위의 수가 많을수록 평가가 어렵다.

③ 분류법은 직위의 등급 수를 정하고, 분류기준에 의거한 등급기준표의 작성이 필요하다.

④ 요소비교법은 대표직위를 선정하고 대표직위의 평가 요소별 서열을 정하는 과정이 필요하다.

☞ 정답 및 해설 P.97

1 「공공기관의 운영에 관한 법률」의 내용에 대한 설명으로 옳지 않은 것은?

① 공공기관의 자율경영 및 책임경영체제의 확립, 경영합리화, 투명성 제고를 목적으로 한다.

② 기획재정부장관은 매년 직원 정원 100인 이상의 공공기관 중에서 공기업과 준정부기관을 지정한다.

③ 공기업은 시장형과 준시장형으로, 준정부기관은 위탁집행형과 기금관리형으로 구분된다.

④ 공기업과 준정부기관은 신규 지정된 해를 제외하고 매년 경영실적 평가를 받는다.

2 리플리와 프랭클린(Ripley & Franklin)은 정책유형에 따라 집행과정의 특징이 다르다고 주장한다. 다음과 같은 특징이 있는 정책유형은?

- 집행과정의 안정성과 정형화의 정도가 높다.
- 집행에 대한 갈등의 정도가 낮다.
- 집행을 둘러싼 이념적 논쟁의 정도가 낮다.
- 참여자 간 관계의 안정성이 높다.
- 작은 정부에 대한 요구와 압력의 정도가 낮다.

① 분배정책

② 경쟁적 규제정책

③ 보호적 규제정책

④ 재분배정책

3 dBrain System에 대한 설명으로 옳지 않은 것은?

① 노무현 정부 당시 재정개혁의 일환으로 구축이 추진되었다.

② 예산편성, 집행, 결산, 사업관리 등 재정업무 전반을 종합적으로 연계 처리하도록 하는 통합재정정보시스템이다.

③ dBrain 구축이 완료됨에 따라 총액배분 자율편성 예산제도의 도입이 가능해졌다.

④ UN 공공행정상을 수상하는 등 국제적으로 호평을 받고 있다.

4 SWOT분석에 대한 설명으로 옳지 않은 것은?

① 조직 내적 특성과 외부 환경의 조합에 따른 맞춤형 대응전략 수립에 도움이 된다.

② 조직 외부 환경은 기회와 위협으로, 조직 내부 자원·역량은 강점과 약점으로 구분한다.

③ 다양화 전략은 조직의 강점을 활용하여 위협을 회피하거나 최소화하는 전략이라고 볼 수 있다.

④ 기존 프로그램의 축소 또는 폐지는 약점-기회를 고려한 방어적 전략이라고 볼 수 있다.

5 미국 민주주의의 규범적 관료제 모형에 대한 설명으로 옳은 것은?

① 제퍼슨주의(Jeffersonianism)는 개인의 자유를 극대화하기 위한 행정책임을 강조하고 소박하고 단순한 정부와 분권적 참여과정을 중시한다.

② 잭슨주의(Jacksonianism)는 행정의 탈정치화를 통해 정당정치의 개입으로부터 자유로운 행정을 강조한다.

③ 매디슨주의(Madisonianism)는 국가이익의 증진을 위해 강한 행정부의 적극적 역할과 행정의 유효성을 지향한다.

④ 해밀턴주의(Hamiltonianism)는 다원적 과정을 통한 이익집단 요구의 조정과 이를 가능하게 하는 견제와 균형을 중시한다.

6 결과 지향적 예산제도(new performance budgeting; result-oriented budgeting)에 대한 설명으로 옳지 않은 것은?

① 20세기 후반부터 주요 국가들이 재정사업의 운영과정이나 기능에 초점을 두고 새로운 성과주의 예산체계를 도입하기 시작했다.

② 재정사업의 목표, 결과, 재원을 연계하여 예산을 '성과에 대한 계약'의 개념으로 활용한다.

③ 각 부처 재정사업 담당자들에 대한 동기부여를 강조하고 이들에게 더 많은 권한을 부여하고자 한다.

④ 미국 클린턴 행정부는 결과 지향적 예산제도의 일환으로 PART(Program Assessment Rating Tool)를 도입했다.

7 잉그람과 슈나이더(Ingram & Schneider)가 제시한 '정책대상집단의 사회적 구성(Social Construction of Target Population)' 모형에 대한 설명으로 옳은 것은?

사회적 형상(Social Image) 정치적 권력(Political Power)	긍정적	부정적
높음	수혜집단 (Advantaged)	주장집단 (Contenders)
낮음	의존집단 (Dependents)	이탈집단 (Deviants)

※ 사회적 형상 : 정책결정자 및 국민들이 정책대상집단에 대해 갖는 긍정적 혹은 부정적 인식

※ 정치적 권력 : 다른 집단과의 연합형성의 용이성, 동원가능한 보유자원의 양, 집단구성원들의 전문성 정도

① 사회문제를 설명할 때 이미지, 고정관념, 사람·사건에 대한 가치부여 등에 관한 해석을 가급적 배제하고자 한다.

② 특정 정책대상집단이 둘 이상의 유형으로 구성될 수 있으며, 그 사회적 구성이 시간에 따라 변화할 수도 있다.

③ 정책설계 및 집행의 맥락을 이해하기 위해 사회적·정치적 상황을 객관적 분석으로 단순화하는 방법론을 지향한다.

④ 정책설계는 기술적인(technical) 과정이므로 어느 집단의 이익을 더 많이 반영할 것인가에 대한 논쟁은 잘 발생하지 않는다.

8 「국가재정법」상 특별회계를 설치할 수 있는 근거법률이 아닌 것은?

① 「국가균형발전 특별법」
② 「정부기업예산법」
③ 「군인연금특별회계법」
④ 「책임운영기관의 설치 · 운영에 관한 법률」

9 정책학습(policy learning)에 대한 설명으로 옳지 않은 것은?

① 정책학습의 주체는 정책집행의 대상이 되는 개인이나 조직일 수도 있고 정책을 결정하거나 집행하는 개인, 조직 또는 정책창도연합체(advocacy coalition)일 수도 있다.
② 로즈(Rose)의 ‘교훈얻기(도출) 학습’은 다른 지역의 효과적인 프로그램을 조사 · 연구하여 창도자의 관할지역에 도입할 경우 어떠한 결과가 나올지 미리 평가하는 것이다.
③ 하울렛과 라메쉬(Howlett & Ramesh)의 ‘내생적 학습’은 정책문제의 정의 또는 정책목적 자체에 대한 의문제기를 포함한다.
④ 버크랜드(Birkland)가 제안한 ‘사회적 학습’은 하울렛과 라메쉬의 ‘외생적 학습’과 비슷한 의미로 이해할 수 있다.

10 예산이론에 대한 설명으로 옳은 것은?

① 루이스(Lewis)는 예산배분결정에 경제학적 접근법을 적용하여, ‘상대적 가치’, ‘증분분석’, ‘상대적 효과성’이라는 세 가지 분석명제를 제시한다.
② 니스카넨(Niskanen)의 예산극대화 모형은 의회 의원들이 재선 가능성을 높이기 위해 지역구 예산을 극대화하는 행태에 분석초점을 둔다.
③ 윌로비와 서메이어(Willoughby & Thurmaier)의 다중합리성모형은 의원들의 복수의 합리성 기준이 의회의 예산결정에 미치는 영향을 주로 분석한다.
④ 단절균형예산이론(Punctuated Equilibrium Theory)은 급격한 단절적 예산변화를 설명하고, 나아가 그러한 변화를 예측할 수 있는 장점이 있다.

11 「공무원의 노동조합 설립 및 운영 등에 관한 법률」상 단체교섭 대상은?

① 기관의 조직 및 정원에 관한 사항

② 조합원의 보수에 관한 사항

③ 예산·기금의 편성 및 집행에 관한 사항

④ 정책의 기획 등 정책결정에 관한 사항

12 매슬로(Maslow)의 욕구단계이론에 대한 설명으로 옳은 것은?

① 가장 낮은 안전의 욕구부터 시작하여 다섯 가지의 위계적 욕구단계가 존재한다.

② 안전의 욕구와 사회적 욕구는 앨더퍼(Alderfer)의 ERG이론의 첫 번째 욕구단계인 존재 욕구에 해당한다.

③ 어느 한 단계의 욕구가 완전히 충족되어야만 다음 단계의 욕구를 추구하게 되는 것은 아니다.

④ 사회적 욕구는 어떤 일을 행함으로써 느끼게 되는 자신감, 성취감 등을 의미한다.

13 조직구조에 대한 설명으로 옳은 것은?

① 복잡성은 '조직이 얼마나 나누어지고 흩어져 있는가'의 분화정도를 말한다.

② 고객에 대한 신속한 서비스 제공 요구는 집권화를 촉진한다.

③ 통솔범위가 넓은 조직은 일반적으로 고층구조를 갖는다.

④ 공식화의 수준이 높을수록 조직구성원들의 재량이 증가한다.

14 다음 사례에 가장 부합하는 윌슨(Wilson)의 규제정치 유형은?

> A시와 검찰은 지난해부터 올 2월까지 B상수원 보호구역 내 불법 음식점 70곳을 단속해 7명을 구속기소하고 12명을 불구속기소하는 한편 45명을 벌금 500만 ~ 3천만 원에 약식 기소했다. 이에 해당 유역 8개 시·군이 참여하는 '특별대책지역 수질보전정책협의회' 상인대표단은 11일 "B상수원 환경정비구역 내 휴게·일반음식점 규제·단속은 형평성이 결여됐다"며 중앙정부 차원의 해결책을 요구했다.

① 고객정치   ② 대중정치

③ 이익집단정치   ④ 기업가정치

15 국고보조금에 대한 설명으로 옳은 것은?

① 내국세 총액의 일정비율과 「종합부동산세법」에 따른 종합부동산세 총액을 재원으로 한다.

② 사업별 보조율은 50%로 사업비의 절반은 지방자치단체가 부담해야 한다.

③ 국고보조사업의 수행에서 중앙정부의 감독을 받으므로 지방자치단체의 자율성이 약화될 우려가 있다.

④ 중앙관서의 장은 보조사업을 수행하려는 자로부터 신청받은 보조금의 명세 및 금액을 조정하여 행정안전부장관에게 보조금 예산을 요구하여야 한다.

16 미헬스(Michels)의 '과두제의 철칙(iron law of oligarchy)' 현상에 가장 부합하는 조직목표 변동 유형은?

① 목표 승계(succession)

② 목표 추가(multiplication)

③ 목표 확대(expansion)

④ 목표 대치(displacement)

17 소청심사제도에 대한 설명으로 옳은 것은?

① 소청심사위원회의 결정은 처분 행정청에 대해 권고와 같은 효력이 있다.

② 강임과 면직은 심사대상이나 휴직과 전보는 심사대상에 해당되지 않는다.

③ 지방소청심사위원회는 기초자치단체별로 설치되어 있다.

④ 지방소청심사위원회 위원은 자치단체장이 임명 또는 위촉하나 위원장은 위촉위원 중에서 호선한다.

18 성과평가제도에 대한 설명으로 옳은 것은?

① 일반직공무원의 근무성적평정은 크게 5급 이상을 대상으로 한 '성과계약 등 평가'와 6급 이하를 대상으로 한 '근무성적평가'로 구분된다.

② '성과계약 등 평가'는 정기평가와 수시평가로 나눌 수 있으며, 정기평가는 6월 30일과 12월 31일 기준으로 연 2회 실시한다.

③ 다면평가는 평가의 객관성과 공정성을 제고할 수 있으나 각 부처가 반드시 이를 실시해야 하는 것은 아니다.

④ 역량평가제도는 5급 신규 임용자를 대상으로 업무수행에 필요한 충분한 역량을 보유하고 있는 지를 평가한다.

19 고위공무원단제도에 대한 설명으로 옳은 것은?

① 고위공무원단의 구성은 소속 장관별로 개방형 직위 30%, 공모 직위 20%, 기관자율 직위 50 %로 이루어져 있다.

② 고위공무원단 직무 등급이 2009년 2등급에서 5등급으로 변경됨에 따라 계급중심의 인사관리로 회귀할 가능성이 높아졌다.

③ 적격 심사에서 부적격 결정을 받은 경우에 한해서만 직권면직이 가능하므로 제도 도입 전보다 고위공무원의 신분보장이 강화되었다.

④ 고위공무원단으로 관리되는 풀(pool)에는 일반직공무원 뿐만 아니라 외무공무원도 포함된다.

20 정보통신기술을 활용한 행정개선 사례로 옳지 않은 것은?

① 정부서울청사 등에 스마트워크센터를 설치하여 운영하고 있다.

② 민원서비스를 통합적으로 제공하는 '민원24'를 도입하였다.

③ 정부에 대한 불편사항 제기, 국민제안, 부패 및 공익 신고 등을 위해 '국민신문고'를 도입하였다.

④ 공공기관의 공사, 용역, 물품 등의 발주정보를 공개하고 조달절차를 인터넷으로 처리하도록 '온나라시스템'을 도입하였다.

2017년 9월 23일 제2회 지방직 시행

1 정부실패의 요인에 해당하지 않는 것은?

① 공공서비스에서의 비용과 편익의 분리
② 경제 활동에 영향을 주는 외부불경제(external diseconomy)
③ 비공식적 목표가 공식적 조직목표를 대체하는 현상
④ 의도하지 않은 파생적 외부효과

2 나카무라(Nakamura)와 스몰우드(Smallwood)가 제시한 가장 광범위한 재량을 갖는 정책집행자의 유형은?

① 지시적 위임자형
② 관료적 기업가형
③ 협상가형
④ 재량적 실험가형

3 정책결정 모형에 대한 설명으로 옳지 않은 것은?

① 점증주의 모형은 정책이 결정되는 현실적인 모습을 반영하고 있다.
② 쓰레기통 모형은 정책결정의 우연성을 강조하여 정책결정이 이루어지게 되는 계기에 주목한다.
③ 혼합주사 모형에서 세부적 결정은 합리 모형의 의사결정 방식으로 개선된 대안을 제시한다.
④ 최적 모형은 계량적 분석뿐만 아니라 직관적 판단에 의한 결정의 중요성을 강조한다.

4 특별회계예산에 대한 설명으로 옳지 않은 것은?

① 임시적인 성격이 강하기 때문에 국회의 심의를 받지 않는다.
② 특별회계예산은 세입과 세출을 별도로 계리한다.
③ 특별회계의 경우 각각의 개별법이 마련되어 운영되는 것이 일반적이다.
④ 재정운영 주체의 자율성 증대를 통해 운영의 효율성을 높일 수 있을 때 필요하다.

5 정책과정 참여자에 대한 설명으로 옳지 않은 것은?

① 의회는 중요한 정부 정책을 결정하는 공식적 참여자이다.
② 헌법재판소는 위헌심사를 통해 정책과정 전반에 영향을 미친다.
③ 정책전문가는 정책을 분석·평가하여 정책 대안을 제시한다.
④ 정당은 공식적 참여자로서 정책을 통제하기 위해 노력한다.

6 다음 괄호 안에 들어갈 용어를 옳게 짝지은 것은?

(㉠)은/는 의회에서 이권과 관련된 법안을 해당 의원들이 서로에게 이익이 되도록 협력하여 통과시키거나, 특정이익에 대한 수혜를 대가로 상대방이 원하는 정책에 동의해 주는 방식으로 이루어진다. 반면, (㉡)은/는 각종 개발 사업과 관련된 법안이나 정책 교부금을 둘러싸고 의원들이 그 혜택을 서로 나누어 가지려고 노력하는 현상을 말한다.

	㉠	㉡
①	로그롤링(log rolling)	포크배럴(pork barrel)
②	로그롤링(log rolling)	지대추구(rent seeking)
③	지대추구(rent seeking)	로그롤링(log rolling)
④	포크배럴(pork barrel)	로그롤링(log rolling)

7 다음 특징에 해당하는 예산관리제도는?

> • 사업 시행 후 기존 사업과 지출에 대해 입법기관이 재검토한다.
> • 정부의 불필요한 행위나 활동을 폐지하고 효율적인 정부를 추구하려는 노력이다.
> • 특정 조직이나 사업에 대해 존속시킬 타당성이 없다고 판명되면 자동적으로 폐지하는 제도이다.
> • 매 회계연도마다 반복되는 예산과정에서 비교적 독립적으로 진행할 수 있다.

① 영기준 예산제   ② 일몰제
③ 계획예산제   ④ 성과주의 예산제

8 자원관리의 효율성과 계획성을 강조하는 현대적 예산제도의 원칙에 해당하지 않는 것은?

① 행정부에 의한 책임부담의 원칙   ② 예산관리수단 확보의 원칙
③ 공개의 원칙   ④ 다원적 절차채택의 원칙

9 옴부즈만(ombudsman)제도의 일반적 특징에 대한 설명으로 옳지 않은 것은?

① 옴부즈만은 비교적 임기가 짧고 임기보장이 엄격하게 적용되지 않는다.
② 옴부즈만에게 민원을 신청할 수 있는 사안은 행정 관료의 불법행위와 부당행위를 포함한다.
③ 옴부즈만은 행정기관의 결정에 대해 직접 취소·변경할 수 있는 권한을 갖지 않는다.
④ 업무처리에 있어 절차상의 제약이 크지 않아 옴부즈만에 대한 시민들의 접근이 용이하다.

10 다음과 같은 비판이 제기되고 있는 행정학의 접근방법은?

> • 인간은 경제적 이해관계로만 움직이지 않는다.
> • 정부활동의 성과를 지나치게 시장적 가치로 환원하려는 경향이 있다.

① 생태론적 접근방법   ② 현상학적 접근방법
③ 공공선택론적 접근방법   ④ 체제론적 접근방법

11 개방형 또는 폐쇄형 인사제도에 대한 설명으로 옳은 것은?

① 개방형은 재직자의 승진기회가 많고 경력발전의 기회가 많다.
② 폐쇄형은 조직에 대한 소속감이 높고 공무원의 사기가 높다.
③ 개방형은 공무원의 신분보장이 강화됨으로써 행정의 안정성을 유지할 수 있다.
④ 폐쇄형은 국민의 요구에 민감하게 대응하며 행정에 대한 민주통제가 보다 용이하다.

12 우리나라의 지방자치제도에 대한 설명으로 옳은 것은?

① 시·군의 지방세 세목에는 담배소비세, 주민세, 지방소득세, 재산세, 자동차세가 있다.
② 지방의회는 지방자치단체를 외부에 대표하는 기능, 국가위임사무 집행 기능 등을 가진다.
③ 지방자치단체는 2층제이며, 16개의 광역자치단체와 220개의 기초자치단체가 설치되어 있다.
④ 기관통합형 구조를 채택하고 있으며, 기초자치단체장 선거에서는 정당공천제를 실시하지 않고 있다.

13 리더십에 대한 설명으로 옳은 것은?

① 피들러(Fiedler)는 리더십 유형을 결정하는 조건으로 부하의 성숙도를 중요시한다.
② 번스(Burns)의 거래적 리더십은 영감, 개인적 배려에 치중하고 조직에서 변화를 주도하는 리더십이다.
③ 하우스(House)의 참여적 리더는 부하들과 상담하고 의사결정 전에 부하들의 의견을 반영하려고 한다.
④ 블레이크와 머튼(Blake & Mouton)은 직원시향적 리더십이 가장 이상적인 리더십 유형이라고 규정한다.

14 행정개혁으로서의 리엔지니어링(BPR)에 대한 설명으로 옳은 것은?

① 조직의 점진적 변화가 필요할 때 사용되며, 조직 문화는 개혁의 대상이 아니다.
② 조직 개선을 위한 논의는 구조, 기술, 형태 등과 같은 변수를 중심으로 이루어진다.
③ 공공부문과 민간부문의 리엔지니어링 환경은 차이가 없다.
④ 고객만족 가치를 창출하는 프로세스 개선에 초점을 둔다.

15 우리나라의 주민참여제도에 대한 설명으로 옳은 것은?

① 지방자치제가 1995년 부활한 이후 주민투표제, 주민소환제, 주민소송제, 주민참여예산제의 순서로 도입되었다.

② 주민소환 청구요건이 엄격해 실제로 주민소환제를 통해 주민소환이 확정된 지방자치단체장이나 지방의회의원은 없다.

③ 기획재정부장관은 지방자치단체별 주민참여예산제도의 운영에 대한 평가를 실시할 수 있다.

④ 주민투표는 특정한 사항에 대하여 찬성 또는 반대의 의사표시를 하거나 두 가지 사항 중 하나를 선택하는 형식으로 실시하여야 한다.

16 역대 정부의 조직개편에 대한 설명으로 옳지 않은 것은?

① 김대중 정부는 대통령 소속의 중앙인사위원회를 신설하고, 내무부와 총무처를 행정자치부로 통합하였다.

② 노무현 정부는 국무총리 소속의 국정홍보처를 신설하고, 행정자치부 산하에 소방방재청을 신설하였다.

③ 이명박 정부는 기획예산처, 국정홍보처, 정보통신부, 해양수산부, 과학기술부 등을 다른 부처와 통폐합하였다.

④ 박근혜 정부는 행정안전부를 안전행정부로 개편하고, 식품의약품안전청을 식품의약품안전처로 개편하였다.

17 우리나라의 시간선택제 공무원 제도에 대한 설명으로 옳은 것은?

① 2013년에 국가공무원, 2015년에 지방공무원을 대상으로 시간선택제채용공무원 시험이 최초로 실시되었다.

② 시간선택제채용공무원의 주당 근무시간은 40시간으로 한다.

③ 유연근무제도의 일환으로 도입되었으며, 기관 사정이나 정부의 일자리 나누기 정책 구현 등을 위해서는 활용되지 않는다.

④ 시간선택제채용공무원을 통상적인 근무시간 동안 근무하는 공무원으로 임용하는 경우 어떠한 우선권도 인정하지 않는다.

18 퀸과 로보그(Quinn & Rohrbaugh)는 조직이 초점을 어디에 두는가와 조직구조의 성격에 따라 네 가지 효과성가치모형을 제시하였다. ㉠~㉣모형에 대한 설명으로 옳은 것은?

초점 \ 구조	안정성(통제)	유연성(융통성)
내부	㉠	㉡
외부	㉢	㉣

① ㉠모형은 조직의 생산성, 능률성, 수익성을 달성하는 것이 목표가치이며, 그 수단으로서 계획과 목표 설정이 강조된다.

② ㉡모형의 목표가치는 인적자원 개발이며, 그 수단으로서 조직구성원의 응집성, 사기 및 훈련 등이 강조된다.

③ ㉢모형의 목표가치는 성장과 자원 획득 등이며, 그 수단으로서 준비성과 외부평가 등이 강조된다.

④ ㉣모형은 조직의 균형을 확보하는 것이 목표가치이며, 그 수단으로서 정보관리와 의사소통 등이 강조된다.

19 스톤(Stone)이 제시한 레짐(regime) 중 다음 내용과 가장 관련이 깊은 것은?

> A시가 지역사회와 함께 추진하는 ㅁㅁ산 제모습찾기 사업의 전체적인 구상은 시가지가 바라보이는 향교, 전통숲 등의 공간에는 꽃 피는 나무와 늘 푸른 나무를 적절히 심어 변화감 있는 도시경관을 만들고, 재해위험이 있는 골짜기는 정비함으로써 인근 주민들의 정주환경을 개선하고 재해로부터 안전한 산림으로 복원하는 것이다.

① 개발형 레짐

② 관리형 레짐

③ 중산층 진보 레짐

④ 저소득층 기회확장 레짐

20 선발시험의 타당성과 신뢰성에 대한 설명으로 옳은 것은?

① 시험의 신뢰성은 시험과 기준의 관계이며, 재시험법은 시험의 횡적 일관성을 조사하는 것이다.

② 동시적 타당성 검증에서는 시험합격자를 대상으로 시험성적과 일정기간을 기다려야 나타나는 근무실적을 시차를 두고 수집하여 비교하는 것이다.

③ 내용타당성은 직무에 정통한 전문가 집단이 시험의 구체적 내용이나 항목이 직무의 성공적 임무 수행에 얼마나 적합한 지를 판단하여 검증하게 된다.

④ 현재 근무하고 있는 재직자에게 시험을 실시한 결과 근무실적이 좋은 재직자가 시험성적도 좋았다면, 그 시험은 구성적 타당성을 갖추었다고 인정할 수 있다.

정답 및 해설

강사가 직접 풀어주는 것 같은 상세한 해설을 수록하여, 수험생 혼자
서도 충분히 학습할 수 있도록 구성하였습니다. 따로 기본서를 찾아
봐야 하는 수고 없이 본서 한 권만으로도 기출문제의 핵심을 파악할
수 있습니다.

1 ④

④ 변혁적 리더십은 부하에 대한 지시와 지원을 강조하기 보다는 부하에게 확립된 의견 및 리더가 확립한 의견에 대해서도 문제를 제기할 수 있는 능력을 주입한다.

※ **변혁적 리더십** ··· 카리스마, 영감, 지적 자극, 개인적 배려, 조직의 생존과 적응 중시에 치중하며, 조직합병을 주도하고 신규부서를 만들어 내며, 조직문화를 새로 창출해 내는 등 조직에서 변화를 주도하고 관리하는 변화지향의 리더십이다.

2 ①

타당도 ··· 측정하려는 대상의 내용을 얼마나 충실하고 정확하게 측정하고 있는가를 나타내는 것으로, 시험성적과 근무성적을 비교해 본다.

㉠ 기준 타당도 : 업무수행능력의 정확성에 관한 타당도이다.

㉡ 내용 타당도 : 업무에 필요한 요소에 대한 측정 여부의 타당도이다.

㉢ 구성 타당도 : 시험이 이론적으로 구성된 능력요소를 얼마나 정확히 측정할 수 있는가에 대한 타당도이다.

3 ②

② 행정은 법적 규제를 엄격하게 받는데 비해 경영은 완화되어 적용받는다.

4 ①

① 주민소환의 방식은 주민들이 자율적으로 정하는 것이 아니라, 법률(주민소환에 관한 법률)로써 규정하고 있다.

5 ④

④ 정부를 잘 조직화된 유기체로 간주하는 것은 합리모형이다.

※ **합리모형** ··· 합리적인 경제인인 정책결정자는 전지전능한 존재라는 가정하에 목표달성의 극대화를 위한 합리적 대안을 탐색 · 추구하는 이론으로 종합성, 합리성, 체계성, 완전분석성, 근본적 검토 등을 특징으로 하는 이상론적인 정책결정과정을 가리킨다.

6 ③

③ 책임운영기관 특별회계는 계정별로 중앙행정기관의 장이 운용하고, 기획재정부장관이 통합하여 관리한다.

7 ②

② 총선거 후 최초로 집회되는 임시회는 지방의회 사무처장·사무국장·사무과장이 지방의회의원 임기 개시일부터 25일 이내에 소집한다〈지방자치법 제45조 제1항〉.

8 ③

①②④ MBO는 단기적 목표성취와 관리기법변화에 목적을 두며, 가치관이나 태도변화에는 무관심하다. MBO의 핵심적 구성요소는 목표의 설정, 참여, 평가와 환류이다.

9 ①

① 개방형직위와 관련한 내용이다.
※ **개방형직위** … 임용권자나 임용제청권자는 해당 기관의 직위 중 효율적인 정책 수립 또는 관리를 위하여 해당 기관 내부 또는 외부의 공무원 중에서 적격자를 임용할 필요가 있는 직위에 대하여는 개방형 직위로 지정한다.

10 ④

④ 세계잉여금의 사용 또는 출연은 그 세계잉여금이 발생한 다음 연도까지 그 회계의 세출예산에 관계없이 이를 하되, 국무회의의 심의를 거쳐 대통령의 승인을 얻어야 하며〈국가재정법 제90조 제6항〉, 국회의 사전동의가 있어야 하는 것은 아니다.

11 ④

① 계급제는 학력·경력·자격과 같은 공무원이 가지는 개인적 특성을 기준으로 공직을 분류하므로 규모가 크고 복잡한 조직에는 부적합하다.
② 직위분류제에서는 개방형 공무원제를 채택하고 있으므로 구성원들이 자기 집단이익의 옹호에 집착할 가능성은 낮다.
③ 직위분류제는 직무 또는 직위라는 관념에 기초하여 직무의 종류, 곤란도, 책임도 등의 엄격한 기준에 의한 분류 구조로 인하여 신축성과 유연성이 떨어지므로 역동적이고 불확실한 상황에는 적합하지 않다.

12 ①

① 주민투표는 궁극적으로 대의제를 보완하는 것이지 대체하는 것이라고 할 수 없다. 주민투표는 대표를 선거하는 것만으로는 지방자치에 주민의 의견을 구체적으로 표현할 수 없기 때문에 특정한 사안에 관한 의사결정 과정에 일반 주민이 직접 참여하는 것이다. 주민투표의 대상·발의자·발의요건·기타 투표절차 등에 관하여는 따로 법률로 정한다. 주민투표에 관한 사무는 관할 선거관리위원회가 담당하도록 한다.

13 ①

① 차관·실장·국장은 중앙행정기관의 보조기관이며, 차관보는 보좌기관이다. 특별지방행정기관은 국가의 특정한 중앙행정기관에 소속되어 해당 관할구역 내에서 시행되는 소속 중앙행정기관의 권한에 속하는 행정사무를 관장하는 국가의 지방행정기관을 말한다. 국가의 일선기관이라고도 한다.

14 ③

③ 비용에 비해 효과가 장기적으로 발생한다면, 할인율이 높을수록 순현재가치가 낮아지므로 경제적 타당성이 작게 나타난다.

※ **비용편익분석**(cost-benefit analysis) … 투입되는 비용과 산출량의 상관관계를 고려하여 편익이 큰 것을 기준으로 대안선택의 여부를 결정하거나 우선순위를 명백히 하는 기법을 말한다.

15 ②

① **경계분석**(boundary analysis) : 문제의 위치 및 범위 파악
③ **유추분석**(analogy analysis) : 문제들간의 유사성을 파악
④ **분류분석**(classification analysis) : 문제의 구성요소 식별

16 ③

외적타당도 저해요인으로는 표본의 비대표성(크리밍효과), 상이한 실험집단과 통제집단의 선택과 실험조작의 상호작용, 실험조작과 측정의 상호작용, 실험조작의 반응효과(호손효과), 다수적 처리에 의한 간섭을 들 수 있다.
ⓜ 내적 타당성을 저해하는 상실요소에 관한 설명이다.

※ **내적 타당성** … 조직화된 결과에 대하여 찾아낸 효과가 다른 경쟁적인 원인들에 의해서라기보다는 조직화된 처리에 기인된 것이라고 볼 수 있는 정도를 말한다.

17 ③

③ 이음매 없는 행정서비스는 조직의 각 단위와 과정이 통합하여 절차보다는 성과를 높이려는 형태라는 점에서 BSC(Balanced Score Card)를 비롯한 신공공관리적 성과관리방식과는 지향성에 있어서 유사하다고 할 수 있다.

18 ④

④ 공공선택론적 접근방법은 정부를 공공재의 생산자, 시민을 공공재의 소비자라고 규정하고 서비스의 공급과 생산은 공공부문의 시장경제화를 통해 가능하다고 보기 때문에 방법론적 개체주의 입장을 취하며, 연역적 접근방법을 특성으로 한다.

19 ③

③ 콥(Cobb)과 엘더(Elder)가 언급한 '체제의제'는 정책적 해결을 필요로 하는 문제라는 점에서 정부의제와는 달리 애매한 상태라고 할 수 있다. 제도적의제가 구체적이다.

20 ②

② 총액을 중앙예산기관이 설정하고 나면 각 부처에 예산총액이 할당되고, 이 할당된 예산에 대해서 관리자가 자율적으로 집행한다. 따라서 하향식 의사결정구조를 지닌다고 할 수 있다. 우리정부에서 2004년부터 도입한 사전재원배분제도(총액배분 자율편성 예산제도)는 하향식 예산 관리모형에 해당한다. 사전재원배분제도는 거시예산 제도에 해당하며, 전략적 재원배분을 촉진하고 각 부처의 예산자율성을 확대하기 위한 것이다. 기획재정부가 세세하게 사용처를 정해 주지 않고 부처별로 예산 총액을 정해주면 부처가 자율적으로 구체적인 사용처와 규모를 정하는 제도이다.

1 ①

① 옴부즈만은 행정결정을 취소·변경할 수 있는 권한은 없으나, 시정권고를 통한 간접적인 통제는 가능하다.

2 ③

③ 직위분류제는 직무 또는 직위라는 관념에 기초하여 직무의 종류, 곤란도, 책임도 등을 기준으로 하여 직류별·직렬별·등급별로 분류·정리하는 제도로 동기유발을 촉진하여 행정의 전문화에 기여한다.

3 ②

② 직업공무원제도의 확립에 있어서 개방형 직위제도는 부정적인 영향을 미친다.

※ 개방형 직위제도

　ⓐ 장점

　　• 외부로부터 유능한 인재등용으로 공무원의 질이 향상된다.

　　• 행정의 전문성을 제고할 수 있다.

　　• 공직의 유동성을 높여 관료주의화 및 공직사회의 침체를 방지한다.

　　• 민주적 통제가 용이하다.

　ⓑ 단점

　　• 재직자의 능력발전 저해와 사기 저하의 우려가 있다.

　　• 신분불안정으로 행정의 안전성·일관성이 저해된다.

　　• 직업공무원제의 확립이 곤란하다.

4 ④

④ 계획예산제도는 장기적 계획수립과 단기적 예산결정을 프로그램 작성을 통해 유기적으로 연결시 자원배분에 관한 의사결정의 일관성과 합리성을 도모하는 제도이다. 따라서 핵심은 목표와 계획에 따른 사업의 효율적 수행은 가능하나, 정치적 협상 등은 무시하는 경향이 있다.

5 ③

③ 예산의 입법과목(장, 관, 항)에 대해서 그 집행용도를 조정하여 사용하는 권한을 부여하는 것은 이용(移用)에 관한 설명이다.

6 ①

① 점증주의자들은 합리모형이 지극히 이상적이어서 현실가능성이 없으며 정보의 수집과 대안의 탐색과정 및 비교과정에 소요되는 시간과 비용이 크다는 점 등을 이유로 비판한다. 즉, 합리모형의 의사결정은 당위적으로도 바람직하다는 말에 동의하지 않는다.

7 ③

③ 신공공관리론이 조직 내 관계를 중시하는 데 비해 뉴거버넌스론은 조직 간 관계를 중시하는 경향이 있다.

※ 신공공관리론과 신국정관리론의 비교

구분	신공공관리론	뉴거버넌스(신국정관리론)
인식론적 기초	신자유주의	공동체주의
관리기구	시장	연계망
관리가치	결과	신뢰
정부역할	방향잡기	방향잡기
관료역할	공공기업가	조정자
작동원리	경쟁(시장메커니즘)	협력체제
서비스	민영화, 민간위탁	공동공급(시민기업 참여)
관리방식	고객지향	임무중심
분석수준	조직 내	조직간

8 ③

③ 시험이 직위의 의무와 책임에 직접적으로 관련되는 직무수행에 필요한 지식, 기술, 태도 등을 제대로 측정할 수 있느냐에 관한 기준을 나타내는 것으로 이들을 제대로 측정할 수 있는 시험이라면 내용 타당성은 높다고 할 수 있다.

9 ③

㉢ 조직발전에서 인간에 대한 가정은 맥그리거(McGregor)의 Y이론이다.
㉣ 조직발전에서 가정하는 조직은 개방체제 속에서 복합적 인과관계를 가진 유기체로 간주한다.

10 ④

④ Adams의 형평성 이론에 의하면 인간은 자신의 투입에 대한 산출의 비율보다 비교대상의 투입에 대한 산출의 비율이 크거나 작다고 지각하면 이에 따른 긴장을 해소하기 위한 방향으로 동기가 유발된다.

11 ④

④ 네트워크구조는 자발적 협력관계와 비공식적 의사전달체계의 결합으로 융통성과 창의성을 발휘할 수 있어서 상·하층 모두가 의사결정에 참여하기 때문에 수직적 통합 역시 나타난다고 할 수 있다.

12 ④

④ 공적 공급, 보조금 등 금전적 수단을 통한 공적 유도나 정부규제 등은 시장실패시 정부의 대응방식이다.

※ **정부실패에 대한 정부의 대응방식** … 민영화, 보조금 삭감, 규제완화

13 ①

① 기관통합형에 관한 설명이다.
※ **기관통합형** … 권력통합주의원칙에 의한 의결기능과 집행기능을 단일 기관에 집중시키는 형태이다. 따라서 지방의
회는 주민의 대표기관으로서 주민의사의 결정과 집행을 담당하며, 주민에게 책임을 진다.
㉠ 장점
• 책임정치의 실현
• 다수인의 의사에 따라 신중하고도 공정한 통치
㉡ 단점
• 견제와 균형의 결여로 인한 권력의 남용
• 행정의 비전문성을 발전
• 단일의 지도자책임자의 부재로 인한 책임소재의 불명백화

14 ②

② 프로그램화된 업무나 일상적인 업무 등은 컴퓨터가 자동 처리하게 됨으로써 조직 중간층의 기능은 오히려 약화되
어 중간관리층은 축소될 가능성이 높다.

15 ④

④ 고위공무원단제도에서는 적격심사를 통해 부적격결정이 난 공무원에 대하여 직권면직이 가능하므로 오히려 직업
공무원제도를 약화하는 측면이 있다.

16 ②

② 공기업은 재정적 수요를 억제한다기 보다는 오히려 재정적 수요를 충족한다고 할 수 있다.

17 ①

① 조세저항은 새로운 세목의 신설 및 세율인상으로 나타나는 것이며, 국세의 일부를 지방세로 전환했다고 하여 새
로운 조세부담이 생기는 것은 아니므로 조세저항이 일어난다고 할 수는 없다.

18 ②

티부(Tiebout) 가설 … 일반적으로 주민들은 생활 및 업무환경이 유리한 지방자치단체로 이동하여 생활하는 성향(발에
의한 투표)이 있다. 이로 인하여 지방자치단체는 납세자 및 우수 기업의 유치를 위해 경쟁이 심화되고, 그 결과 지
방자치단체의 경영은 보다 효율적이며 건전해질 수 있다. 이는 주민의 선호와는 상관없이 공공재는 정치적 과정을
통해 공급된다는 새뮤엘슨(Samuelson)의 이론을 비판한 것이다.

19 ②

재의요구 사유
㉠ 이송받은 조례안에 대하여 이의가 있는 경우〈지방자치법 제26조〉, 지방의회의 의결이 월권이거나 법령에 위반되
거나 공익을 현저히 해친다고 인정되는 경우〈지방자치법 제107조 제1항〉
㉡ 지방의회의 의결이 예산상 집행할 수 없는 경비를 포함하고 있다고 인정되는 경우〈지방자치법 제108조 제1항〉
㉢ 지방의회의 의결이 법령에 위반되거나 공익을 현저히 해친다고 판단되는 경우〈지방자치법 제172조 제1항〉

20 ②

② 진실험방법은 실험집단과 통제집단을 서로 동질적인 것으로 구성하기 위해서 대상들을 이들 두 집단에 무작위적
으로 배정한다.

1 ②

② 합리성을 바탕으로 고객중심의 행정을 추구하는 것은 모더니즘이며, 포스트모더니즘은 오히려 합리주의를 반대한다. 모더니티는 인간이라는 주체가 세상의 중심에 있는 시대이다. 인간은 진리를 발견할 수 있고 진리는 인간의 삶의 질을 높일 것이라는 입장이다. 포스트모더니티 행정이론의 특징은 상상, 해체, 영역해체, 타자성을 들 수 있다.

2 ③

① 공정성과 객관성을 향상시킬 수 있으며 당사자들의 승복을 받아내기는 쉽다.
② 행정서비스에 대한 다양한 의견을 수렴할 수 있다.
④ 계층제 문화가 약한 경우에 조직의 화합을 제고시킬 수 있다.
※ **다면평가제도** … 인사의 공정성과 객관성을 확보하기 위해 상사 외에도 하위자 및 대내외적 고객 등 다양한 평가주체에 의하여 인사고과가 이루어지는 평가를 말한다.

3 ②

② 공익과정설(소극적 인식론)은 공익을 사익간의 경쟁과 대립을 조정하는 과정 속에서 나타나는 과정으로 보는 관점으로 공익에 대한 개념 및 인식이 아주 소극적이어서 대립적인 이익들을 평가할 수 있는 기준을 제시하지 못한다는 단점을 가지고 있다.

4 ①

시장실패의 치유를 위한 규제수단에는 기업 등의 최소한의 행동표준을 강제로 정하는 명령지시적 규제(환경기준, 안전기준, 보건기준, 위생기준 등)와 기업 등이 소비자에게 필요 최소한의 정보를 제공하는 시장유인적 규제(식품의 품질 및 성분표시규제)가 있다.

5 ④

④ 특정한 세입 · 세출을 직접 연결해서는 안된다는 것이 예산통일의 원칙이며 목적세, 특별회계기 이 원칙에 대한 예외이다. 사전의결원칙의 예외로는 준예산, 대통령의 긴급재정경제처분 등을 들 수 있다.

6 ③

조고폴로스(Georgopoulos)의 통로 – 목표 이론 … 노동자의 생산성은 매우 복잡한 개인적 · 상황적 요인에 의하여 영향을 받는다고 전제하고, 조직의 목표가 조직구성원의 개인목표의 달성통로로서 어느 정도 유효하게 적용하는지의 여부가 생산활동을 통제한다고 본다.

7 ④

④ 감축지향적 예산관리로서 일몰법에 의한 심사는 입법부의 예산편성과정에서 행해진다.

※ **일몰법** … 특정의 행정기관이나 사업이 일정기간(3 ~ 7년)이 지나면 자동적으로 폐지되게 하는 법률로 재검토하여 존속한다.

8 ②

② 행정기관이나 행정인이 직무를 수행할 때는 행정관계법령 등이 규정하는 행동기준에 따라 행동할 의무(절차에 대한 책임)를 지며, 최종적으로는 국민의 기대와 희망 및 공익실현에 바람직해야 한다(결과에 대한 책임).

9 ④

④ 레짐이론에서의 레짐이란 도시정부를 매개체로 한 비공식적이지만 일정한 세력을 가진 통치연합을 말한다. 레짐은 "통치결정을 수행하는 데 있어 지속적인 역할을 유지하려는 제도적 자원에 대한 접근 가능성(access to institutional resources)을 지닌 비공식적이지만 상대적으로 안정적인 집단"을 의미한다(Stone, 1989). 즉, 레짐은 비공식적인 실체를 가진 통치연합(governing coalition)으로서, 자발적 결사체인 이익집단이 사안에 따른 이합집산을 통하여 정책결정을 하는 것이 아니라 도시정부라는 제도적 기제를 매개체로 하여 비공식적이지만 일정한 세력집단으로서 그 중추적 역할을 담당한다는 것이다. 레짐이론은 선택을 강조하는 자유주의적 이론과 구조적 과정을 중시하는 구조주의적 이론 사이에 중간적 위치를 취한다. 정치적 정책결정에 대한 경제적 영향력을 인식하지만, 도시변동을 형성하는 데 있어 정치적, 이데올로기적 요소의 중요성을 강조한다(Stone and Sanders, 1987). 즉, 경제와 정치간 관계(the relationship between economics and politics)가 초점인 셈이다.

10 ④

①②③은 리더십의 연구 중 행태론의 내용이나 ④는 상황론이다.

※ **허시(Hersey)와 블랜차드(Blanchard)의 상황적 리더십이론** … 리더의 행동을 과업지향적 행동과 관계지향적 행동으로 구분하고 부하의 직무상 · 심리적 성숙도를 상황변수로 채택하여 3차원적인 상황적 리더십이론을 주창하였다. 부하의 성숙도가 낮은 상황일 경우에는 지시적인 과업행동을 취하는 것이 효과적이고, 부하의 성숙도가 중간정도의 상황에서는 부하를 참여시키도록 노력하는 관계성 행동이 효과적이며, 부하의 성숙도가 높은 상황에서는 부하에게 권한을 대폭 위임해 주는 것이 효과적이라고 보았다.

11 ③

③ 갈등해결로 인하여 조직의 팀워크와 단결이 촉진되어 조직의 생산성이 높아질 수 있다는 것이 생산적 갈등으로 갈등의 순기능론이다.

12 ②

② 지식행정은 지식사회를 설계하고, 지식관리를 통해 가치를 창출하고 극대화하는 행정이자, 급변하는 환경에서 경쟁력을 갖춘 지능적 행정으로서 그 표면적 모습은 지식정부로 나타난다. 지식행정은 미래의 기회와 위협요소에 대응하기 위해 행정활동의 요소들을 수시로 개선하는 학습과정이기도 하다. 정보 · 지식의 중복 활용은 기존 행정관리의 내용이다.

13 ①

자원의존이론 ··· 어떤 조직도 필요로 하는 다양한 모든 자원을 획득할 수 없다는 전제하에 조직이 환경적 요인에 대응하여 적극적으로 대처함으로써 환경에 대한 적용을 위한 전략적 결정을 내린다는 이론이다. 자원의존이론은 조직이 필요한 자원을 환경에 의존해야만 한다는 사실과 관련하여, 조직은 핵심적 자원을 통제하는 환경 내지 다른 조직들의 요구에 적극적으로 반응한다는 것을 중시한다.

14 ③

사이먼은 절차적 합리성과 내용적 합리성으로 구분하여 절차적 합리성은 어떤 행위가 의식적인 사유과정의 산물이거나 인지력과 결부되어 있을 때 절차적 합리성을 띠며, 내용적 합리성은 효용의 극대화를 가져 올 수 있는 효율적인 행위를 말한다.
①②④ 내용적 합리성에 관한 내용이다.

15 ①

① 전체 예산이 국민경제에 미치는 영향을 체계적으로 파악하는 것이 통합예산이므로 재정통제의 범주를 확대한 것이라고 할 수 있는 것이지 신축성의 수단이라고 보기는 힘들다. 통합예산의 포괄 범위는 비금융공공부문이다. 비금융공공부문은 일반정부와 비금융공기업으로 구성되며, 공공기관의 운영에 관한 법률 적용 대상 기관과 중앙은행 등 공공금융 기관은 제외된다. 우리나라의 경우 1979년 이래 국제통화기금의 재정통계 작성 기준에 따라 통합예산제도를 도입하였으며, 1997년 이후 월별로 작성하고 있다.

16 ①

① 계약실패이론에 관한 내용이다.
※ **계약실패이론** ··· 서비스는 정보의 비대칭성을 특징으로 하므로 영리조직이 서비스의 질과 양을 명확하게 파악하지 못할 경우 비영리조직의 서비스를 더욱 믿게 된다는 이론이다.
※ **소비자통제이론** ··· 일부 동호인형 조직에만 한정적으로 적용될 수 있으며, NGO와 소비자 조합을 구분하지 않고 있다는 점에서 한계가 있다.

17 ④

④ 호그우드(Hogwood)와 피터스(Peters)는 정책변동의 유형으로 정책혁신, 정책승계, 정책유지, 정책종결의 네 가지로 분류하고 있다.

18 ②

② 국무총리는 정부업무평가위원회의 심의·의결을 거쳐 정부업무의 성과관리 및 정부업무평가에 관한 정책목표와 방향을 설정한 정부업무평가기본계획을 수립하여야 한다(정부업무평가 기본법 제8조 제1항).

19 ④

④ 지방분쟁조정위원회는 중앙분쟁조정위원회의 심의·의결 대상이 아닌 지방자치단체·지방자치단체조합 간 또는 그 장 간의 분쟁을 심의·의결한다〈지방자치법 제149조 제3항〉.

※ **중앙분쟁조정위원회의 심의·의결 대상의 분쟁사항**〈지방자치법 제149조 제2항〉

　㉠ 시·도 간 또는 그 장 간의 분쟁

　㉡ 시·도를 달리하는 시·군 및 자치구 간 또는 그 장 간의 분쟁

　㉢ 시·도와 시·군 및 자치구 간 또는 그 장 간의 분쟁

　㉣ 시·도와 지방자치단체조합 간 또는 그 장 간의 분쟁

　㉤ 시·도를 달리하는 시·군 및 자치구와 지방자치단체조합 간 또는 그 장 간의 분쟁

　㉥ 시·도를 달리하는 지방자치단체조합 간 또는 그 장 간의 분쟁

20 ③

행동을 결정하는 데 외적 선행 자극이나 결과로써의 자극뿐만 아니라 내면적 욕구, 만족, 기대 등도 함께 영향을 미친다고 보는 것은 사회적 학습이론이다.

※ **인식론적 학습이론** … 인간 내면의 기대, 욕구 및 만족 등의 인간의 심리가 표면상 드러나는 행태 및 외부 자극보다 학습에 영향을 미친다는 이론이다.

1 ④

대통령에게 보고하는 것은 원칙적으로 국회의장이 한다.

2 ②

ⓒ 접근수단의 다양화
ⓜ 공유를 통한 원스톱 업무처리
ⓢ 소비자 중심의 전자정부
ⓞ 백오피스와 프런트오피스 간격 축소

3 ③

③ 설명은 사건처리연습(incident method)에 해당하며 감수성훈련은 인간 관계의 개선이나 지도성을 양성하는 방법이다.

4 ②

ⓛ 국가공무원법과 공직자윤리법은 적극적 규범이기보다 공무원들이 하지 말아야 할 사항들만으로 소극적 규정에 속한다.
ⓒ 정부출연기관 임원진도 재산등록 대상으로 포함된다.

5 ②

② 학습조직에서는 개인보다 조직을 중시하므로 보상체계 역시 집단별 성과급으로 이루어진다.
※ **학습조직의 특성** … 사려깊은 리더, 개인적인 지식기반 권력 증진 및 구성원의 권한 강화, 체계적이고 조직적인 학습에 우선적 관심, 유동적 과정, 활발한 커뮤니케이션 및 정보의 공유, 관계지향성과 집합적 행동, 강한 조직문화, 수평적 조직구조, 보상체계의 도입

6 ④

④ 면허방식의 대한 설명이다. 계약방식에서는 기업 간 경쟁 입찰을 통해 서비스 생산 주체를 결정하는 것이 일반적이다. 계약의 경우 정부가 소요경비를 부담하는 데 비해, 면허의 경우에는 소비자가 소요경비를 부담한다. 계약은 공공사업 및 교통사업, 건강 및 대민서비스, 그리고 일부 공공안전 서비스 등에 주로 적용된다.

7 ③

③ 재정자립도란 지방자치단체의 세입구조를 지방세 수입, 세외수입, 지방교부세, 보조금으로 분류할 경우 그 중에서 지방세 수입과 세외수입이 세입총액에서 차지하는 비율을 의미한다. 따라서 중앙정부로부터 지원을 받고 있는가를 보여주는게 아니라, 중앙정부로부터 재정지원을 받지 않고 지방자치 단체의 힘으로 해결할 수 있는정도를 나타내는 개념이다.

8 ①

ⓒ 브레인스토밍에 해당하며, 구성원의 자유발언을 통한 아이디어의 제시를 요구하여 발상을 찾아내려는 방법이다.
ⓔ 전자적 회의방식에 해당한다.

9 ③

ⓐⓔⓜⓗⓧ는 시장실패의 요인이다.

시장실패	정부실패
• 공공재의 존재 • 외부효과(시장) • 독과점의 존재 • 수익의 증가와 비용의 감소 • 정보의 불완전성 • 소득분배의 불공평성	• 공공재의 속성 • 파생적 외부효과 • 독점성 • 비용과 수익의 분리 • 정보의 불충분 • 가치배분의 불공평성 • 정치조직의 내부성 • X 비효율성

10 ③

③ 정부는 공급자 역할보다는 촉매작용자, 촉진자, 중개자 역할을 수행한다.

11 ①

② 세 개 이상이 변수들이 상호 상관을 갖는 경우 다른 변수와 함께 변화하는 부분을 제거하여 두 변수의 고유 상관관계를 측정하는 것을 말한다.
③ 특정 현상에 영향을 미치는 변수의 식별 및 그 경로모형을 밝히고자 하는 분석을 말한다.
④ 요인분석의 한 종류로서 기존의 연구 이론 혹은 경험에 근거하여 각각의 측정변수와 잠재변수 간의 관계를 미리 가정하고 이 관계를 검증하기 위해 사용되는 분석법이다.
※ **분산분석** … 평균값을 기초로 하여 두 개 이상의 다수 집단을 비교하고 각 집단 평균 차이에 의한 집단 간 분산비교를 통해 만들어진 F분포를 이용하여 상관관계를 파악하는 분석법이다.

12 ③

③ 네트워크 조직에서는 외부기관을 직접 통제하기 어려워 외부기관들의 협력으로 대리인 문제가 빈번하게 발생한다. 네트워크 구조는 정보통신기술의 발달을 배경으로 등장한 유기적 조직 유형의 하나로서, 조직의 자체 기능은 핵심 역량 위주로 합리화 하고, 여타 기능은 외부기관들과 계약관계를 통해 수행하는 조직구조 방식이다. 공동조직, 수요자 중심의 언더그라운드 조직에 해당한다. 단점으로는 계약관계에 있는 외부기관에 대한 직접 통제의 곤란으로 대리인 문제의 발생 가능성이 높으며, 이로 인해 조정 및 감시비용이 증가한다. 또한 제품의 안정적 공급과 품질 관리에 어려움이 있을 수 있다.

13 ②

사회프로그램은 '위대한 사회 건설'이라는 슬로건과 함께 큰 정부론을 제시하였으며 뉴딜정책은 대공황으로 침체된 경제를 되살리기 위한 정책으로 당시의 자유방임적 자본주의 논리와 달리 정부가 적극 개입하여 경기부양에 나섰다. 따라서 두 정책은 사회·경제적 위기를 극복하기 위한 정책에 해당하며 행정부의 사회적 가치배분권의 강조와 관련 된다.

14 ②

① 직무를 전체적·종합적으로 평가하여 상대적 중요도에 의해 서열을 부여하는 자의적 평가방법으로, 평가 작업이 단순·신속, 경제적이다.

③ 사전에 작성된 등급기준표에 의해 직무의 책임과 곤란도 등을 파악하는 방법으로, 서열법과 마찬가지로 합리적인 직무 배정이 곤란하다.

④ 직무를 평가요소별로 나누어 계량적으로 평가하되 기준직위를 선정하여 이와 대비시키는 방법으로 실시과정이 복잡하지만 점수법보다 합리적인 평가가 가능하다.

15 ④

한 회계연도의 세출예산을 자동이월 함으로써, 시기적인 신축성을 유지할 수 있으며 종합적인 재정 상태를 알 수 있다. 복식부기는 경제의 일반 현상인 거래의 이중성을 회계처리에 반영하여 기록하는 방식이다. 하나의 거래를 대차평균의 원리에 따라 차변과 대변에 이중 기록한다. 총량 데이터를 확보할 수 있기 때문에 최고경영자 또는 정책결정자에게 유용한 정보를 적시에 제공할 수 있다.

16 ③

㉠ 사회 혼란기에 국민의 조세부담 증대에 대한 허용수준이 높아져 공공지출이 민간지출을 대신하여 팽창하는 현상을 말한다.

㉢ 생산성이 높은 제조 산업에서 부가가치가 낮은 산업으로 노동이 이동하여 생산성이 하락하고 결국 경제 성장률도 하락하는 것을 말한다.

17 ③

㉡ 지방자치단체의 목적세로는 지역지원시설세, 지방교육세가 있다.

㉣ 지방의회의 의결을 거치기 전에 행정안전부장관의 승인을 얻어야 한다.

※ **지방채의 발행**〈지방재정법 제11조〉

  ㉠ 지방자치단체의 장은 그 지방자치단체에 항구적 이익이 되거나 긴급한 재난 복구 등의 필요가 있을 때에는 지방채를 발행할 수 있다.

  ㉡ 지방자치단체의 장은 ㉠에 따라 지방채를 발행하려면 재정 상황 및 채무 규모 등을 고려하여 대통령령이 정하는 지방채 발행 한도액의 범위 안에서 지방의회의 의결을 얻어야 한다. 다만, 지방채 발행 한도액의 범위라도 외채를 발행하는 경우에는 지방의회의 의결을 거치기 전에 행정안전부장관의 승인을 받아야 한다.

  ㉢ 지방자치단체의 장은 ㉡에도 불구하고 해당 지방자치단체의 발전과 관계 있는 사업을 위한 경우 등 대통령령이 정하는 사유가 발생하는 경우에는 행정안전부장관의 승인을 얻은 범위에서 지방의회의 의결을 얻어 ㉡에 따른 지방채 발행 한도액의 범위를 초과하여 지방채를 발행할 수 있다.

  ㉣ 지방자치법에 따른 지방자치단체조합(이하 "조합"이라 한다)의 장은 그 조합의 항구적 이익이 되거나 긴급한 재난 복구 등의 필요가 있는 때 또는 지방자치단체에 대부할 필요가 있는 때에는 지방채를 발행할 수 있다. 이 경우 행정안전부장관의 승인을 받은 범위에서 조합의 구성원인 각 지방자치단체 지방의회의 의결을 얻어야 한다.

ⓜ ⓡ에 따른 발행한 지방채에 대하여는 조합과 그 구성원인 지방자치단체가 그 상환과 이자의 지급에 관하여 연대책임을 진다.

18 ①

성과주의 예산제도는 품목별 예산제도를 보완하기 위해 등장한 제도로서 효율적 관리중심의 예산이며, 운영관리를 위한 지침으로서 효과적이다.

19 ④

① 지시적 위임자형
② 협상가형
③ 재량적 실험가형

20 ①

정책딜레마 … 상호갈등적인 대안들이 구체적이고 명료하나 상호 절충이 불가능해 분명한 선택이 어려운 상태를 말하며 상충되는 대안의 내용이 뚜렷할수록 심화된다.

1 ④

개방형 직위제도 … 공직사회의 경쟁력을 제고하기 위하여 전문성이 특히 요구되거나 효율적인 정책수립이 필요하다고 판단되는 경우 공개경쟁을 통해 임용을 허용하는 인사제도 이다.

2 ③

③ 특별지방행정기관은 특수한 광역적 사무를 처리하기 위해 설치된 자치단체로 특별일선기관과는 구별된다. 1990년대 후반 들어 특별지방행정기관은 통합되거나 정비되어 그 수가 줄어들었다.

3 ①

① 계층제는 하의상달의 제한으로 귀속감이나 참여감을 저해하여 소속감 결여 및 박탈감을 느낄 수 있다.

4 ④

①②③은 품목별 예산제도의 도입 및 운영을 위해 중시되는 요소이다.

※ **예산제도의 종류**

　㉠ **성과주의 예산제도** : 관리 중심적 예산제도로 지출을 필요로 하는 사업계획과 이에 따른 세부사업, 나아가서는 업무측정단위로 구획한 다음 이에 따라 예산을 편성한다. 성과주의 예산제도는 예산을 사업별·활동별로 분류하여 편성하되, 업무단위의 원가와 양을 계산하여 편성하는 제도이다. 성과주의 예산제도는 정부의 예산 투입을 산출에 연결시키는 제도이다. 이 모형은 정부가 하려는 사업이 무엇이며, 그에 소요되는 비용이 얼마인지를 밝혀준다.

　㉡ **품목별 예산제도** : 지출의 대상, 성질을 기준으로 하여 세출예산의 금액을 분류하는 것으로 예산의 집행에 대한 회계책임을 명백히 하고 경비사용의 적정화를 기하는데 필요하다.

5 ①

① 학생들의 가정환경은 제약조건이기 때문에 변경할 수 없는 환경변수이다.

②③④ 정책을 바꾸거나 수정할 수 있는 정책변수이다.

6 ②

㉢ 영역별 편제를 기능별 편제로 전환하였다.

㉥ 민간의 역할 강화를 위해 기획·조정과 갈등조율기능을 확대하였다.

※ **조직개편** … 부의 기능을 가장 효율적으로 달성하기 위해 어떤 기준에 입각하여 어떻게 부처를 편성할 것인가에 관한 지침을 말한다.

7 ②

② 영국과 미국의 보수수준은 대외적 비교성의 원칙을 따르고 있다.

※ **공무원 보수** … 공무원으로서의 근무에 대해 정부가 금전적으로 지급하는 재정적 보상으로 일반의 표준생계비 · 물가수준 등을 고려하여 산정된다.

8 ③

③ 두 대상의 상호비교가 불가능한 경우에는 사용할 수 없다.

※ **계층화분석법** … 의사결정의 목표나 평가기준이 다수이며 복합적인 경우, 이를 계층화하여 요인들을 나누고 그 나눈 요인들을 쌍대 비교하여 중요 우선순위를 분석하는 방법이다.

9 ③

㉠ 개인의 학습보다 사회적 집단의 활동을 필요로 한다.

㉣ 매트릭스 조직은 임시적, 동태적인 특징을 가졌으며 조직구성원은 기능구조와 사업구조에 중첩적으로 속하게 되어 다원적인 지휘, 명령체계에서 중첩적인 지휘와 명령을 받게 된다. 일상적인 업무보다 전문성이 있는 업무분야를 추진할 때 알맞은 조직이다.

10 ④

④ 자본예산은 복식 예산을 편성하므로 자본적 지출에 대한 심도 있는 분석이 가능하다. 자본적 지출은 정부의 지출이 자산의 형태로 바뀌어 투자로 인한 수익이 장기간에 걸쳐서 발생하는 지출을 말하고, 경상적 지출은 비용의 형태로 처리되는 것으로서, 정부의 운영에 필요한 반복적 경비에 대한 지출을 말한다.

11 ②

㉠ **고객정치** : 수입규제, 의사면허

㉡ **다수의 정치** : 방송 · 신문 · 출판물의 윤리적 규제, 사회적 차별에 대한 규제

㉢ **이익집단정치** : 노사관계에 대한 규제, 의약분업 등

㉣ **운동가의 정치** : 환경오염 규제, 산업안전 규제 등

12 ③

예산 개혁에서 같은 제도라도 각 국가의 역사적, 조직적, 제도적 상황에 맞게 조금씩 다르게 적용된다. Wildavsky는 경제력이 낮고 예측가능성도 낮은 전년도 예산을 답습할 수밖에 없어 저개발국가는 반복적 예산운영 유형이 나타난다고 하였다.

13 ①

적극적 보충성의 원리 … 재정적인 여건 등을 조성하여 기초 공동체가 필요한 최소수준을 정하고 이에 미달하는 개인 및 지역의 삶을 보장하여야 한다.

14 ④

④ 유비쿼터스 정부가 아닌 전자정부에 대한 설명으로 유비쿼터스 정부는 웹 3.0시대의 정부이다. 이러한 웹 3.0 시대의 정부는 언제 어디서나 이용자가 원하는 정보를 찾아 개인별 맞춤 서비스가 가능한 유비쿼터스 정부, Government 3.0으로 진화될 전망이다. 유비쿼터스란 물리적 공간에 흩어져 있는 사물들을 네트워크로 연결하고 사물들을 인터넷화하는 것을 의미한다. 유비쿼터스 정부는 단순한 정보기술 기반의 네트워크를 넘어서 행위자 중심의 네트워크를 창출해야 한다.

15 ②

보편성과 특수성

㉠ **보편성** : 행정행태론과 비교행정론에서 중시된 개념으로 우수한 행정이론이나 제도는 시대와 상황이 다른 곳에 적용되어도 그 효용성이 감소되지 않는다는 것을 전제로 한다.

㉡ **특수성** : 제2차 세계대전 이후 미국의 행정이론이 신생국에 도입되었으나 각종 부작용이 발생한 경험을 토대로 행정의 특수성이 제기되었다. 이는 행정이론과 제도가 특정한 역사적 상황이나 문화적 맥락 속에서 각기 다른 효용성을 보임을 뜻하며 이러한 점들은 이론과 실제의 괴리를 분석하는 구조기능주의적 접근법의 논거가 된다.

16 ①

① 제시된 내용은 합병에 설명이며 상급자치단체 또는 국가가 하급 자치단체의 권한·지위를 흡수 통합하는 것을 흡수통합(consolidation)이라 한다.

17 ②

공공선택론 … 공공재와 공공서비스를 시장과 같이 시민 개개인이 선호를 표현하고 스스로 선택할 수 있도록 하여 공공재에 대한 선호를 어떻게 조정해야 바람직한 선택이 될 수 있는지를 연구하는 이론이다.

18 ③

체제론적 접근방법은 각 개인 수준을 생각하기보다, 각기 다른 요소들로 인하여 공무원 부패가 나타난다고 보는 접근방법이다.

① 사회적 문화 접근

② 제도적 문화 접근

④ 도덕적 접근

19 ③

㉡ 제주의 행정시는 지방차치단체가 아닌 하부행정기관으로, 자치계층과 행정계층이 일치하지 않는다.

㉢ 우리나라는 포괄적 예시 원칙을 폐지하지 않고 유지하고 있으며, 보충성의 원칙도 적용대상이다.

㉥ 자치입법권, 자치재징권, 자치행정권, 자치조직권으로 구성되어 있다.

20 ④

공무원연금법의 적용대상 공무원은 국가공무원법, 지방공무원법, 그 밖의 법률에 따른 공무원을 말하며 군인과 선거에 의하여 취임하는 공무원을 제외한다〈공무원연금법 제3조 제1항 제1호〉. 우리나라는 연금급여에 필요한 재원을 조달하기 위해 미리 기금을 조성하는 기금제와 기여제를 채택하고 있다. 그리고 정부와 공무원이 공동으로 기금을 조성하는 데 기여하는 방식으로, 일종의 거치된 보수를 퇴직 후에 지급하는 성격이 강한 거치보수설(보수후불설)을 채택하고 있다.

1 ①

행정을 통하여 이루고자 하는 궁극적인 가치를 본질적 가치라고 하고 정의, 공익, 복지, 형평, 자유, 평등 등의 개념이 있다. 수단적 가치는 그 자체가 목적이 될 수 없다. 단지 궁극적 가치를 보완하는 부수적이고 절차적인 것으로서 합법성, 효과성, 능률성, 생산성, 가외성 등이 있다.

2 ①

① 선진국은 성과제고를 위하여 품목별 예산과 단년도 예산에서 지출총액에 대한 통제를 강화하는 지출통제예산제도(ECB)나 다년도 예산제도(MYB)를 도입하였다. 신성과주의 예산이나 총괄예산은 구체적인 항목별 지출에 대한 통제를 하는 것이 아니라 지출총액에 대한 통제를 강화하고 각 항목 별 지출은 관리자의 재량에 맡기는 성과 지향적 예산이다.

3 ②

② 정부의 힘이 강하고 민간부문의 힘이 취약한 후진국에서 많이 나타나는 것은 동원형이 맞지만, 의도적이고 일방적으로 국민을 무시하는 정부에서 나타날 수 있는 유형은 내부 접근형이다.

※ 주도집단에 따른 정책의제 설정모형

    ㉠ 외부주도형 : 외부집단이 주도하여 사회문제에 대하여 정부가 해결해 줄 것을 요구하여 이를 사회쟁점화하고 공중의제로 전환시켜 결국 정부의제로 채택하도록 하는 과정이다. 시민단체나 이해관계자가 제기해 온 정책들의 대부분이이 여기에 속한다.

    ㉡ 동원형 : 정부가 정책의제를 미리 설정하고 난 다음, 정책의 중요성과 유용성을 일반대중에게 적극적으로 이해시키는 공중의제화 과정을 거치는 모형이다. 외부주도형과 반대이다.

    ㉢ 내부 접근형 : 정부 내에서 정부의제가 먼저 이루어지는 것으로서 정부홍보활동(PR)등을 통한 정책의 대중 확산을 시도하지 않으며 고위관료에 의하여 비공개적으로 정부의제화 되는 경우이다.

4 ①

① A.Maslow는 인간의 욕구가 계층적 5단계로 구성되어 있고, 하위욕구에서 상위욕구로 순차적으로 성장해 나간다는 욕구계층이론을 주장하였다. 반면에 McClelland는 모든 사람이 공통적으로 비슷한 욕구의 계층을 가지고 있다고 주장한 A.Maslow의 이론을 비판하고, 인간의 욕구를 사회문화적으로 학습되는 것이라고 규정하면서 욕구를 성취욕구, 권력욕구, 친교욕구 3가지로 분류한 성취동기이론을 주장하였다.

5 ④

    ㉠ 정책문제는 사익이 아닌 공익성을 띤다.

    ㉡ 주관적이고 인공적이다.

    ㉣ 정책문제는 동태적이고 역동적이다.

6 ③

③ 혼돈상황을 회피와 통제대상으로 보지 않고, 발전의 불가결한 조건이나 기회로 이해하기 때문에 혼돈에대한 통제 능력이 필요한 것이 아니라 혼돈 상황에 대처할 수 있는 능력이 요구된다.

※ **혼돈이론**(Chaos Theory) … 균형과 질서에만 집착하지 않고 혼돈과 무질서의 긍정적 측면을 파악하여 폭넓고 장기적인 변동의 경로와 양태를 찾아보려는 이론이다.

7 ④

표준정원제(자치단체별 기구와 정원을 산원·통제함)는 2007년 총액인건비제도로 전환되었다.

※ **총액인건비제도** … 각 기관에 조직·정원, 보수, 예산운영의 자율성을 부여하여 성과중심의 조직운영체제를 확립하기 위해 2007년부터 전 중앙행정기관에 전면 시행되고 있다.

8 ②

② 전자정부는 공개지향적인 정부이긴 하지만 모든 정보에 접근이 가능한 것은 아니다. 국가 안보적인 문제와 개인의 프라이버시의 침해우려가 있을 시에는 제한한다. 우리나라는 2001년 「전자정부 구현을 위한 행정업무 등의 전자화 촉진에 관한 법률」을 제정하여 시행하였으며, 2007년 「전자정부법」으로 명칭을 바꾸었다. 그리고 2010년 전자정부법 내용을 전부 개정하여 현재에 이르고 있다.

※ **전자정부**(Electronic Government) … 정보기술을 이용하여 정부조직과 업무 및 시스템을 효율적으로 개혁하여 국민에게 각종 행정정보 및 행정서비스를 최상의 수단으로 제공하는 고객지향적인 열린 정부를 말한다.

※ **전자정부원칙** … 대민서비스의 전자화 및 국민 편익의 증진, 행정업무의 혁신 및 생산성·효율성의 향상, 정보시스템의 안전성·신뢰성의 확보, 개인정보 및 사생활의 보호, 행정정보의 공개 및 공동이용의 확대, 중복투자의 방지 및 상호 운용성 증진, 정보기술 아키텍처 기반의 전자정부의 구현·운영 및 발전 추진, 행정정보의 공동이용으로 전자적으로 확인 가능한 사항을 민원인에게 제출하도록 요구하는 행위 금지, 당사자의 의사에 반한 개인정보 사용 금지

9 ④

④ 옴부즈만이란 공무원의 위법, 부당한 행위로 인하여 권리를 침해받은 시민이 제기하는 민원과 불평을 조사하여 관계기관에 시정을 권고하는 제도로서 독립적 조사권이나 시찰권은 대부분의 나라에서 인정하고 있으나, 소추권(형사사건에 대하여 법원 등 사법부에심판을 신청하고, 이를 수행하는 것을 말함)은 인정하고 있지 않다.

※ **행정통제** … 행정이 국민이나 국민의 대표인 입법부의 요구나 기대, 법령, 공익 등의 기준에 따라 수행되고 있는 가를 확인, 평가하고 그 결과에 따라 시정조치를 취하는 것이다.

10 ③

③ 환류는 다시 한 번 되짚어봄으로, 의사전달의 정확성은 제고할지 모르나 신속성이 감소되고 의사진달의 통로에 추가적 부담을 주게 된다. 그러므로 환류의 차단은 신속성은 높아지나 정확성은 떨어지게 된다.

11 ①

① 만족모형이 아니라 합리모형에 대한 설명이다.

※ **정책결정 이론모형** … 정책대안의 장·단점을 비교, 분석하여 평가하는 분석적 틀이다.

㉠ 개인차원의 의사결정모형

- 합리모형(Rational - Comprehensive Model) : 의사결정이 인간의 이성과 고도의 합리성에 근거하여 합리적으로 이루어진다고 가정하는 이상적 · 규범적 · 연역적 의사결정모형
- 만족모형(Satisficing Model) : 인지능력상 한계로 인하여 완전한 합리성에 이르지 못하여 최적대안보다는 현실적으로 만족할 만한 '만족대안'이나, 완전한 합리성보다는 '제한된 합리성'의 기준을 중시하는 개인적 · 현실적 · 실증적 · 귀납적 의사결정모형
- 점증모형(Incremental Model) : 합리모형의 비현실성을 비판하면서 정치적 현실을 반영하고, 정책의 실현 가능성을 높이기 위한 것으로 언제나 합리적인 결정을 하는 것이 아니라, 그것보다 약간 향상된 결정에 만족하며 결정하는 현실적 · 실증적 · 귀납적 의사결정모형
- 혼합주사모형(Mixed Scanning Model) : 규범적 · 이상적인 합리모형과 현실적 · 실증적인 점증모형을 절충한 전략을 제시한 모형으로 근본적인 결정으로 지나친 엄밀성을 극복하고, 부분적 결정으로 점증모형의 보수성을 극복하는 의사결정모형
- 최적모형(Optimal Model) : 특히 점증모형의 지나친 현실성을 경계하고, 현실주의(정치적 합리성)와 이상주의(경제적 합리성)의 조화를 강조한 의사결정모형

㉡ 집단차원의 의사결정모형

- 회사모형(Firm Model) : 조직을 유기체로 보지 않고, 서로 다른 목표들을 가지고 있는 하위조직들 간의 연합체로 파악하고 각 하위조직들이 연합하여 해결안을 선택하는 의사결정모형
- 사이버네틱스 모형(Cybernetics Model) : 합리모형으로는 정책문제의 방대성에 대응할 수 없다보고, 주요변수에 대한 정보가 미리 정해진 표준운영절차(SOP)에 따라 문제를 처리하는 습관적 · 적응적 의사결정모형
- 쓰레기통 모형(Garbage Can Model) : 극도로 불합리하고, 구성원의 응집성이 약한 복잡 · 혼란스러운 상황인 조직화된 무정부상태 속에서 조직이 어떤 의사결정 행태를 나타내는가를 분석한 의사결정모형
- Allison 모형 : 1960년대 초 쿠바미사일 사건과 관련된 미국의 외교정책과정을 분석한 후 응집성이나 권력성 등의 집단의 특성에 따라 의사결정의 모형이 달라져야 함을 3가지 배타적인 모형(합리 · 조직 · 관료정치모형)을 제시하며 강조한 의사결정모형
- 상황적응모형 : 상황변화에 따른 동태적 적응을 강조한 것으로 목표의 불확실성과 기술적 불확실성이라는 2개의 요인으로 4가지 상황을 분류한 후 이에 맞는 의사결정 방식을 제시한 의사결정모형

12 ②

㉢㉣㉥㉦ 서로 뒤바뀐 내용이다.

구분	기계적구조	유기적구조
조직특성	좁은 직무범위, 분명한 책임관계, 표준운영절차, 계층제, 공식적 · 몰인간적 대면관계,	넓은 직무범위, 모호한 책임관계, 적은 규칙과 절차, 분화된 채널, 비공식적 · 인간적 대면관계
상황조건	명확한 조직목표와 과제, 분업적 과제, 단순한 과제, 성과 측정이 가능, 금전적 동기부여, 권위의 정당성 확보	모호한 조직목표와 과제, 분업이 어려운 과제, 복합적 과제, 성과측정이 어려움, 복합적 동기부여, 도전받는 권위
구조변수	복잡 · 공식 · 집권성이 높음	복잡 · 공식 · 집권성이 낮음
장점	예측 가능성	적응성, 신축성

13 ③

③ 참여자의 범위가 넓고 경계의 개방성이 높은 것은 이슈 네트워크의 특성이다.

※ 이슈공동체와 정책공동체의 차이

구분	이슈네트워크(issue network)	정책공동체(policy community)
정책 행위자	개방적·불안정적·유동적·광범위적	제한적·폐쇄적·안정적·지속적
상호관계	상호 경쟁적, 권력불균형, 갈등존재, negative게임	상호 협력적, 비교적 권력균형, positive게임
참여의 목적	자신의 이익 극대화	정책에 대한 기본적 이해의 공유와 협조
유형의 구조화	개별 행위자들로 특별한 구조 미형성	빈번한 상호작용, 안정된 구조적 관계로 유형화
자원배분	자원보유의 격차존재, 기본관계는 교환관계가 아닌 자문수준	모든 참여자가 자원을 가지고, 기본관계는 교환관계
정책결정	예측 곤란	예측용이
정책집행	결정된 정책내용과 다르게 집행되는 경우가 많음	결정된 정책내용과 크게 다르지 않음

14 ④

① 총괄예산제도는 세부사업을 정하지 않고서 총액규모만을 정하여 예산에 반영시키는 사업이다.

② 예산의 이용은 입법과목(장·관·항)간의 상호융통 하는 것으로 국회의 의결을 요하는 것이다. 예산의 전용은 행정과목(세항·목)간에 상호융통으로 볼 수 있다.

③ 예산 성립 후 추가로 편성된 예산을 말한다.

④ 예비비가 아니라 계속비 제도이다. 예비비는 예산외의 지출 및 초과지출에 충당하기 위한 경비제도를 말한다.

15 ③

자연독점으로 인한 시장실패에 있어 공적공급(조직)이나 공적규제(법적권위)가 정부의 대응방안이 된다. 공적유도(보조금이나 조세감면 등으로 경제적 유인)는 외부효과(외부경제)나 정보의 비대칭성으로 인한 시장 실패가 발생했을 때의 정부의 대응방안이다.

※ 시장실패의 원인별 치유방법

구분	공적공급(조직)	공적유도(보조금)	정부규제(법적권위)
공공재의 존재	조세징수, 직접공급		
외부효과의 발생		외부경제	외부불경제
자연독점	공기업설립&공급		가격통제
불완전 경쟁			경쟁촉진
정보의 비대칭성		공개 시 유인	의무적 공개

16 ③

③ 효율성 모델이 전자정부를 생산성 제고라는 측면의 협의로 해석한 것이라고 한다면, 민주성 모델은 국민과의 관계와 행정과정 상의 민주주의를 구현하려는 광의적 측면으로 해석한 것이다.

※ **기술결정론과 사회결정론**
- **기술결정론(공급적 요인)** : 전자 정부는 IT기술, 시스템, 네트워크 발달에 기인한 것이라고 보는 효율성모델이다.
- **사회결정론(수요적 요인)** : 사회의 민주화, 사회문제의 복잡화, 전자 민주주의 그리고 인본주의 요구 등에 기인한 것이라고 보는 민주성모델이다.

17 ④

좋은 거버넌스란 나랏일을 관리하기 위해 정치권력을 행사하는 활동으로 신공공관리와 자유민주주의를 결합한 것이다. 개도국 지배구조의 개선을 논의하는 과정에서 등장한 모형으로 정치적 권력과 경제적 자원은 분산되어야 바람직하다는 것이다.

18 ②

다면평가의 참여자는 상급공무원뿐 아니라 동료, 하위공무원 및 민원인 등으로 구성되어있는 집단평정방법이다. 따라서 부하직원들이 상관을 평가하기 때문에 상급자가 하급자의 눈치를 보게 되어, 강력하고 소신있는 정책을 추진하기가 어렵다.

19 ②

㉠㉡㉢㉤ 만 옳은 지문이다.
㉢ 공유재는 배재가 불가능한 비배제성과 경쟁적인 소비를 띄는 경합성의 성격을 갖고 있기 때문에, 비용회피와 과잉소비의 문제가 발생한다.

※ **공유재** … 특별한 주인이 없는 모두가 공유하는 자원(공원, 물, 목초지 등)으로, 가격을 지불하지 않아도 되는 비배제성을 갖고 있고, 개별 소유·소비가 가능한 분할적 재화이다. 자원의 공급은 한정적인데 가격을 지불하지 않아 서로 경쟁적으로 차지하려는 수요가 많으므로 고갈사태(공유지의 비극)를 초래할 수 있다. 이것은 시장실패를 가져오고 정부가 직접 공급할 수도 없는 것이기 때문에 구성원 간 합의나 정부의 규제 등 개입이 필요한 근거가 된다.

20 ②

② 주민참여예산제도가 아니라 신성과주의예산에 대한 내용이다. 우리나라는 1999년 당시 기획예산위원회(현 기획재정부)가 주도하여 신성과주의 예산제도 도입을 위한 준비 기간을 거쳐 2000년도에 시범적으로 도입한 후, 2003년부터 성과관리체제로 전환되어 현재에 이르고 있다. 지방정부의 경우에는 서울특별시가 2001년도 예산편성부터 신성과주의 예산제도를 도입하여 적용하고 있다.

※ **주민참여예산제도** … 지역주민들이 직접 지방자치단체의 예산편성과정에 참여하는 제도이다. 예산의 투명한 공개, 주민참여를 통한 예산의 우선순위 결정, 정부와 주민대표의 협의를 통하여 실현가능한 예산계획을 마련하여 국회 동의의 단계를 거치는 시민참여에 조점을 맞춘 공식적인 제도이다.

※ **신성과주의(결과지향적) 예산의 특징** … 다양한 예산제도의 결합, 예산의 형식보다는 기능 중시, 정부개혁의 핵심 하위요소로 인식, 예산운영의 신축성과 효율성 제고, 시장원리의 도입

1 ②

㉠ 민간재(가치재)는 개별적 소비와 배제가 가능하기 때문에 수요와 공급이 가격에 따라 자동적으로 조절된다. 가치 재도 민간재에 해당한다. 가치재는 원칙적으로 민간이 공급하지만 국가가 기본적인 수준에 대해서는 시혜를 베풀 어야하므로 온정적 간섭주의의 성격을 띤다.

㉡ 요금재(유료재)는 공동으로 소비, ㉢ 공유재, ㉣ 공공재이다.

② 요금재는 배제성과 비경합성(비분할성)갖는 재화이다. 대가를 지불하지 않는 소비자를 배제할 수 있기 때문에 시 장기구를 통해 서비스를 공급할 수 있는 여지가 많다. 요금재의 상당 부분을 정부가 공급하는 이유는 자연독점으로 인한 시장실패에 대응하기 위해서이다. 즉, 독점 이익의 왜곡을 방지하기 위해 요금재의 공급은 주로 공기업에서 담 당한다.

2 ③

③ 신공관리론은 효율성과 생산성을 강조하기 때문에 공공부문의 책임성, 공익성, 형평성 및 민주성 확보가 어렵다.

※ **신공공관리론**(New Public Management) … 행정의 시장화를 말한다. 기업경영논리방식을 공공행정 부문에 도입하 여 성과위주의 행정을 도모 한다.

3 ②

① **뉴 거버넌스(협치)** : 참여주의를 바탕으로 한 서비스연계망으로 신뢰와 협력체제를 작동원리로 하여 공동 생산하는 것이다.

② **사회자본** : 인적 · 물적 자본과 대응되는 개념으로 개인 · 집단 상호 간의 관계에서 발생하는 신뢰, 자발적 참여, 상 호신뢰, 믿음, 호혜적 규범 그리고 이러한 것을 생산해내는 네트워크 그 자체를 의미하기도 한다. 사회자본은 공 통의 목적을 위해서 사람들 사이의 협력적 관계를 형성하게 만드는 사회적 구조로서, 신뢰, 상호 호혜의 규범, 사회적 연결망 등을 핵심적 요소로 하며, 이외에 믿음과 규율 등을 내포한다.

③ **신 제도론** : 사람이 공식적 제도를 연구하여 만들어 내지만, 실은 그 제도가 사람들을 제약한다고 보는 제도와 행 위자 간의 동태적관계에 초점을 두는 접근방법이다.

④ **조합주의** : 다원주의의 반발로 나타난 국가주의의 일종이다. 국가는 어느 특정집단이나 경제적인 계급 · 영향 등에 통제되지않으며 자율성을 가지고 권위적 · 주체적으로 조정이 가능하다는 이론이다.

4 ③

③ **상황론적 리더십이론**(situational approach) : 관계 지향적 행태와 과업 지향적 행태에 리더십의 유효성을 상황과 연결시켜 어떤 상황에서든지 잘 적응하고 부합하는 리더가 가장 효과적이라는 이론이다.

5 ④

그레셤(Gresham) 법칙은 악화가 양화를 구축한다는 말이다. 좋은 정보는 개인이 소장하고 불필요하고 가치가 낮은 정보만 유통시킴으로 공개되지 않는 사적정보시스템의 가치가 상대적으로 높은 현상이 발생한다.

※ **전자정부 발전단계 UN (2002)**
　착수단계 → 발전단계 → 상호작용단계 → 전자거래단계 → 통합처리단계

6 ②

①③④ 현금주의 단점이다.

※ 발생주의(실질주의)는 현금의 유입·유출과 상관없이 거래가 발생한 시점을 기준으로 하는 방식이고, 현금주의(형식주의)는 현금의 유입·유출시점을 기준으로 하는 방식이다. 발생주의는 자산, 부채, 자본, 수익, 비용의 상태를 정확히 파악할 수 있다. 따라서 재정상태와 경영성과를 정확히 파악할 수 있다. 따라서 기관의 성과를 비교할 수 있다.

7 ④

① 예산개혁의 정향은 통제지향(LIBS) – 관리지향(PBS) – 기획지향(PPBS) – 감축지향(ZBB) – 참여지향(주민참여예산제도) 순으로 진행되었다.
② 계획예산(PPBS)제도의 특징이다.
③ 영기준예산(ZBB)제도는 사업·조직단위 모두 의사결정단위가 될 수 있기 때문에 계획예산제도보다도 융통성 있는 제도이다.
④ 성과주의 예산은 능률성을 추구하기 때문에 단기간 내에 그 성과를 가시적으로 계량화할 수 있는 구체적인 개별사업을 중시한다.

8 ③

③ 생태론적 접근법은 단지 행정과 환경과의 관계를 진단만 하였을 뿐 처방적인 성격이 부족하고 행정이 추구해야 할 목표·가치·방향 제시는 하지 못한다. 행정생태론은 행정이 환경에 의해 결정된다는 환경결정론적 입장을 취한다. 즉, 행정을 환경의 종속변수로 간주하고 연구하는 접근방법이다.

※ **생태론적 접근방법**(Ecological Approach) … 1940년대 Gaus에 의하여 도입되었으며 행정을 하나의 유기체로 보고 행정과 그 환경과의 상호관계를 통하여 행정현상을 연구하는 이론으로 자연적·사회적·문화적환경과 관련시켜 이해하는 접근법이다.

9 ③

③ 기금관리주체는 기금운용계획 중 주요 항목지출금액을 변경하여 집행하고자 하는 경우에도 국회에 제출하여야하지만, 주요 항목지출금액의 10분의 2(금융성기금은 10분의 3, 경상비는 10분의 2)이하의 범위 안에서는 국회의 의결을 얻지 않아도 된다. 따라서 20%가 아니라 30%이다.

10 ①

① 동질적인 집단이 효과적인 경우는 과업이 단순하거나, 연속적, 신속성을 요구할 때, 구성원들의 협조가 필요할 때 등이며, 이질적인 집단은 집단의 과업이 복잡하거나 집합적일 때, 구성원들의 창조성이 요구될 때이다. 따라서 창조성을 요구하는 과업수행에 적합하다는 말은 틀린 지문이다.

11 ①

세외수입 ··· 지방세 이외의 자체수입이다.

① 사용료(시설사용료)는 시설사용의 대가로 주민이 부담하는 것이고, 분담금(부담금)은 이익을 본 주민의 일부가 내는 것이며, 수수료(서비스수수료)는 서비스사용의 대가로 특정주민이 부담하는 것이다.

12 ④

① **합리적 경제인으로서의 개인** : 개인은 자기이익을 중심으로 행동, 최대효과를 가져오는 대안을 선택하며 심지어는 관료도 시민이나 나라의 선호체계보다도 자신의 선호체계 중심으로 공공재를 이용한다고 본다.

② **방법론적 개체주의** : 개인을 변수로 사회의 효용을 극대화시키는 집합적 선택이론이다.

※ **공공선택이론**(Public choice theory) ··· 공공부문에 시장메커니즘을 도입한 것으로 정부를 공공재의 공급자, 국민을 공공재의 소비자로 간주하고 시장과 마찬가지로 소비자인 국민이 스스로 선호를 표출하여 공공재를 선택하도록 하는 정치경제학적 접근방법이다.

13 ①

① A. Etzioni는 권력과 관여에 따라 강압적 조직, 공리적 조직, 규범적 조직으로 구분하였다. Parsons는 체제의 기능(AGIL)을 기준으로 경제, 정치, 통합조직 및 형상유지조직으로 구분하였다.

② Mintzberg는 상황론적 접근으로서 조직의 5가지 구성부분의 복수국면적 접근방법을 통하여 조직의 유형을 단순구조, 기계적 관료제, 전문적 관료제, 할거적 구조, 임시체제로 구분하였다.

③ Blau & Scott는 수혜자가 누구인가에 따라서 분류를 하였다.

④ Cox, Jr.은 문화적 다양성에 의한 조직구분을 하였다.

14 ①

© 총계적 오류라 한다. 평정자의 평정기준이 일관성이 없는 착오로 관대화 및 엄격화경향 등으로 불규칙하기 때문에 일어나는 현상이다. 시간적 오류는 첫인상에 큰 비중을 두는 것에서 오는 최초효과와 가장 최근의 정보를 중시한 근접효과 등으로 발생하는 것으로 목표관리제나 중요사건기록법 등을 사용함으로 방지할 수도 있다.

② 근무성적평정의 항목은 근무실적 및 직무수행 능력으로 하되 필요하다고 인정하면 직무수행태도를 항목에 추가할 수 있다. 근무성적평정 비율은 70%, 경력평정은 30%, 훈련성적평정은 이수제이다.

15 ③

③ 시험효과가 아니라 측정도구요인이다. 시험효과는 측정 그 자체가 영향을 주는 경우이다. 예를 들어 자격증 시험에 응시한 사람이 그 다음 번에는 합격하였을 때 예전에 떨어졌던 자격시험 자체에서 어떤 학습효과가 발생하는 것을 말한다.

16 ④

④ 대표관료제는 외부통제가 아니라 다양한 출신의 구성원들이 들어가 상호 견제·내부통제를 하는 것으로 대표성을 높여가는 것이다. 따라서 관료 자신들의 출신 집단의 이익을 반영하려고 하기 때문에 관료들의 책임의식은 주관적·내면적이다.

※ **대표관료제** ··· 사회를 구성하는 인종·종교·성별·직업·신분이나 계층·지역 등 여러 기준에 의하여 분류되는 다양한 집단으로부터 관료를 충원하고 비례적으로 배치함으로 정부관료제가 사회의 모든 계층과 집단에 공평하게 대응하도록 하는 제도이다.

17 ②

ⓛ 포스트모더니즘에 관한 설명이다. 현상학적 접근론은 자신의 상상·판단기준을 배제하고 현상을 있는 그대로 직관적으로 파악하여 본질을 규명하는 것이다.

ⓔ 신공공관리를 비판한 신공공서비스론의 내용이다.

※ 현상학은 사회과학의 주류를 이루어 온 행태주의, 객관주의, 논리실증주의에 대한 반명제로서, 이들 이론이 지닌 한계를 극복하기 위해 등장하였다.

※ **현상학의 특징**…상호주관성, 선험적 관념론, 행위의 의미 중시, 순수이성에 바탕을 둔 직관적 포착, 미시적 접근을 통한 거시적 사회문제 해결, 물상화로 인한 인간소외 극복

18 ②

② 예산을 담당하는 7급 공무원은 재산등록의무를 갖지 않는다. 공직자윤리법상 재산등록 의무를 갖는 공무원은 4급 이상의 공무원, 정무직 공무원, 법관, 검사, 공공기관 중 종래 정부투자기관으로 지정되었던 기관의 장과 부기관장 및 상임이사, 공직유관단체의 상근임원 등이다.

※ **공직자 윤리법**(1981년 12월 31일 제정) … 재산등록·공개제도, 취업제한 등을 규정한 공직윤리에 관한 기본법으로 공직자 및 공직후보자의 본인·배우자·직계존비속의 재산등록과 등록재산의 공개를 제도화하고 있다.

19 ③

③ 정책의제설정이론에서 체제이론은 체제의 능력을 과시하는 것이 아니라, 체제의 한계로 인하여 과중한 부담을 회피하려 하기 때문에 그들이 선호하는 일부 특정문제만 정책문제로 채택한다고 본다.

20 ④

Pressman과 Wildavsky는 「집행론(Implementation)」(1973)에서 오클랜드 사업의 실패사례로 정책집행실패 요인을 분석하였다. 실패요인으로는 너무 많은 참여자나 적절치 못한 정책수단, 적절치 못한 정책집행기관, 주요 리더의 교체 등을 들었다. 이에 따른 성공적인 정부사업이 얼마나 어려운 것인가를 설명하였다. 각 단계에서 집행가능성이 높더라도 위의 실패요인들이 의사결정점의 수나 거부점을 늘리고 따라서 정책집행가능성이 낮아진다는 것이다. Pressman과 Wildavsky는 50개의 상호독립적인 의사결정점을 모두 통과할 수 있는 확률은 각 의사결정점을 통과할 수 있는 확률이 90%(0.9)인 경우 약 0.5%(0.9⁵⁰=0.005154)가 된다고 설명하였다. 즉, 집행가능성은 0.5%밖에 되지 않을 정도로 낮다는 것이다.

1 ③

③ 공무원의 신분보장과 직업공무원제 확립이 용이한 것은 계급제의 장점이다.

※ **직위분류제와 계급제 비교**

직위분류제	계급제
㉠ 개방형으로 전문행정가 양성 ㉡ 직업공무원제 확립과 신분보장이 약함 ㉢ 같은 직위 내 수평적 이동이 이루어지며 수직적 이동 곤란 ㉣ 할거주의 초래 우려 ㉤ 공직의 경직성이 낮음	㉠ 장기적 관점에서 유능한 인재를 공직에 흡수가능하며 일반행정가를 양성 ㉡ 공무원의 신분보장과 직업공무원제 확립에 유리 ㉢ 효율적인 인력활용 ㉣ 공무원의 연대의식과 일체감을 높여 능률성 제고 ㉤ 부처 간 협조와 조정이 원활

2 ④

④ 옴부즈만은 국민의 권리구제장치의 일종으로 국민의 요구나 신청에 의해 활동을 개시하는 것이 일반적이며, 예외적으로 직권에 의해 활동을 개시할 수 있다.

3 ①

① 신공공관리론에서는 공공서비스의 민간위탁과 민영화를 중시한다. 상대적으로 거버넌스가 시민과 기업이 참여하는 공동 공급을 중시한다.

4 ①

㉠에는 분류법, ㉡에는 서열법이 들어간다.

※ **직무의 상대적 가치를 결정하는 직무평가의 방법**

㉠ **분류법** : 사전에 정해진 등급기준표와 각 등급의 직무를 비교해 상대적으로 가치를 정한다.

㉡ **서열법** : 직무와 직무를 총괄적으로 비교해 상대적이 가치 서열을 정하는 가장 단순한 비계량적방법이다.

㉢ **요소비교법** : 대표적인 기준 직위를 정하고, 그 기준 직위의 평가요소에 부여된 수량적 가치에 대비시켜 다른 직위의 평가요소들을 배점한다. 서열법이 발전된 형태의 직무평가 방법이다.

㉣ **점수법** : 직무를 구성하는 평가요소를 선정하고, 직무평가기준표를 작성한 뒤 직무를 평가요소별로 배점하여 점수를 합한다. 가장 많이 사용되는 직무평가 방법이다.

5 ②

② 아른슈타인(S. R. Arnstein)의 주민참여수준에 따르면 정보제공(informing)은 지방정부가 지역주민에게 정보를 일방적으로 제공하는 단계이다. 따라서 양방향 의사소통이나 협상이 이루어지지 않는다.

※ 아른슈타인(S. R. Arnstein)의 주민참여 8단계

참여단계	참여의 중심내용	참여의 성격
1단계	주민조작	비참여 단계
2단계	주민 임상치료	
3단계	일방적 정보제공	형식적·명목적 참여 단계
4단계	상담	
5단계	회유	
6단계	공동의사결정	시민 권력의 단계
7단계	권한위임	
8단계	자주관리	

6 ③

③ 기금제는 연금이나 기타 사회보험을 운영하는 데 필요한 재원을 조달하기 위해 미리 기금을 마련하고 이 기금과 기금의 투자로 얻어지는 이익금으로 재원을 충당하는 제도이다. 기금제는 기금의 운용·관리 비용이 상대적으로 비기금제에 비하여 많이 든다.

7 ④

④ 사업부제조직(divisionalized form)은 기능부서간 중복의 문제가 발생한다. 따라서 자원낭비가 초래될 수 있으며 규모의 경제 실현이 어렵다. 사업부제 조직은 대부분의 업무가 준 자율적 단위에 의해 수행되며, 부서의 구성은 시장별로 이루어진다. 각 부서들은 관할 내의 업무수행을 통제하고 관련 시장에 대한 전략을 수립한다. 단점으로 활동과 자원의 중복성으로 비용이 증가하며, 사업부서 간의 할거주의 현상으로 인해 갈등이 심화될 수 있으며, 조정 문제를 야기할 수 있다.

8 ②

회귀 – 불연속설계 ··· 준실험 설계방법의 한 유형으로 실험집단과 통제집단에 실험대상을 배정할 때 명확한 자격기준을 적용하여 두 집단을 다르게 구성한 뒤 집단 간 회귀분석 결과를 비교하는 방식이다. 회귀 – 불연속설계는 전체 실험집단이 주어진 프로그램의 수용범위보다 너무 커서, 그 중에서도 가장 받을 만한 가치가 있는 일부 구성원들에게만 희소자원을 제공했을 때의 효과를 점검할 수 있다.

9 ③

㉠ 정부의 직접통제방식
㉡ 대표적인 공적유도로 시장 유인을 활용하는 방식
㉢ 간접관리방식
㉣ 정부의 직접생산방식

10 ①

① 정책문제 상황의 가능성 있는 원인을 식별하기 위한 방법이다. 의사결정 대안의 우선순위를 설정하거나 미래를 예측하
는데 널리 이용되는 방법으로 하나의 문제를 시스템으로 보고 당면한 문제를 여러 개의 계층으로 분해한 후 각 계층별로
복수의 평가기준들을 얼마나 만족시키는가에 따라 대안들의 선호도를 종합적으로 평가하는 질적 분석방법이다.

② 여러 가지 다른 예측결과간의 상호작용을 비교·분석한 것으로 교차영향분석의 일종이다.

③ 델파이 방법을 정책대안의 분석에 적용하여 정책대안을 광범위하게 추출하고 비교·평가하려는 것이다.

④ 알려진 구간 값을 이용하여 알려지지 않은 값을 추정하는 시계열분석에 해당한다.

※ **계층화분석법**(analytical hierarchy process) ··· 운하, 공항, 도로, 지하철 등 제반 기반시설의 사업 타당성 여부
를 판별하는 데 이용되는 분석 기법이다. AHP는 의사결정의 목표 또는 평가 기준이 다수이며 복합적인 경우, 이
를 계층화하여 주요 요인과 그 주요 요인을 이루는 세부 요인들로 분해하고, 이러한 요인들을 쌍대비교를 통해
중요도를 산출하는 분석방법이다.(1970년대 펜실바니아 대학의 saaty 교수가 개발)

11 ②

② 가치의 권위적 배분은 정치를 말하며, 이는 산출에 해당한다. 정치체계의 산출로서의 정책은 사회집단간의 정치
적 상호작용의 결과물이다. 산출은 행정활동에 대한 결과인 정책을 집행하여 다른 체제나 국민의 생활에 영향을 주
는 과정이다.

12 ①

① 내부규제완화를 통한 관료의 창의성과 활용을 중시하며 정책기능수행에 있어 기업가적 정부의 역할이 강조된다.

② 고위공무원단과 임시직을 활용하며 선호하는 정부조직구조는 가상 조직이다.

③ 관리의 개혁 방안으로 성과급과 민간부문의 기법을 중시하며 공익의 기준으로는 저비용을 문제시 한다.

④ 계층제를 문제시하며 팀제 및 총체적 품질관리를 활용한다.

13 ①

① 행정기관 편의의 증진보다는 국민편익의 증진이 되어야 한다.

※ **전자정부법 제4조**(전자정부의 원칙)

행정기관 등은 전자정부의 구현·운영 및 발전을 추진할 때 다음의 사항을 우선적으로 고려하고 이에 필요한 대
책을 마련하여야 한다.

　㉠ 대민서비스의 전자화 및 국민편익의 증진

　㉡ 행정업무의 혁신 및 생산성·효율성의 향상

　㉢ 정보시스템의 안전성·신뢰성의 확보

　㉣ 개인정보 및 사생활의 보호

　㉤ 행정정보의 공개 및 공동이용의 확대

　㉥ 중복투자의 방지 및 상호운용성 증진

　㉦ 정보기술 아키텍처 기반의 전자정부의 구현·운영 및 발전 추진

　㉧ 행정정보의 공동이용으로 전자적으로 확인 가능한 사항을 민원인에게 제출하도록 요구하는 행위 금지

　㉨ 당사자의 의사에 반한 개인정보 사용 금지

14 ③

정부가 일방적으로 성과기준, 환경기준, 안전기준 등 법 규정 행정명령 또는 지시 등을 통해 환경오염 행위를 직접
적으로 금지 또는 제한하는 방법은 명령지시적 규제이다. 성과기준제도는 시설이나 제품의 기준을 정책 의무이행을
강제하는 제도로 명령지시적 규제에 해당한다. ①②④는 시장유인적 규제에 속한다.

※ **직접적 규제(명령지시적 규제)방식** … 직접 법령에 의한 규제, 행정처분에 의한 규제(하명, 허가, 인가, 특허 등), 기준 설정에 의한 규제(비교기준, 조정, 통합기준, 통제 기준 등)

※ **간접적 규제(시장유인적 규제)방식** … 정부지원, 행정지도와 행정계획, 각종 유인책(보조금, 금융지원 등)

15 ③

③ 사회규범과 사회적 연계망과 같은 사회자본은 사회에 내재하는 신뢰이므로 사람들에 의해 사용되면 감소하지 않고 더욱 증가하며, 사용되지 않음으로써 감소한다. 사용할수록 감소하는 물적·인적자본과는 구분되며 다른 형태의 자본과 달리 네트워크에 참여하는 당사자들이 공동으로 소유하는 자산으로 배타적인 소유권 행사는 가능하지 않다.

16 ②

테이어(F. C. Thayer)가 주장하는 '계서제 없는 조직'은 후기 관료제(탈 관료제) 조직을 말한다. 테이어는 계서제의 원리가 타파되지 않는 한 진정한 조직혁명은 일어날 수 없다고 주장하며 소집단의 협동과정을 중시하는 계서제 없는 조직(비계서적 조직)을 제시하였다.

② 책임과 권한에 따른 보수의 차등화는 전통적 관료제(계서제)의 특징이다.

17 ②

② 조세지출의 내역과 규모를 기능별·세목별로 분류하여 공표하는 것으로 이를 통해 의회의 예산심의와 통제를 강화하기 위한 것이다.

※ **조세지출예산제도** … 조세지출은 재정지출에 대응하는 개념으로 1967년 서독과 1974년 미국에서 도입되면서 확산되어 온 제도로, 성과관리 차원이 아닌 조세감면에 대한 통제를 강화하여 국가재정수입의 감소를 방지하기 위하여 도입되었다.

18 ①

부단체장과 소속 지방공무원이 보조기관에 해당한다. 사업소와 출장소는 소속행정기관이며, 읍면동은 하부행정기관에 속한다.

19 ④

④ 전년도 예산과 금년도 예산을 비교하여 증감된 예산 요구항목만 분석하므로 각 기관의 기본 예산액에 대한 검토는 충분히 이루어지기 힘들다.

20 ④

미국의 지방정부 등 선진국의 도시정부처럼 경제력은 작지만 예측가능성이 높은 경우 많이 발견되는 형태는 세입예산이다.

※ **윌다브스키(A. Wildavsky)의 예산과정형태**

재정의 예측성 부(wealth)	크다	작다
높다	점증적 예산	양입제출적 예산
낮다	보충적 예산	반복적 예산

1 ③

왈도(D. Waldo)는 신행정론을 창시한 학자로 행정의 적실성과 실천성을 통한 사회문제 처방을 중시하였다.

2 ④

관료는 한계비용이 한계편익보다 훨씬 큰 지점까지 생산을 확대하려고 한다. 관료들의 이러한 행태로 인하여 공공서비스는 과잉공급되고 정부실패가 발생한다. 한계편익곡선과 한계비용곡선이 교차하는 점에서 공공서비스를 공급하려 하는 것은 정치가이다.

3 ①

② 모집단을 대표할 수 있는 표집을 선정하지 못함으로서 발생하는 오류를 말한다.

③ 피험자들이 특정검사에서 매우 높은 점수를 받거나 매우 낮은 점수를 얻었다는 사실을 근거로 하여 선발되었을 때 두 번째 검사에서는 그들의 점수가 평균을 향해 옮겨가기 쉽다.

④ 분석단위(주로집단)를 연구하여 얻은 결론을 다른 수준의 분석단위(주로 개인 등의 하위단위)에 적용시키는 오류를 말한다.

※ **환원주의오류**(구성의 오류, 원자론적 오류) … 부분에 관하여 참인 것을 전체에 대하여 참이라고 단정하는 오류로서, 미시적 접근에서 발생한다.

4 ①

인간관계론은 과학적 관리론과 같이 조직의 성과 제고를 궁극적 목표로 삼는다.

※ **과학적 관리론과 인간관계론의 공통점**

　㉠ 조직의 목표와 개인의 목표의 양립 가능성 인정

　㉡ 궁극적 목표는 생산성 향상

　㉢ 관리층을 위한 연구

　㉣ 폐쇄성

　㉤ 인간을 조직의 목표 달성을 위한 수단으로 간주

　㉥ 인간행동의 수동성

　㉦ 동기부여의 외재성 중시

5 ④

모두 옳은 지문이다.

㉠ 바흐라흐와 바라츠는 정책의제설정에서 지배엘리트의 이해관계와 일치하는 사회문제만 정책의제화 된다는 무의사결정론을 설명하였다.

㉡ 다원주의와 신다원주의는 집단 간 경쟁의 중요성을 인정하는 점에서는 같은 입장을 취하고 있으나, 신다원주의는 순수다원주의를 부분적으로 비판하면서 정부가 좀 더 전문적·능동적으로 기능한다고 보았다.

㉢ 신다원주의는 다원주의에 대하여 이익집단의 중요성을 지나치게 강조한 나머지 관료와 정부의 이해관계 그리고 활동 등을 등한시한다고 비판하였다.

㉣ 하위정부모형은 공식 참여자인 관료와 의회의 상임위원회, 비공식 참여자인 이익집단이 상호이해관계를 공유하면서 정책영역별로 결정과 집행에 영향을 미치는 현상을 설명한다.

6 ②

철의 삼각은 행위자들이 이해관계를 공유하며 자신들의 이익을 정책에 반영하는 호혜적 동맹관계이므로 갈등관계에 해당하지 않는다.

7 ②

① 지방자치단체는 지방재정법상 성과계획서 및 성과보고서의 작성을 의무화하는 규정이 없다.

③ 지방자치단체의 성인지 예결산제도는 2013년부터 시행된다.

④ 지방자치단체는 법정상한선 없이 예비비로서 상당하다고 인정하는 금액을 예비비로 계상하도록 하고 있다.

※ **조세지출예산제도** … 조세면제나 감면과 같은 조세지출의 구체적인 내역을 예산구조에 밝히고 국회의 심의·의결을 받도록 하는 제도로서 법정세율과 실효세율의 차이를 정확하게 알려 줌으로써 국민의 조세부담과 조세의 정확한 구조를 이해할 수 있게 해 주며, 세법 단순화 및 조세행정의 개선에 도움을 줄 수 있다. 또한 조세감면이나 면제의 대상을 정확히 파악함으로써, 재정부담의 형평성을 제고하게 된다.

8 ④

지방공무원노동조합은 단체교섭이 결렬되면 중앙노동위원회에 조정을 신청할 수 있다〈공무원의 노동조합 설립 및 운영 등에 관한 법률 제12조〉. 조정은 조정신청이 있는 날부터 30일 이내에 종료하여야 한다. 단체교섭이 결렬된 경우 이를 조정·중재하기 위하여 중앙노동위원회에 공무원 노동관계 조정위원회를 둔다.

9 ②

① 사회적 기업은 영업활동을 통하여 창출한 이익을 사회적 기업의 유지·확대에 재투자하도록 노력하여야 한다. 그러나 연계기업은 사회적 기업이 창출하는 이익을 취할 수 없다〈사회적기업 육성법 제3조〉.

③ 고용노동부장관은 사회적기업의 활동실태를 5년마다 조사하고, 그 결과를 고용정책심의회에 통보하여야 한다〈사회적기업 육성법 제6조〉.

④ 사회적기업으로 인정받으려는 자는 유급근로자를 고용하여 재화와 서비스의 생산·판매 등 영업활동을 하여야 한다〈사회적기업 육성법 제8조〉.

10 ①

②③④는 모두 단일고리 학습에 관한 설명이다.

※ **단일고리 학습과 이중 순환고리 학습**

　　㉠ 단일고리 학습 : 목표와 실적 사이의 격차를 발견하여 수정해 나가는 부정적 환류를 말한다.

　　㉡ 이중 순환고리 학습 : 조직의 기본적 규범, 목표를 수정해 나가는 학습으로 긍정적 환류를 말한다.

11 ③

공무원은 형의 선고, 징계처분 또는 이 법에서 정하는 사유에 따르지 아니하고는 본인의 의사에 반하여 휴직·강임 또는 면직을 당하지 아니한다. 다만, 1급 공무원과 직무등급이 가장 높은 등급의 직위에 임용된 고위공무원단에 속하는 공무원은 그러하지 아니하다〈국가공무원법 제68조〉.

12 ①

파머(D. Farmer)는 패러다임 간의 통합(paradigm integration)보다는 성찰적 언어 패러다임(reflexive language paradigm)을 중시하였다.

13 ③

하향적 집행이란 정책집행을 정책결정과 분리하여 결정된 정책목표를 충실히 달성하는 과정으로 보고, 정치행정이원론의 시각에서 기계적인 집행을 이상적인 집행으로 본다.

③ 상향적 접근방법에 대한 설명이다. 상향적(후방향적) 접근방법은 정책집행이 실제로 현장에서 어떻게 이루어지는지를 기술하고 설명하는 데 1차적 목적을 지니고 집행현장에서 연구하는 것을 말한다. 상향적 접근방법은 현장에서 직접 정책집행을 담당하고 있는 관료들의 역량을 중시한다. 문제 해결 능력 측면에서 민간조직 및 시장의 역할과 정부프로그램의 상대적 중요도를 평가할 수 있다.

14 ②

등록대상재산〈공직자윤리법 제4조〉

등록의무자가 등록할 재산은 다음의 어느 하나에 해당하는 사람의 재산(소유 명의와 관계없이 사실상 소유하는 재산, 비영리법인에 출연한 재산과 외국에 있는 재산을 포함한다.)으로 한다.

㉠ 본인

㉡ 배우자(사실상의 혼인관계에 있는 사람을 포함한다)

㉢ 본인의 직계존속·직계비속. 다만, 혼인한 직계비속인 여성과 외증조부모, 외조부모, 외손자녀 및 외증손자녀는 제외한다.

15 ④

예산성과금제도는 국가와 지방자치단체에 모두 도입되어 있다.

구분	중앙정부 예산	지방정부 예산
예산편성 과정에서의 시민참여	2018년 예산편성에 시범도입	의무
총액계상예산제도	도입	미도입
납세자소송제도	미도입	도입

※ 시험 출제 당시 정답은 ④이나 2018년부터 국민참여예산제도가 중앙정부 예산편성과정에서도 시행되었다.

16 ②

① 연봉제는 성과중심제로 공동체의식이나 팀정신을 저해할 수 있다.

③ 연봉액을 12개월로 나눠 매월 지급하는 것이 원칙이다.

④ 우리나라 고위공무원단에 속하는 공무원은 직무성과급적 연봉제이다. 따라서 직무분석보다는 직무평가가 중시된다.

17 ③

① 지방소득세의 경우 농촌지역에서는 시·군세이지만 도시지역에서는 자치구세가 아니고 특별시·광역시세이다.

② 보통세 9개와 목적세 2개의 세목으로 간소화되었다.

④ 취득세는 특별시·광역시·도세이며, 등록면허세의 경우 도시지역에서는 자치구세이지만 농촌지역에서는 시·군세가 아니고 도세이다.

※ **지방세목체계**

<table>
<tr><th colspan="2">분류</th><th>도세</th><th>시·군세</th><th>특별시·광역시세</th><th>자치구세</th></tr>
<tr><td rowspan="2">지방세</td><td>보통세</td><td>• 취득세
• 등록면허세
• 레저세
• 지방소비세</td><td>• 주민세
• 재산세
• 자동차세
• 담배소비세
• 지방소득세</td><td>• 취득세
• 주민세
• 자동차세
• 담배소비세
• 레저세
• 지방소비세
• 지방소득세</td><td>• 등록면허세
• 재산세</td></tr>
<tr><td>목적세</td><td>• 지방교육세
• 지역자원시설세</td><td></td><td>• 지방교육세
• 지역자원시설세</td><td></td></tr>
<tr><td rowspan="4">국세</td><td rowspan="2">내국세</td><td>직접세</td><td colspan="3">소득세, 법인세, 상속증여세, 종합부동산세</td></tr>
<tr><td>간접세</td><td colspan="3">부가가치세, 개별소비세, 주세, 인지세, 증권거래세</td></tr>
<tr><td>목적세</td><td colspan="4">교통·에너지·환경세, 교육세, 농어촌특별세</td></tr>
<tr><td>관세</td><td colspan="4"></td></tr>
</table>

18 ③

메타분석은 이론적 연구에는 적용할 수 없다.

※ **메타분석** … 어떤 주제에 대한, 서로 분리되어 있으나 비교 가능한 연구들을 통계적으로 종합하며, 연구결과들의 풀(pool)에서 계량적 요약을 산출해내는 과정이다. 질 높은 메타분석은 체계적인 리뷰에 토대를 두고 있다. 메타분석은 경험적 연구결과들에만 적용가능하고, 이론적인 연구에는 적용할 수 없다. 즉, 메타분석은 변수들을 계량적으로 추출하고 연구결과들을 요약하기 위하여, 기술적 통계나 추측통계를 보고한 연구들에 적용할 수 있다.

19 ②

ⓒ, ⓜ은 틀린 지문이다.

ⓒ 활용가능성이란 개인의 경제적 능력이 아니라 정보 리터러시 등 지적능력이나 신체조건과 연관된 육체적 능력에 관계없이 유연하고 보편적으로 정보서비스를 받을 수 있어야한다는 것을 의미한다.

ⓜ 정보는 단순한 부호차원이 아니고, 인간이 의미를 부여한 사실 및 자료의 집합이므로 단순히 사물이나 사실을 기호로 표시한 것 이상의 의미이다.

※ 정보와 자료

　ⓐ 자료 : 일정한 문법에 따라 배열된 문자에 의미 내용이 들어 있는 형태로 데이터베이스에서 제공되는 것이다.

　ⓑ 정보 : 특정 상황이나 문제를 묘사하기 위해 조직화된 사실이나 데이터로 구성되며, 사용자의 생각이나 행위를 변화시키는 데 연관된 어떤 목표를 달성하기 위하여 해석되고 가공된 데이터이다.

20 ④

모두 옳은 지문이다.

ⓐ 훈련된 무능

ⓑ Thomson이 제시한 개인의 심리 불안으로 인한 병리 현상

ⓒ 권력구조의 이원화

ⓓ 인격적 관계의 상실 및 인간의 사회적 · 심리적 욕구의 간과

1 ②

에치오니(A.W.Etzioni)가 정책결정의 규범적·이상적 방법인 합리모형과 현실적·실증적 접근방법인 점증모형을 절충하여 개발한 모형으로, 세부적(부분적) 결정은 근본적 결정의 테두리 내에서 선정된(소수의) 대안에 대해서만 검토하는 점증모형을 따른다. 그러나 그 결과에 대해서는 세밀하게 분석한다.

구분	합리모형	점증모형	혼합모형	
			합리모형　　+　　점증모형	
			근본적 결정	세부적 결정
고려할 대안의 수	포괄적	한정적	포괄적(전체를, 숲)	한정적(중요한 것만, 나무)
각 대안의 결과 예측	포괄적	한정적	한정적(개괄적으로 예측)	포괄적(세밀하게 예측)

2 ④

품목별 예산제도(LIBS ; Line Item Budgeting System)는 예산이 단순하고 통제가 용이하며, 공무원들의 재량을 줄여 예산 남용을 방지할 수 있다. 즉, 공무원의 도덕적 해이나 부정직한 태도를 억제할 수 있다. 그러나 구입하는 물품이나 서비스를 표시하지만 왜 그것을 구입하는지를 알 수 없다. 즉, 투입과 산출의 연계가 없다. 따라서 정부사업의 성격을 알지 못하고 사업성과를 평가할 수 없다. 따라서 효율성 판단이 용이하지 못하며 또한, 목표의식이 결여되어 있고, 장기적인 계획과 연계시킬 수 없으며, 정책이나 사업의 우선순위를 소홀히 하게 된다.

3 ②

1990년대 이후부터 2000년대 초반 영·미 등 주요 선진국의 행정개혁은 신공공관리론에 바탕을 두고 이루어졌다. 신공공관리론에서는 투입보다는 산출, 과정보다는 결과 중심, 규칙중심 조직에서 임무 중심 조직으로의 관리체제가 강조되고 있다.

4 ①

19세기 후반 현대 미국 행정학의 태동기에 강조되었던 행정이념은 능률성과 효과성이다. 윌슨은 행정의 능률성과 효과성을 제고하기 위한 행정연구가 필요하다고 보았으며, 독일과 프랑스 등의 대륙국가들의 행정연구를 본받아야 한다고 주장했다.

※ 행정이념의 변천

시대	이론	이념
입법국가	관료제이론(전통행정론)	합법성, 정당성, 관료주의적 합리성
19세기 말	기술적 행정학(행정관리론)	능률성(기계적 능률성), 전문성
1930년대	기능적 행정학(통치기능설), 인간관계론	민주성(사회적 능률성)
1940년대	행정행태론	합리성(목표-수단 적합성)
1960년대	발전행정론	효과성(목표달성도)
1970년대	신행정론(NPA)	형평성, 책임성, 3E(능률성, 효과성, 형평성)
1980년대	신공공관리론(NPM)	비용가치(Value For Money)의 증대 - 3E(경제성, 능률성, 효과성) 중시, 탈규제
1990년대	신국정관리론(new governance)	민주성(참여), 정책 효율성, 부응성(대응성)

5 ④

④의 지문은 현금주의 - 단식부기에서 나타나는 현상이다. 현금주의 하에서는 이미 발생했지만 아직 지불되지 않은 채무에 관한 정보를 제공하지 않기 때문에 가용재원에 대한 과대평가가 이루어지기 쉽고, 재정적자가 초래될 가능성이 높다. 그리고 현금의 수입과 지출이 수반되지 않으면서도 수익 혹은 비용이 발생하는 경우는 기록하지 않으므로 비용과 수익에 관한 정보를 주지 못하는데, 이는 정부가 수행하는 투자사업의 비용과 편익을 정확히 계산하는 것을 저해한다.

6 ①

동원모형(mobilization)은 '사회문제 → 정부의제 → 공중의제(확산)'의 과정을 갖는다. 이 모형에서는 사회문제가 바로 정부의제로 채택되고, 일반 대중의 지지를 얻어 정책의 집행을 성공적으로 이끌기 위해 정부의 PR 활동이 이루어지며, 이를 통해 공중의제화된다. 카리스마적 지도자하에서 또는 정부의 힘이 강하고 민간부문의 이익집단이 취약한 후진국에서 많이 나타나는 유형이다.

7 ①

정책네트워크 모형은 공식·비공식 참여자들 간의 상호작용 관계를 포괄적이고 체계적으로 분석하기 위한 모형이다. 사회학이나 문화인류학의 연구에서 이용되어 왔던 네트워크 분석을 정책과정 분석에 이용하는 것으로, 기본적으로 행위자들 간의 관계를 중시한다.

※ 정책네트워크의 특징(오석홍)

ㄱ **정책문제별 형성** : 정책네트워크는 정책 영역별 또는 정책문제별로 형성된다.
ㄴ **다양한 참여자** : 정책네트워크를 구성하는 참여자는 정부부문과 민간부문의 공식적·비공식적 개인 또는 조직이다. 참여자들은 자신의 목표를 달성하기 위해 일정한 게임의 규칙에 따라 경쟁하고 협력한다.
ㄷ **연계의 형성** : 참여자들은 교호작용의 과정을 통해 연계(linkages)를 형성한다.
ㄹ **경계의 존재** : 정책네트워크에는 참여자와 비참여자를 구분하는 경계가 있다.
ㅁ **제도적 특성** : 정책네트워크는 상호작용을 규정하는 공식적·비공식적 규칙의 총체라고 하는 제도적 특성을 가진다.
ㅂ **가변적 현상** : 정책네트워크는 외재적 및 내재적 원인에 의해 변동할 수 있다.

8 ④

지문 ①은 재량적 실험형, ② 사바티어(P. Sabatier)의 통합적 접근법은 정책지지연합모형이라고 불리며, 두 접근법의 특성을 결합하여 하나의 분석틀을 구성하려는 시도이다. 기본적 관점은 상향적 접근 방법의 분석 단위를 채택하고, 여기에 영향을 미치는 요인으로 하향적 접근 방법의 여러 가지 변수와 사회경제적 상황과 법적 수단을 결합하는 것이다. ③ 립스키(M. Lipsky)가 제시한 일선관료의 문제성 있는 업무환경은 불충분한 자원(자원의 부족), 권위에 대한 위협과 도전, 모호하고 대립되는 기대 등 세 가지이다.

구분	프로그램(사업)	집행조직의 표준운영절차	효과성
불집행(non-implementation)	불변	불변	
흡수(cooptation, 동화)	변화	불변	
기술적 학습(technical learning)	불변	변화	하향적 접근 시각에서 볼 때 가장 효과적
상호 적응(mutual adaptation)	변화	변화	일반적으로 가장 효과적

9 ③

지문 ①은 공기업에서 나타나는 복대리인 문제에 대한 내용이며, 지문 ②는 크림 스키밍(cream skimming) 현상에 대한 설명이다. 지문 ③은 역대리인 이론이 제기하는 내용이다. 공기업을 민영화하는 과정에서 정부가 정보 부족으로 가장 적합한 민간업자(대리인)를 선정하지 못하거나, 민영화 후 민간업자의 도덕적 해이로 인해 공공서비스가 제대로 공급되지 못하는 현상이 발생할 수 있다. 역대리인 이론이다. 지문 ④는 황금주(Golden Share)와 관련된다. 황금주는 주식의 보유 수나 보유 비율에 관계없이 합병 등 특정한 주주총회 안건에 대해 거부권(veto)을 가진 주식을 말한다.

10 ③

현상학은 현상의 본질을 대상으로 하고 그 대상을 형성하는 의식작용을 기술하려는 선험적 관념론이다. 현상학적 접근방법은 인간의 의식 또는 마음이 빠진 객관적 존재의 서술을 인정하지 않으며, 현상을 분해하여 분석하는 것을 반대한다. 가치와 사실의 구별도 거부하고 현상을 본질적인 전체로 파악해야 한다고 주장한다. 현상학은 근본적으로 행정학 연구를 행정가의 일상적이고 실제적 측면을 강조하는 미시적 관점으로의 방향전환을 시도하는 것이며, 많은 거시적인 문제들은 인간의 상호작용과 이해를 통해 해결될 수 있다고 본다.

11 ①

리우선언은 1992년 6월 3일부터 14일까지 브라질의 리우데자네이루에서 '지구를 건강하게, 미래를 풍요롭게'라는 슬로우건 아래 개최된 지구 정상회담에서 환경과 개발에 관한 기본원칙을 담은 선언문이다. 1972년 스웨덴 스톡홀름에서 열렸던 국제연합인간환경회의의 인간환경선언을 재확인하면서 리우회의 마지막 날에 채택되었다. 당초에는 헌장으로 발표될 예정이었으나 개발도상국의 반대로 선언으로 조정되었다. 리우선언은 전체적으로 지방자치의 활성화와 관련된다.

※ 신중앙집권화의 촉진 요인
　㉠ 행정권의 강화에 기인한 행정사무의 양적인 증대와 질적 심화(행정국가 현상)
　㉡ 행정사무의 전국화·복잡화 경향과 지방 능력의 한계
　㉢ 교통·통신의 발달, 정보·통신기술(컴퓨터)의 발달, 과학기술의 발달
　㉣ 국민생활권의 확대와 경제적 규제의 필요성
　㉤ 국민적 최저 수준의 유지와 같은 사회복지행정 수요의 증대
　㉥ 개발경제로부터 보존경제(계획적인 개발행정)로의 전환 : 자원고갈의 방지 및 공공이익의 옹호

Ⓢ 지역 간의 행·재정적 격차의 조정 및 균형적인 지역개발의 도모
Ⓣ 국제정세의 불안정과 국제적 긴장의 고조

12 ③

기계적 구조와 유기적 구조의 관계

기계적 구조 (관료제)	기능구조	사업구조	매트릭스 구조	수평구조(팀제)	유기적 구조 (학습조직)
			차별화 전략 수평적, 조정, 학습, 혁신, 신축		
	저비용 전략 수직적, 통제, 능률, 안정, 신뢰				

13 ④

정부혁신은 사회 환경도 끊임없이 변화하고 행정체제도 변화하는 환경 속에서 생성·발전·소멸하는 생태적 속성을 지닌다. 따라서 행정개혁은 일시적·즉흥적 개혁이 아닌 계속적 과정으로서 이해되어야 한다.

14 ②

지문 ②는 계급제에 대한 설명이다. 계급제는 분류구조와 보수체계가 단순하고 융통성이 있어 인사관리가 수월하고 비용이 절감되며, 인력 활용의 융통성과 효율성을 제고한다. 반면 직위분류제는 원칙적으로 동일 직렬에서만 승진이나 전보가 가능하기 때문에 인사관리의 탄력성과 신축성이 결여된다.

15 ③

지방재정자립도는 지방자치단체의 총세입에서 자주재원(지방세와 세외수입)이 차지하는 비율을 의미한다. 우리나라에서는 일반회계를 기준으로 재정자립도를 계산하고 있다. 세입 측면을 고려한 개념으로서, 세출 측면을 고려하지 못한 개념이다. 따라서 세출 측면의 변화는 지방재정자립도에 영향을 미치지 않는다.

$$일반적인\ 지방재정자립도 = \frac{지방세 + 세외수입}{일반회계예산} \times 100$$

다만 지방자치법 시행령에서는 지방재정자립도 계산시 지방채를 분자에서 **뺀다**.

$$지방자치법\ 시행령에서의\ 지방재정자립도 = \frac{지방세 + 세외수입 - 지방채}{일반회계예산} \times 100$$

16 ③

① 부정·부패 행위
② 비윤리적 행위
④ 무사안일

※ **행정권 오용**(비윤리적 행정행태)**의 규형**

　　㉠ **부정·부패 행위** : 정부의 수입과 지출의 과정에서 개인적으로 착복하는 것을 말한다. 즉, 공금을 횡령하고 공사나 물품납품의 계약 과정에서 그 대가로 지불금의 일부를 가로채는 행위를 말한다.

    ⓒ 비윤리적 행위 : 특혜의 대가로 금전을 수수하지 않더라도, 친구 또는 특정 집단에게 호의를 베풀거나 자신의
    경제적 이익을 위해 결정을 내림으로써 공익을 침해하는 행위를 말한다.
    ⓒ 무사안일 : 공무원들이 부여된 재량권을 행사하지 않고 적극적인 조치를 취하기를 꺼리는 것을 말한다. 즉, 책
    임을 두려워하여 아무런 조치를 취하지 않는 것은 행정권 오용에 해당한다.

17 ①

행정기관 등의 장은 관계 법령(지방자치단체의 조례 및 규칙 포함)에서 문서·서면·서류 등의 종이문서로 신청, 신
고 또는 제출, 통지, 통보 또는 고지 등을 하도록 규정하고 있는 경우에도 전자문서로 신청 등을 하게 하거나 통지
등을 할 수 있다.

18 ②

제안제도는 직무수행 과정에서 예산의 절약과 행정능률의 향상을 가져올 수 있는 사항에 대하여 이를 제안하도록 하
고, 그것이 행정의 능률화와 합리화에 공헌할 수 있다고 인정되는 경우에 그 정도에 따라 표창하고 상금을 지급하는
제도이다. 1차적인 목적은 업무개선을 통한 능률향상에 있으며, 2차적으로 하의상달을 통한 사기앙양으로 연결된다.
비공식적 집단의 활성화는 제안제도의 직접적인 효용이 아니다.

19 ④

피들러(F. Fiedler)의 상황결정이론은 아주 유리한 상황과 아주 불리한 상황에서는 업무중심형이 효과적이고, 중간
정도의 상황에서는 직원 중심형이 효과적이라고 하였다. 리더십 대체이론(leadership substitutes theory)에 따르면,
구성원들이 충분한 경험과 능력을 갖추고 있는 상황에서는 지시적 리더십이 불필요하게 된다. 하우스(R. J. House)의
경로-목표이론에 따르면 과업이 구조화되어 있지 않을 때 우선 생각할 수 있는 리더십은 지시적 리더십이다. 그러나
업무가 구조화되어 있지 않을 때에는 지시적 리더십 외에 부하에게 도전적인 목표를 설정해 주는 성취 지향적 리더
십과, 부하가 의사결정 과정에 참여함으로써 역할 명료성이 높아질 수 있도록 해주는 참여적 리더십이 필요하다는
주장도 있다. 허시(P. Hersey)와 블랜차드(K. Blanchard)의 리더십의 생활주기이론은 주로 지도자의 행태, 부하의 성
숙도, 그리고 특정 상황에 따른 각 지도자 행태에 관심을 갖는다.

※ 리더십 대체물과 중화물

대체물과 중화물		영향받는 리더의 행동	
		지시적 리더십 (구조주도)	지원적 리더십(배려)
부하특성	경험·능력·훈련	대체물	
	전문가적 지향	대체물	대체물
과업특성	구조화되고, 일상적이며, 애매하지 않은 과업	대체물	
	과업에 의해 제공되는 피드백	대체물	
	내적으로 만족되는 과업		대체물
조직특성	응집력이 높은 집단	대체물	대체물
	공식화(명백한 계획, 목표, 책임 영역)	대체물	
부하특성	조직의 보상에 대한 무관심	중화물	중화물
조직특성	조직보상에 대한 리더의 통제 부족	중화물	중화물
	비유연성(엄격한 규칙 및 절차)		중화물
	리더와 부하 간의 공간적 거리	중화물	중화물

20 ④

공유지의 비극을 해소하기 위해서는 소유권을 명확히 설정하거나(공유재산의 사유화), 자원의 이용에 대해 적절히 제한하는 국가의 개입이 필요하다. 아니면 이해당사자가 모여 일정한 '합의를 통해 이용권을 제한하는 제도'를 형성해야 할 것이다.

① 집합재는 비용 부담에 따라 서비스 혜택을 차별화하거나 혜택으로부터 배제할 수 없으므로 무임승차 문제가 야기된다. 따라서 집합재는 원칙적으로 공공부문에서 공급해야 할 서비스이다.

② 요금재는 배제성과 비경합성을 갖는 재화이다. 대가를 지불하지 않는 소비자를 배제할 수 있기 때문에 시장기구를 통해 서비스를 공급할 수 있는 여지가 많다. 그리고 요금재의 상당 부분을 정부가 공급하는 이유는 자연독점으로 인한 시장실패에 대응하기 위해서이다. 하지만 현실적으로 공기업의 비효율성이 정부실패로 지적되고 있어 요금재에 대한 민간기업의 참여가 활성화되어 있다.

③ 재정지원(grants) 방식에 대한 설명이다. 재정지원 방식은 준공공재나 민간재 중에서 정부가 그 소비를 장려하고자 하는 경우, 민간기업인 생산자에게 정부가 재정지원(보조금의 지급, 조세감면, 저리융자, 지급보증 등)을 하는 방법이다.

1 ③

구제도주의는 개별적 제도의 정태적 특성에 대해 주로 설명하는 반면, 신제도주의는 다양한 제도적 요소들의 역동적 관계를 중시하는 분석적 접근을 특징으로 한다. 법과 공식적인 제도에 대한 정태적 서술에 초점을 두고 있는 이론은 신제도주의가 아니라 구제도주의이다.

	구제도주의	신제도주의
제도	공식적인 법령 · 기구	공유하고 있는 법령 · 기구＋공유하고 있는 규범
제도의 형성	외생적 용인에 의하여 일방적으로 결정	제도와 행위자 간의 상호작용으로 형성
제도의 형성	외생적 요인에 의하여 일방적으로 결정	제도와 행위자 간의 상호작용으로 형성
제도의 특성	공식적 · 구체적 · 정태적 · 보편적	비공식적 · 상징적 · 도덕적 · 문화적 · 동태적
기술의 초점	제도의 기술자체	제도라는 변수를 통해 국가정책 설명
학문적 토대	정치학적 기술	행정학적 기술
제도의 범위	인간의 행위나 사회현상 불포함	인간의 행위나 사회현상 포함
제도에 대한 접근	단순한 기술	분석적 틀에 기반한 설명과 이론의 발전

2 ①

조직군생태이론에서는 조직이 환경을 선택하는 능동적 존재가 아니라 환경이 조직을 선택하는 수동적인 존재로 가정된다. 따라서 조직군생태이론은 극단적인 환경결정론(수동적)에 해당한다. ②의 경우 조직군생태론은 외부환경의 선행원인에 의하여 조직의 변화가 결과되므로 시계열적인 종단적 분석에 의해서만 조직의 변화를 설명할 수 있다고 전제한다. 종단적 분석이란 연구대상을 둘 이상의 다른 시점에서 평가하는 것을 말한다. 지문 ③, ④의 경우 조직군생태론은 조직이 생겨나고 없어지는 원인을 조직외부의 환경 적소로부터 찾기 때문에 조직내부관리자들의 전략적 선택이나 집단행동의 중요성을 간과한다.

분석수준	결정론(수동적)	임의론(능동적)
개별조직	구조적 상황론	전략적 선택론 자원의존이론
조직군	조직군 생태론 조직경제학 　– 주인대리인이론 　– 거래비용경제학 제도화이론	공동체 생태론

3 ③

계층제적 관료조직 내에서 구성원이 각자의 능력을 넘는 수준까지 승진하게 된다고 보는 것은 피터의 원리이다. 피터의 원리는 관료들이 연공서열에 따라 승진할 경우에 무능력 수준까지 승진하게 된다는 관료제의 병리현상을 지적한 모형이다. 맥커디(McCurdy)는 관료제의 한계를 비판하면서 유기적구조의 필요성을 제창한 반관료제(anti-bureaucratism)모형을 주장하였다.

4 ①

① 수확체감의 법칙이란 일정한 농지에서 작업하는 노동자수가 증가할수록 1인당 수확량은 점차 적어진다는 경제법칙을 말한다. 정책변동은 그 범위와 정도에 따라 점증적 변동과 비점증적 변동으로 나뉜다. 그런데 수확체감의 법칙이 작용하는 영역에서는 점증주의적 변동기제가 작동한다. 예산의 변동은 정치세력의 균형을 유지할 수 있는 일정한 범위 내에서 일어나며 일정한 범위를 넘어 임계점을 초과한 예산변동은 균형을 파괴하는 급격한 정책변동을 초래하기 때문에 점증주의적 변동기제 하에서는 허용될 수가 없다.

② 티핑 포인트란 어떤 것이 균형을 깨고 한순간에 전파되는 극적인 순간을 이르는 말이다. 커다란 정책변동이 초래되는 특정 분기점으로서 어떤 정책목표나 정책수단이 초기에 일정한 정당성을 인정받으면 그 뒤에는 긍정적 환류기제가 작동하게 되고 그 후 특정 분기점(티핑 포인트)을 지나면 엄청난 파급효과와 함께 커다란 정책 변동을 초래한다. 이러한 모방현상(mimicking)은 정책이슈에 대한 관심의 변화(attention shift)와 함께 정책의 변동을 초래하는 긍정적 환류기제로 작용한다. 따라서 점증주의적 정책변동과는 거리가 멀다.

③ 단절적 균형모형은 형성초기의 균형이 혁신과 격돌기를 겪고 나야 목표 달성에 이른다는 주장이다. 점증주의 시각의 한계를 보완 · 발전시킨 것으로 점진적 변동에 따르는 안정과 급격한 변동에 따른 단절을 포괄적으로 다루고 있는 모형이다. 따라서 이 모형은 점진적 변화뿐 아니라 급격한 변화까지도 분석의 대상에 포함시키고 있어 정책의 변동을 잘 설명할 수 있는 이론이다. 따라서 순수 점증주의와는 거리가 멀다.

④ 자기강화기제가 작동하는 변화의 정도와 방향을 가늠하기 어렵게 된다. 즉, 자기강화기제는 긍정적 환류기제를 통해 예측하기 어려운 급격한 변화를 초래하는 비점증적 변동을 가져오게 되고 정치나 사회 현상 속에서 이와 같은 수확체증의 법칙(law of increasing returns)이 작용하면 예측 불가능한 변화가 일어나기 때문이다. 따라서 자기강화기제는 점증주의 정책변동과는 거리가 멀다.

※ 점증주의적 정책변동과 비점증주의적 정책변동

점증주의적 정책변동	비점증주의적 정책변동
• 수확체감의 법칙 적용 : 한계적 변화	• 수확체증의 법칙 적용 : 대폭적 변화
• 부정적 환류기제 : 안정 추구	• 긍정적 환류기제 : 변화 추구
• 자기강화기제 미작동 : 부정적 환류	• 자기강화기제 작동 : 스스로 변화 추구, 긍정적 환류
• 비단절적 균형모형 : 완만한 변화 및 안정	• 단절적 균형모형 : 안정 + 변화
• 티핑포인트 (tipping point) 부정 : 임계점 내 에서의 점진적 변화	• 티핑포인트 인정 : 분기점을 지나 대폭적이고 급속한 변화

5 ②

공공의제(public agenda)는 일반 대중이 정부가 해결 방안을 강구해야 한다고 공감하는 일련의 문제를 말하며, 일반대중의 주목을 받을 가치가 있으며 정부가 문제를 해결 하는 것이 정당한 것으로 인정되는 상태의 사회문제를 말한다.

6 ③

영국에서는 정당과 의회를 중심으로 정책과정을 파악하여 왔던 한계를 발견하고 정책공동체 개념을 부각시키면서 정책네트워크모형을 발전시켜왔다. Rhodes를 중심으로 영국 학자들이 제시한 정책네트워크모형에는 정책공동체(정책커뮤니티)와 이슈네트워크모형이 있다. 미국에서의 정책네트워크가 하위정부, 이슈공동체 등의 정당과 의회중심이었다면 영국에서의 논의는 정책공동체 중심이었다.

7 ④

정책중재자(policy broker)는 세부적인 목표를 달성하기보다는 각 옹호연합이 수용할 수 있는 타협안을 발견하고 이러한 절충을 유도하는 기회를 제공한다는 점에서 비교적 중립적인 중개자로 설명하고 있다. 또한 정책목표를 달성하는 것보다 체계 안정성에 더 많은 관심을 기울이는 행위자를 말하는 것으로 정책지지 연합들 간의 경쟁적인 전략이나 갈등을 줄여 타협점을 찾아가도록 만드는 역할을 한다. 정부는 공식적 권위를 지닌 정책중재자이지만 민주적인 중재자라 할 수는 없다. 민주적인 중재자란 정부보다는 다원화된 사회에서 활동을 보장받는 시민단체 등을 일컫는다.

8 ④

신공공서비스론은 신공공관리론에 대한 비판적 시각과 국가에 새로이 가해지고 있는 다양한 변화 압력에 대한 대응의 필요성에서 등장하였다. 신공공서비스론의 구성요소는 첫째, 서비스 제공자로서의 정부 둘째, 주체적 참여자로서의 시민, 셋째, 인간적 가치의 존중을 들고 있다. 즉, ㉠, ㉡은 틀린 지문이고 ㉢, ㉣, ㉤은 옳은 지문이다.
㉠ 신공공서비스는 뉴거버넌스와 연관된 이론으로 공무원의 반응대상을 고객보다 시민에 두고 있다.
㉡ 신공공서비스는 기술적 · 경제적 합리성보다 전략적 · 소통적 합리성을 추구한다는 점에서 신공공관리론과는 차이점이 난다.

9 ①

매트릭스 구조(matrix structure)란 기능구조와 사업구조를 화학적(이중적)으로 결합한 이중적 권한구조를 가진 조직이다. 기능구조는 전문가의 집합으로 전문성은 살릴 수 있으나 조정이 어렵고, 사업구조는 전문가의 조정은 용이하나 비용이 중복된다는 문제가 있어, 양자의 장점을 채택한 조직구조이다. 매트릭스구조는 조직구조로서 기능부서의 전문성과 사업부서(프로젝트 구조)의 신속한 대응성을 결합한 조직으로 목표나 과업의 불확실성이 높고 다양한 경우나 시장성이 불명확한 새로운 제품 생산에 적합하다.

10 ②

투표권 행사여부에 대하여 사적 견해를 제시하는 것은 제한 대상이 아니며 정치적 중립의무에 위반되지 않는다.
※ **공무원의 정치운동 금지 대상**(국가공무원법 제65조)
 ㉠ 투표를 하거나 하지 아니하도록 권유 운동을 하는 것
 ㉡ 서명운동을 기도 · 주재하거나 권유하는 것
 ㉢ 문서나 도서를 공공시설 등에 게시하거나 게시하게 하는 것
 ㉣ 기부금을 모집 또는 모집하게 하거나, 공공자금을 이용 또는 이용하게 하는 것
 ㉤ 타인에게 정당이나 그 밖의 정치단체에 가입하게 하거나 가입하지 아니하도록 권유운동을 하는 것

11 ②

중요사건기록법은 피평정자의 근무실적에 큰 영향을 주는 중요 사건들을 평정자로 하여금 기술하게 하거나, 또는 중요 사건들에 대한 설명구를 미리 만들어 평정자로 하여금 해당되는 사건에 표시하게 파는 평정방법이다. 이 방법은 이례적인 행동을 지나치게 강조하고 상호비교가 곤란한 것이 단점이지만 감독자와 부하가 해당사건에 대해 토론하는 과정에서 피평정자의 태도와 직무수행을 개선하기 용이하다는 장점이 있다.

12 ④

관리융통성모형은 변화하는 환경에 효과적으로 대응할 수 있도록 운영상의 자율성과 융통성을 높인 인사행정모형이다. 실적주의의 한계를 보완하기 위한 적극적 인사행정의 일환이다. 관리융통성모형이 추구하는 융통성은 다원적이면서 동시에 통합적인 것이어야 한다.

13 ②

기능별 분류는 정부가 수행하는 주요 기능에 따라 예산을 분류하는 방법이다. 시민을 위한 분류라고도 한다. 행정수반의 사업계획 수립과 입법부의 예산심의에 도움을 주며, 대분류로서 총괄계정에 적합하다. 그러나 구체적인 항목에 대한 기록이 없기 때문에 회계책임이 명확하지 못하며, 입법부의 효율적인 통제가 어렵다. 그리고 정부의 활동이나 사업 중에는 두 개 이상의 기능에 해당되는 것이 많기 때문에 분류에 어려움이 있으며, 또한 분류가 임의적으로 이루어질 가능성도 있다.

14 ④

집중구매는 필요한 물품 및 서비스를 중앙조달 기관에서 일괄적으로 조달하여 수요기관에 공급해 주는 제도이며, 일괄구매를 통한 단가인하 등의 장점은 있지만 중앙구매기관을 경유하여 구매해야 하므로 구입절차가 복잡하고 적기에 물품을 공급하기 어렵다는 단점이 있다.

※ 집중구매의 장단점

장점	단점
• 재정상 절약 가능 : 대량구매 · 보관 · 운반 • 구매업무의 전문화 • 물품규격의 통일과 사무표준화 • 신축성 유지 : 기관 간에 상호융통 사용 및 조정 • 구매정책 수립 및 통제용이 • 공급업자에게 유리 : 대기업체	• 특수품목 구입에 불편 • 구입절차의 복잡성 : red tape 조장 우려 • 적기공급의 지연 • 대기업에의 편중 및 중소기업자에 불리

15 ③

예산의 이체(移替)란 예산집행기간 중에 소관 업무의 변동에 대한 예산상의 조치이다. 정부조직 등에 관한 법령의 제정 또는 폐지로 인하여(행정개혁 시) 그 직무와 권한에 변동이 있을 때에 책임소관이 변경되는 것이다. 기획재정부장관은 정부조직 등에 관한 법령의 제정 · 개정 또는 폐지로 인하여 중앙관서의 직무와 권한에 변동이 있는 때에는 그 중앙관서의 장의 요구에 따라 그 예산을 이체할 수 있다. 이용은 입법과목(장, 관, 항)간의 융통을 의미한다. 전용은 행정과목(세항, 목)간의 융통을 의미하며, 의회의 승인을 필요로 하지 않는다.

16 ①

① 회색부패가 아니라 백색부패에 해당한다. 백색부패란 이론상 부패행위로 규정될 수 있으나, 사회구성원 다수가 어느 정도 용인하는 관례화된 부패를 말한다. 백색부패는 사회체제에 심각한 파괴적 영향을 미치지 않는다. 선의의 거짓말은 백색부패의 범주에 속한다.

※ 부패의 유형

거래형 부패	뇌물을 받고 특혜를 부여하는 부패(상대가 있는 외부부패)
사기형 부패	공금횡령, 회계부정 등 (상대가 없는 내부부패)
일탈형 부패	돈 받고 단속 눈감아 주기 (개인적 부패)
제도화된부패	급행료나 커미션이 당연시되는 부패(문화화·관행화된 체제적 부패, 집단부패)
권력형 부패	정치인이나 상층부 관료들이 정치권력을 이용하여 저지르는 막대한 부패
생계형 부패	하급관료(민원부서 공무원)들이 생계유지를 위해 저지르는 작은 부패(tiny corruption)
흑색부패	악의가 있고 사회적 지탄 대상이 되는 부패로서 구성원 모두가 처벌을 원하는 부패 (법률에 규정하여 처벌 가능한 부패)
회색부패	사회에 해를 끼칠 잠재력을 가진 부패로서 일부는 처벌을 원하고 일부는 처벌을 원하지 않는 부패 (윤리강령에 규정할 수는 있으나 법률에 규정하여 처벌하는 것에 대해서는 논란이 있는 부패)

17 ③

티부모형에서는 공공서비스의 소비자이자 유권자인 시민은 특별한 거래비용 없이 자유롭게 이주할 수 있으며, 자신의 선호를 가장 잘 충족시켜 주는 지방정부에 옮겨 가려고 한다. 각 지역의 기호와 소득을 갖고 있는 사람들끼리 모여 사는 양상이 나타나는데 이는 지방정부의 재원이 조달되는 방식과 연관된다. 티보가설에서 지방정부의 재원은 재산세(property-tex)에 의하여 충당되는 것으로 상정된다. 비슷한 재산과 소득을 갖는 사람이 모여 살게 된다는 것이다. 따라서 지방소비세가 아니라 재산세이다.

18 ③

기관대립형(기관분립형, 수장형)이란 권력분립주의에 입각하여 지방자치단체의 의사결정 기능을 담당하는 의회와 의사집행 기능을 담당하는 집행기관으로 분리시켜, 서로 견제와 균형에 의하여 자치행정을 수행한다. 대통령제와 유사하다. 미국, 독일, 영국, 프랑스 등 오늘날 대부분의 국가에서 주로 채택하고 있는 유형은 기관통합형이다.

19 ①

구성타당도는 시험이 이론적으로 구성(추정)된 능력요소를 얼마나 정확하게 측정할 수 있느냐에 관한 기준이다. 측정의 타당도에는 기준타당도, 내용타당도, 구성타당도가 있으며 1950년대 이전까지만 해도 기준타당도와 내용타당도가 중시되었으나 오늘날 측정이론에서는 추상적 개념의 구성타당도가 매우 중시되고 있고, 이를 검증하기 위한 방법도 크게 발전하고 있다. 구성적 타당도(구성개념의 타당성)란 연구에 사용된 이론적 구성개념과 이를 측정하는 측정도구나 수단 간의 일치 정도를 나타내는 개념으로 구성개념의 타당성이 확보되려면 측정도구들이 수렴적 타당성(convergent validity)과 차별적 타당성(discriminant validity)이 높아야 한다.

20 ③

정보공개제도의 확대는 정보공개에 따라 말썽이 생길 것을 걱정하는 공무원들이 업무 추진에 소극적인 태도를 보일 수 있다.

개념의 구분		법적 성격	대상자	유형수단
정보공개	정보공개청구	법적의무	특정 청구인	정보공개법
	의무적 정보공표	법적의무	불특정 다수인	공고, 고시, 법령공포
정보제공	정보제공 서비스	자발적 제공	불특정 다수인	홍보, 자료실

1 ③

③ X-비효율성은 정부실패의 원인이다.

※ **시장실패의 원인**

　㉠ **불완전성**
- 불완전 경쟁시장의 존재
- 불완전 정보

　㉡ **불완비성**
- 공공재의 존재(무임승차)
- 외부효과
- 분배의 불평등

2 ①

분배정책(배분정책) … 정부가 개인, 기업, 지역사회 등 특수한 대상 집단에게 각종 이익·서비스·지위·기회 등을 배분하는 정책이다. 수출산업에 대한 재정·금융 지원 정책과 도로·항만 건설사업 등이 분배정책에 속한다.

② 규제정책

③ 재분배정책

④ 추출정책

3 ④

④ 선례가 있거나 일상화된 문제의 경우 의제로 채택될 가능성이 높다.

※ **정책의제형성에 영향을 미치는 문제의 성격 요인**

　㉠ 발전 가능성이 현격히 높거나 발전을 심각하게 저해할 요인이 있는 문제는 정책의제형성 가능성이 높다.

　㉡ 영향을 받는 집단의 규모가 크고 그 내용이 중요할수록 정책의제형성 가능성이 높다.

　㉢ 선례가 있거나 일상화된 문제일 경우 정책의제형성 가능성이 높다.

　㉣ 정책담당자의 기준에서 해결 가능성이 크다고 생각될 경우 정책의제로 형성될 가능성이 높다.

　㉤ 여론의 관심이 높거나 이익집단 간 첨예한 대립이 예상되는 문제의 경우 정책의제형성 가능성이 높다.

4 ①

정책의 창 이론 … J. W. Kingdon이 쓰레기통모형을 근거로 제시한 이론으로, 서로 무관하게 각자의 규칙에 따라 흘러 다니는 정책문제의 흐름, 정치의 흐름(여론, 이익집단의 압력 등), 정책대안의 흐름 등 3가지 흐름이 만나는 경우, 정책의제설정이 이루어진다는 이론이다.

5 ③

①② 행정위원회에 해당한다.

④ 경제관계장관회의는 정부의 경제정책을 총괄하는 기구이다.

6 ②

② 금품 및 향응 수수, 공금의 횡령·유용으로 징계 해임된 자의 경우 재직기간이 5년 미만이라면 퇴직금액의 1/8을 감액하여 지급하고, 재직기간이 5년 이상인 경우 금액의 1/4을 감액하여 지급한다.

7 ④

④ 의장은 예산안과 결산을 소관상임위원회에 회부할 때에는 심사기간을 정할 수 있으며, 상임위원회가 이유 없이 그 기간 내에 심사를 마치지 아니한 때에는 이를 바로 예산결산특별위원회에 회부할 수 있다〈국회법 제84조 제6항〉.

8 ③

㉠ 과학적 관리론은 정부개혁에 영향을 미쳐 정부 인사관리 기술을 발달시켰으며 이는 직위분류제의 출발로 이어졌다.

㉢ 직위분류제는 동일직무에 대한 동일임금을 원칙으로 하여 보수의 형평성을 제고한다.

㉣ 직위분류제는 직무수행에 필요한 지식과 기술, 능력에 따른 임용이라는 점에서 실질주의와 같은 맥락으로 볼 수 있다.

㉡ 직위분류제는 미약한 신분보장으로 종신고용을 보장하지는 않는다.

9 ④

㉠ 2개 이상의 지방자치단체가 하나 또는 둘 이상의 사무를 공동으로 처리할 필요가 있을 때에는 규약을 정하여 그 지방의회의 의결을 거쳐 시·도는 행정안전부장관의, 시·군 및 자치구는 시·도지사의 승인을 받아 <u>지방자치단체조합</u>을 설립할 수 있다. 다만, 지방자치단체조합의 구성원인 시·군 및 자치구가 2개 이상의 시·도에 걸치는 지방자치단체조합은 안전행정부장관의 승인을 받아야 한다〈지방자치법 제159조 제1항〉.

㉡ 지방자치단체의 장이나 지방의회의 의장은 상호 간의 교류와 협력을 증진하고, 공동의 문제를 협의하기 위하여 전국적 <u>협의체</u>를 설립할 수 있다〈지방자치법 제165조〉.

㉢ 지방자치단체 상호 간이나 지방자치단체의 장 상호 간 사무를 처리할 때 의견이 달라 생긴 분쟁의 조정과 행정협의회에서 합의가 이루어지지 아니 한 사항의 조정에 필요한 사항을 심의·의결하기 위하여 행정안전부에 <u>지방자치단체중앙분쟁조정위원회</u>와 시·도에 지방자치단체지방분쟁조정위원회를 둔다〈지방자치법 제149조 제1항〉.

㉣ 지방자치단체는 2개 이상의 지방자치단체에 관련된 사무의 일부를 공동으로 처리하기 위하여 관계 지방자치단체 간의 <u>행정협의회</u>를 구성할 수 있다. 이 경우 지방자치단체의 장은 시·도가 구성원이면 행정안전부장관과 관계 중앙행정기관의 장에게, 시·군 또는 자치구가 구성원이면 시·도지사에게 이를 보고하여야 한다〈지방자치법 제152조 제1항〉.

10 ④

우리나라 지방세 중 목적세는 지방교육세, 지역자원시설세 두 가지뿐이다.

㉠ 지방소비세에 대한 설명이다.

㉡ 지역자원시설세에 대한 설명이다.

㉢ 지방소득세에 대한 설명이다.

㉣ 지방교육세에 대한 설명이다.

11 ④

④ 임시작업단은 수평적 연결을 위한 조정기제에 해당한다.

※ **수직적 연결기제와 수평적 연결기제**

　㉠ **수직적 연결기제** : 계층제, 규칙과 계획, 계층직위의 추가, 수직 정보시스템 등

　㉡ **수평적 연결기제** : 정보시스템, 직접접촉, 임시작업단, 프로젝트 매니저, 프로젝트 팀 등이 있다.

12 ②

행정통제는 '통제의 기준 확인→정보 수집→평가→시정조치'의 절차에 따라 이루어 진다.

㉡ 통제의 기준이 무엇이며 피통제자에게 제대로 전달되었는지에 대해 확인하는 과정이다.

㉠ 통제기준에 대응한 실천상황에 대한 정보를 수집한다.

㉢ 통제기준과 실적의 차질유무를 확인하고 시정조치의 여부를 결정한다.

㉢ 평가 결과에 따라 시정행동을 한다.

13 ①

① 전문가적 직무는 수평적 전문화는 높지만 수직적 전문화는 낮은 경우에 효과적이다.

※ **직무의 성격과 전문화의 관계**

<table>
<tr><td colspan="2" rowspan="2">구분</td><td colspan="2">수평적 전문화</td></tr>
<tr><td>높음</td><td>낮음</td></tr>
<tr><td rowspan="2">수직적
전문화</td><td>높음</td><td>비숙련직무(단순직무)</td><td>일선관리직무</td></tr>
<tr><td>낮음</td><td>전문가적 직무</td><td>고위관리직무</td></tr>
</table>

14 ①

① 거래적 리더십에 대한 설명이다.

※ **변혁적 리더십과 거래적 리더십**

구분	변혁적 리더십	거래적 리더십
초점	최고 관리층	일반 관리층
변화관	개방적, 변화지향	폐쇄적, 안전지향
관리전략	• 내적 동기 유발 • 고급 욕구의 충족	• 합리적 교환관계와 통제 • 하급 욕구의 충족
조직구조	탈관료제	고전적 관료제

15 ④

제도화된 부패 … 부패가 하나의 제도처럼 일상화되어 바람직한 행동이 예외적인 것으로 인식되는 것

④ 제도화된 부패 상황에서는 부패를 저지르는 사람이 조직의 보호를 받고, 공식적인 행동규범을 준수하려는 사람은 오히려 제재를 받을 수 있다.

16 ②

「공무원직장협의회의 설립 · 운영에 관한 법률」 제3조 가입 범위

㉠ 협의회에 가입할 수 있는 공무원의 범위는 다음과 같다.
- 6급 이하의 일반직공무원 및 이에 준하는 일반직공무원
- 특정직공무원 중 재직 경력 10년 미만의 외무영사직렬 · 외교정보기술직렬 외무공무원
- 6급 이하의 일반직공무원 및 이에 준하는 일반직공무원에 상당하는 별정직공무원

㉡ ㉠에도 불구하고 다음의 어느 하나에 해당하는 공무원은 협의회에 가입할 수 없다.
- 「국가공무원법」 및 「지방공무원법」 단서에 따라 노동운동이 허용되는 공무원
- 지휘 · 감독의 직책에 있는 공무원
- 인사, 예산, 경리, 물품출납, 비서, 기밀, 보안, 경비, 자동차운전 및 그 밖에 이와 유사한 업무에 종사하는 공무원

17 ③

③ 행정안전부장관이나 시 · 도지사는 지방자치단체의 자치사무에 관하여 보고를 받거나 서류 · 장부 또는 회계를 감사할 수 있다. 이 경우 감사는 법령위반사항에 대하여만 실시한다〈지방자치법 제171조 제1항〉.

① 지방자치법 제168조 제1항

② 시 · 도가 구성원인 지방자치단체조합은 행정안전부장관의, 시 · 군 및 자치구가 구성원인 지방자치단체조합은 1차로 시 · 도지사의, 2차로 행정안전부장관의 지도 · 감독을 받는다. 다만, 지방자치단체조합의 구성원인 시 · 군 및 자치구가 2개 이상의 시 · 도에 걸치는 지방자치단체조합은 행정안전부장관의 지도 · 감독을 받는다〈지방자치법 제163조 제1항〉.

④ 지방의회의 의결이 법령에 위반되거나 공익을 현저히 해친다고 판단되면 시 · 도에 대하여는 주무부장관이, 시 · 군 및 자치구에 대하여는 시 · 도지사가 재의를 요구하게 할 수 있고, 재의요구를 받은 지방자치단체의 장은 의결사항을 이송받은 날부터 20일 이내에 지방의회에 이유를 붙여 재의를 요구하여야 한다〈지방자치법 제172조 제1항〉.

18 ③

③ 미래창조과학부장관의 권한이다.

※ 「국가정보화기본법」 제11조 제2항 … 정보화책임관은 해당 기관의 업무와 관련하여 다음 사항을 담당한다.
㉠ 국가정보화 정책 및 사업의 총괄조정, 지원 및 평가
㉡ 국가정보화 정책과 기관 내 다른 정책 · 계획 등과의 연계 · 조정
㉢ 정보기술을 이용한 행정업무의 지원
㉣ 정보자원의 획득 · 배분 · 이용 등의 종합조정 및 체계적 관리와 정보공동활용방안의 수립
㉤ 정보문화의 창달과 정보격차의 해소
㉥ 건전한 정보통신윤리의 확립
㉦ 「전자정부법」에 따른 정보기술아키텍처의 도입 · 활용
㉧ 정보화 교육
㉨ 그 밖에 다른 법령에서 정보화책임관의 업무로 정하는 사항

19 ②

② 총액배분 자율편성 예산제도는 재정당국이 국가재정운용계획에 따라 분야별 · 부처별 · 부문별 지출한도를 제시하면 각 부처가 자율적으로 지출한도 내에서 재원을 배분하는 하향식(top-down) 예산편성제도이다.

20 ②

② 브레인스토밍은 1941년에 미국의 A. F. 오즈번이 제창한 집단토의 기법으로, 자유발언을 통해 창의적 아이디어를 얻으려는 방법이다. 이미 제안된 아이디어들을 종합하다보면 또 다른 독창적인 아이디어가 떠오르기도 한다. 편승기법을 지양하는 것은 브레인스토밍의 특성과 맞지 않는다.

2013년 9월 7일 서울특별시 시행

1 ④
정책변동의 유형
㉠ **정책혁신** : 새로운 정책 형성
㉡ **정책승계** : 정책의 목표는 유지하면서 정책수단 등 성격이 변경되는 것
㉢ **정책유지** : 정책을 유지하는 것
㉣ **정책종결** : 목표가 달성되어 정책이 폐지되는 것

2 ②
② 딜레마 상황을 예방하고 관리하기 위해서는 이해관계자가 정책결정자에게 직접적인 영향력을 행사할 수 없도록 장치를 설계하거나 마련할 필요가 있다.

3 ①
②⑤ 행정에 대한 정치적 통제의 강화는 행정의 민주성과 대응성을 제고할 수 있다.
③ 사회문제가 복잡해짐에 따라 직업공무원들의 행정적 재량을 확대할 필요가 있다.
④ 정부의 대응성과 능률성은 상충 관계를 가진다.

4 ③
③ 만족모형에 대한 설명이다.

5 ②
② 신공공관리 이론과 뉴거버넌스 이론은 모두 공공부문과 민간부문을 명확하게 구분하지 않는다.

6 ⑤
①③ 일상적 기술일수록 공식화, 집권화가 높아진다.
②④ 환경의 불확실성이 높을수록 집권화, 공식화가 낮아진다.

7 ①
신뢰성과 윤리문제가 국정 운영의 핵심 쟁점으로 제기되는 이유는 정부실패 이후 신자유주의와 신공공관리론에 의한 시장기법의 무분별한 유입으로 전통적인 가치와 규범이 소홀해짐으로 인해 나타나는 문제들 때문이다.

8 ⑤

⑤ 업무의 상호의존성에 따른 갈등예방을 위해서는 업무 의존성을 근본적으로 완화시켜 부서 간 접촉의 필요성을 줄이는 전략이 유효하다.

9 ③

③ 경제적 관점에서 바라본 정책 개념이다.

10 ④

① 허즈버그의 욕구충족요인 이원론에 따르면 보수는 위생요인에 해당한다.
② 형평성이론과 기대이론은 욕구이론이다.
③ 동기부여란 개인과 조직이 욕구의 결핍을 충족하기 위한 수단을 탐색하는 목적지향적 행동을 의미한다.
⑤ 매슬로우에 따르면 자기실현 욕구는 사람마다 큰 차이가 있다.

11 ④

④ 다원주의에서는 지배계층이나 관료의 역할보다는 외부집단의 역할을 더욱 중요시한다.

12 ②

국가공무원법 46조(보수 결정의 원칙)

㉠ 공무원의 보수는 직무의 곤란성과 책임의 정도에 맞도록 계급별·직위별 또는 직무등급별로 정한다. 다만, 직무의 곤란성과 책임도가 매우 특수하거나 결원을 보충하는 것이 곤란한 직무에 종사하는 공무원과 제4조 제2항에 따라 같은 조 제1항의 계급 구분을 적용하지 아니하는 공무원의 보수는 따로 정할 수 있다.
㉡ 공무원의 보수는 일반의 표준 생계비, 물가 수준, 그 밖의 사정을 고려하여 정하되, 민간 부문의 임금 수준과 적절한 균형을 유지하도록 노력하여야 한다.
㉢ 경력직공무원 간의 보수 및 경력직공무원과 특수경력직공무원 간의 보수는 균형을 도모하여야 한다.
㉣ 공무원의 보수 중 봉급에 관하여는 법률로 정한 것 외에는 대통령령으로 정한다.
㉤ 이 법이나 그 밖의 법률에 따른 보수에 관한 규정에 따르지 아니하고는 어떠한 금전이나 유가물(有價物)도 공무원의 보수로 지급할 수 없다.

※ ㉠은 2012년 12월 11일 개정되어 2013년 12월 12일부터 다음과 같이 시행된다.
　공무원의 보수는 직무의 곤란성과 책임의 정도에 맞도록 계급별·직위별 또는 직무등급별로 정한다. 다만, 다음 각 호의 어느 하나에 해당하는 공무원의 보수는 따로 정할 수 있다.
• 직무의 곤란성과 책임도가 매우 특수하거나 결원을 보충하는 것이 곤란한 직무에 종사하는 공무원
• 제4조 제2항에 따라 같은 조 제1항의 계급 구분이나 직군 및 직렬의 분류를 적용하지 아니하는 공무원
• 임기제공무원

13 ①

② 국가공무원은 법적 근거로 국가공무원법을, 지방공무원은 법적 근거로 지방공무원법을 따른다.
③ 국가공무원의 보수재원은 국비로, 지방공무원의 보수재원은 지방비로 충당한다.
④ 정무직 지방공무원은 선출직이므로 국회의 동의를 얻을 필요가 없다.
⑤ 지방공무원의 임용권자는 지방자치단체의 장이다.

14 ③

　　서울시의 공동세 제도 … 강남·강북 간의 재정격차를 완화하기 위하여 2008년에 도입한 공동제산세 제도이다.

　　③ 취득세가 아니라 재산세를 대상으로 하며 재산세 50%를 서울시가 확보하여 25개 자치구에 균등하게 배분한다.

15 ②

　　① 우리나라 예산은 소관별로 구분된 후 기능별로 분류되고 마지막으로 품목을 중심으로 분류된다.

　　③ 기능을 중심으로 장은 분야, 관은 부문, 항은 프로그램, 세항은 단위사업을 의미한다.

　　④ 장 사이의 상호융통(이용)은 국회의 통제를 받는다.

　　⑤ 세항과 목은 모두 행정과목이다.

16 ④

　　① 원가절감 등 재정정보 제공은 현금주의회계보다 발생주의가 유리하다.

　　② 부가가치세는 단일세율 구조와 역진세적 성격을 띤다는 점에서 조세형평상 직접세에 비해 불공평하다.

　　③ 이로운 외부효과가 발생하는 서비스에 정부보조금을 제공하는 것은 정부예산의 경제적 기능에 속한다.

　　⑤ 예산이 하나만 존재해야 한다는 예산 단일성의 원칙은 입법부 우위의 예산원칙이다.

17 ①

　　② PPBS의 특징이다.

　　③ 품목별예산의 특징이다.

　　④ 성과주의 예산은 예산의 증가를 통제하기 어렵다.

　　⑤ 입법부에 의한 예산 통제가 곤란하다.

18 ⑤

　　⑤ 집단행동의 딜레마를 해결하려면 수평적 네트워크를 강화해야 한다.

19 ②

　　② 환경에 신속하게 적용하기 위해 조직구조를 보다 유연화 할 필요가 있다.

20 ⑤

　　① 대립형은 라이트가 제시한 정부간 관계모형이 아니다.

　　②③ 중첩형에 대한 설명이다.

　　④ 포함형에 대한 설명이다.

2013년 10월 5일 제2회 지방직 시행

1 ②

② 학습조직은 집단학습을 통해 조직 능력을 제고하는 데 초점을 맞춘다.

2 ③

③ 사회간접자본정책은 분배정책에 해당한다.

3 ①

① 관료제는 계층에 따른 상급자의 책임을 강조한다.

4 ③

③ 계속비는 한정성의 원칙에 대한 예외이다.

※ 예산의 원칙에 따른 예외
  ㉠ **공개성의 원칙** : 신성예산, 국방비 등
  ㉡ **완전성의 원칙** : 순계예산, 외국차관전대, 기금, 수입대체경비 등
  ㉢ **단일성의 원칙** : 추가경정예산, 특별회계, 기금 등
  ㉣ **한정성의 원칙** : 예비비, 이용 및 전용, 계속비, 조상충용 등
  ㉤ **사전의결 원칙** : 사고이월, 준예산, 예비비 지출, 긴급명령, 선결처분 등
  ㉥ **통일성의 원칙** : 특별회계, 목적세, 수입대체경비, 기금 등

5 ②

② 롤스는 사회 경제적 불평등은 가장 불우한 사람들의 편익을 최대화하는 방향이어야 한다는 최소극대화의 원리를 주장한다.

6 ①

발생주의회계제도 … 현금의 수지를 기준으로 삼지 않고 거래 발생을 기준으로 수입·비용을 인식하는 회계 제도를 말한다. 원가 개념을 제고하고 성과측정 능력을 향상시키며, 잠재적 위험을 현재에 반영할 수 있다. 공공 부문에 도입되면 재정의 투명성을 높여 부정을 없앨 수 있는 장점이 있다

① 발생주의 회계제도는 자산과 부채의 인식을 중시하지만, 수입과 지출은 현금주의에서 더 정확하게 측정된다.

7 ②

② 교육비특별회계는 지방정부의 특별회계의 일례에 해당한다.

8 ③

③ 합리적 선택 신제도주의에 의하면 선호는 제도와 무관하게 외생적으로 주어진 것으로, 행위자 개인의 전략적 판단에 의해 형성된다고 본다.

9 ④

일선관료제 … 정책 과정의 최종 단계에서 대상 집단과 직접적으로 상호작용하며 업무 수행에 상당한 재량을 가지는 공무원이나 집행요원을 말한다.
④ 일선관료제에서는 인적·물적 자원 및 시간 등의 부족으로 업무 지연이 나타날 수 있다.

10 ①

① 신공공서비스 이론은 시민정신을 추구한다. 기업주의 가치를 추구하는 것은 신공공관리 이론이다.

11 ④

스마트 전자정부 … IT기술을 활용하여 정부조직 내외의 정보를 전자적으로 체계화함으로써 정부조직을 능률적으로 관리하고 국민들에게 맞춤형 행정 서비스를 신속하게 제공하는 정부를 말한다.
④ 재난 발생 후 사후 복구보다는 사전 예방을 정책 목표로 추구한다.

12 ③

주민총회 … 직접민주주의의 원리에 입각한 지방자치단체의 기관구성의 형태로, 자치단체 지역 내의 전유권자들로 구성된 주민총회가 자치단체의 최고기관으로서 중요 공직자를 선출하고 자치단체의 중요정책 등을 결정하는 것이다.
③ 우리나라 지방자치법에는 주민총회에 대해 규정되어 있지 않다.

13 ④

④ 시민공동생산 논의에서는 시민과 지역주민을 공동생산자 또는 프로슈미(producer＋producer)로 본다.

14 ③

③ 우리나라에서는 다면평가제의 평가자를 행정기관 내부자뿐만 아니래 민원인까지 포함하여 구성한다.

15 ④

④ 신공공관리적 개혁은 경제적 효율성은 제고하지만 시장논리에 입각하여 민주주의 책임성을 희생시킬 우려가 있다.

16 ①

① 성과중심주의에 입각한 성과관리는 목표성취도에 유인기제를 연결하기 때문에 관리대상자들이 의도적으로 성과목표를 매우 낮게 설정하는 행동 경향을 보인다.

17 ④

④ 현행 공직자윤리법에 따르면 국회의원과 장·차관을 포함한 1급 이상 고위공직자, 기획재정부와 금융감독원 4급 이상 공직자들은 의무적으로 직무와 관련된 주식을 매각하거나 수탁기관에 위탁해야 한다.

18 ①

㉠ 직위, ㉡ 등급, ㉢ 직류, ㉣ 직군

19 ③

③ 상황 Ⅲ에서는 수단은 합의가 되지만 목표가 합의가 되지 않기 때문에 가치갈등이 발생할 수 있다. 합리적 의사결정은 목표와 수단이 모두 합의된 상황 Ⅳ에서 이루어진다.

20 ②

㉡ 직업공무원제
㉣ 엽관주의

2014년 6월 28일 서울특별시 시행

1 ②

① 주민소환투표청구권자는 해당 선출직 지방공직자(비례대표선거구시·도의회의원 및 비례대표선거구자치구·시·군의회의원은 제외)에 대하여 주민의 서명으로 그 소환사유를 서면에 구체적으로 명시하여 관할선거관리위원회에 주민소환투표의 실시를 청구할 수 있다〈주민소환에 관한 법률 제7조 제1항〉.

③ 주민소환은 주민소환투표권자 총수의 3분의 1 이상의 투표와 유효투표 총수 과반수의 찬성으로 확정된다〈동법 제22조 제1항〉.

④ 지방자치에 관한 주민의 직접참여를 확대하고 지방행정의 민주성과 책임성을 제고함을 목적으로 한다〈동법 제1조〉.

⑤ 주민소환투표의 효력에 이의가 있는 경우 투표결과가 공표된 날부터 14일 이내에 소청할 수 있다〈동법 제24조 제1항〉.

2 ④

공유지의 비극… 개인과 공공의 이익이 서로 맞지 않을 때 개인주의적 사리사욕에 의해 개인의 이익만을 극대화한 결과 경제 주체 모두가 파국에 이르게 된다는 이론으로, 미국의 생물학자 Garrett Hardin의 논문에 나오는 개념이다.

※ **공유지의 비극을 방지하기 위한 대안**(Garrett Hardin)

    ㉠ 근본적인 공유 상태의 제거(사유화)

    ㉡ 정부의 적절한 개입과 규제

    ㉢ 스스로의 양심에 따른 공유지의 운영

3 ②

② 물적자원에 대한 설명이다. 사회자원은 등가물의 교환이 아니며, 사회자본은 사용할수록 총량이 늘어나는 선순환과 사용하지 않을수록 줄어드는 악순환의 양면성을 지닌다.

4 ①

② 특정평가라 함은 국무총리가 중앙행정기관을 대상으로 국정을 통합적으로 관리하기 위하여 필요한 정책 등을 평가하는 것을 말한다〈정부업무평가 기본법 제2조 제4호〉.

③ 특정평가는 하향식 평가방식이고, 자체평가는 상향식 평가방식이다.

④ 특정평가의 대상부문〈동법 제20조 제1항, 영 제14조〉

    ㉠ 2 이상의 중앙행정기관 관련시책, 주요 현안시책, 혁신관리

    ㉡ 각 중앙행정기관이 공통적으로 추진하여야 하는 시책으로서 지속적인 관리가 필요한 부문

    ㉢ 사회적 파급효과가 큰 국가의 주요사업으로서 특별한 관리가 필요한 부문

    ㉣ 기관 또는 정책 등의 추진에 대한 국민의 만족도를 측정하는 부문

    ㉤ 그 밖에 특정평가를 위하여 필요하다고 인정하여 위원회의 심의·의결을 거쳐 정하는 부문

⑤ 국무총리는 중앙행정기관의 성과관리 실태 및 그 결과가 자체평가 및 특정평가에 반영되도록 하여야 한다〈동법 제6조 제5항〉.

5 ⑤

① 통계적 타당성에 대한 설명이다.

② 내적 타당성에 대한 설명이다.

③ 양적 평가는 주로 연역적 방법을 활용하고, 질적 평가는 주로 귀납적 방법을 활용한다.

④ 프로그램 논리모형이란 프로그램의 인과경로를 구축하여 프로그램의 핵심적 목표와 연계된 평가이슈, 평가지표를 인식하고, 이론실패와 실행실패를 구분할 수 있게 함으로써 평가의 타당성을 제고할 수 있게 해준다.

6 ④

④ 조직의 외부에 초점을 두고 통제를 강조하는 경우는 합리목표모형으로 생산성과 능률성을 목표로 하게 된다.

※ **경합가치모형**(Quinn & Rohrbaugh)

　㉠ **합리목표모형**(합리문화) : 조직의 외부, 즉 조직 자체에서의 통제를 강조하는 모형으로 기획과 목표설정, 합리적인 통제 등을 통해 생산성과 능률성을 목표로 한다.

　㉡ **내부과정모형**(위계문화) : 조직 자체보다 인간을 강조하고 조직구조의 통제를 강조하는 모형으로 정보관리와 의사소통 등을 통해 안정성과 통제 · 감독을 추구한다.

　㉢ **개방체제모형**(발전문화) : 조직 자체와 조직구조의 유연성을 강조하는 모형으로 조직의 유연성과 신속성을 유지하는 것을 통해 자원획득과 환경적응 등을 목표로 한다.

　㉣ **인간관계모형**(집단문화) : 인간과 유연성을 강조하는 모형으로 구성원의 사기와 응집력이 효과성을 높인다고 보고 조직 내 인적자원의 가치를 인정하고 개발하는 것에 중점을 둔다.

7 ③

③ 규제영향분석은 규제를 신설 또는 강화하고자 할 때 사용하는 도구이다.

8 ③

③ 베버의 관료제론에서의 이상적인 관료제는 기술적 전문성 또는 행정적 전문성에 의하여 충원된다.

9 ③

③ 목표관리제(MBO)는 참여에 의한 관리로 Y이론 측면에서 조직의 관리전략에 해당한다.

※ X · Y이론적 조직관리전략

구분	X이론	Y이론
관리전략	• 당근과 채찍 • 직무의 엄격한 통제, 금전적인 보상체계의 강화, 권위주의적 리더십, 집권적 의사결정, 상부책임제 강화, 명령과 점검, 처벌의 위협, 관용과 설득으로 갈등회피 등	• 개인목표와 조직목표의 통합 • 자아실현적 직무개선, 분권화와 권한위임, 민주적 리더십, 내부규제 및 통제 완화, 목표관리(MBO) 등

10 ④

④ 조직 구성원들이 가치를 강하게 공유하고 있는 조직의 효과성이 높다고 전제하는 것은 문화강도적 접근 방법이다.

※ 조직문화와 조직효과성의 관계에 대한 접근 방법

    ㉠ **특성론적 접근 방법** : 조직효과성을 향상시킬 수 있는 특정한 문화 특성이 존재한다는 것으로, 긍정적인 문화 특성을 가지고 있는 조직이 그렇지 못한 조직에 비하여 효과성이 높다는 것이다.

    ㉡ **문화강도적 접근 방법** : 조직효과성을 향상시키기 위해서는 강한 문화가 필요하다는 견해이다. 즉, 조직 구성원들이 가치를 강하게 공유하고 있는 조직의 효과성이 높다는 것이다.

    ㉢ **상황론적 접근 방법** : 조직문화 특성과 상황요인들 간의 적합성에 따라 조직효과성이 달라질 수 있다는 입장으로, 조직 내·외의 다양한 모순된 요소들을 동시에 추구하지 못하고, 마치 무질서보다 질서가 더 가치 있다는 생각을 갖게 한다는 점에서 문제가 되고 있다.

    ㉣ **문화유형론적 접근 방법** : 각각의 문화 유형의 특성에 따라 조직효과성이 달라진다는 것으로, 문화 유형에 따라 다른 접근 방법들의 내용을 용이하게 접목할 수 있도록 해주기 때문에 매우 포괄적인 분석 방법이며, 아주 유용한 연구 방법으로 평가받고 있다. 특히 문화유형론적 접근의 대표적인 방식인 경쟁가치모형은 그 타당성과 신뢰성이 이미 많은 연구자들에 의하여 검증되어 유용하게 활용되고 있다.

11 ②

① 거래비용의 최소화를 위해서는 시장의 거래를 조직 내부로 끌어오는 거래의 내부화가 효율적이다.

③ 조직통합이나 내부 조직화는 조정비용이 거래비용보다 작을 때 효과적이다. 즉 거래비용을 발생시키는 외부요소들을 조직 내로 통합하여 거래비용을 감소시키는 것이 중요하다.

④ 거래비용에는 탐색비용, 정보이용 비용 등이 포함된다.

⑤ 거래비용이론은 효율성만을 고려하므로 공공성이나 형평성을 고려해야 하는 공공부문에서는 적합하지 않다.

12 ①

② 직제와 정원규정이 바뀌어 현재의 공무원 수가 정원을 초과한 경우는 직권면직사유에 해당한다.

③ 권고사직은 의원면직의 형식을 취하지만 사실상 강제퇴직에 해당한다.

④ 직위해제를 받게 되면 직무를 담당하지 못하게 되지만 공무원의 신분은 유지된다.

⑤ 강임은 직제나 정원이 변경된 경우 하위직위로 임용되는 것으로 징계가 아니다.

13 ③

③ 계급제는 순환근무를 통해 신축적인 인사정책이 가능하며, 다른 부서의 공무원과의 협조가 원활하게 이루어질 수 있다.

14 ①

회계연도 개시 전에 예산을 배정할 수 있는 경비〈국가재정법 시행령 제16조 제5항〉

㉠ 외국에서 지급하는 경비

㉡ 선박의 운영·수리 등에 소요되는 경비

㉢ 교통이나 통신이 불편한 지역에서 지급하는 경비

㉣ 각 관서에서 필요한 부식물의 매입경비

㉤ 범죄수사 등 특수활동에 소요되는 경비

㉥ 여비

㉦ 경제정책상 조기집행을 필요로 하는 공공사업비

㉧ 재해복구사업에 소요되는 경비

15 ⑤

⑤ 법률에 대해서는 대통령이 거부권 행사가 가능하지만, 예산과 법률은 형식과 성립요건이 달라 예산에 대해서는 거부권 행사가 불가능하다.

※ 법률과 예산의 비교

구분			법률	예산
성립절차	제출권자		정부와 국회	정부
	효력		제한 없음	회계연도 개시 120일 전
	심의	기한	제한 없음	회계연도 개시 30일 전
		범위	자유로운 수정 가능	증액 및 새 비목설치 불가
	거부권 행사		대통령은 거부권 행사 가능	대통령은 거부권 행사 불가
	공포		공포로서 효력 발생 (특별규정이 없는 한 공포일로부터 20일 경과 후 효력발생)	공포 불필요, 의결로 확정 행정부는 예산을 공고
효력	시간적 효력		계속적 효력 발생	회계연도에 국한
	대인적 효력		국가기관·국민 모두 구속	국가기관만 구속
	지역적 효력		원칙상 국내만 한정	국내외 불구 효력 발생
	형식적 효력		법률로써 예산변경 불가	예산으로 법률개폐 불가

16 ⑤

⑤ 국고채무부담행위에 대한 국회의 의결은 국가로 하여금 다음 연도 이후에 지출할 수 있는 권한까지 부여하는 것은 아니며, 다만 채무를 부담할 권한만을 부여하는 것이므로 채무부담과 관련한 지출에 대해서는 다시 국회의 의결을 얻어야 한다.

17 ④

전통적·현대적 예산원칙

㉠ **전통적 예산원칙**
- 모든 예산은 공개되어야 한다(공개성).
- 예산구조나 과목은 국민들이 이해하기 쉽게 단순해야 한다(명확성).
- 예산은 미리 결정되어 회계연도가 시작되면 바로 집행될 수 있도록 해야 한다(사전의결의 원칙).
- 정부는 국민들에게 필요이상의 돈을 거두어서는 안 되며 계획대로 정확히 지출하여야 한다(정확성).
- 예산은 주어진 목적, 규모, 시간에 따라 집행되어야 한다(한계성).
- 특정 수입과 특정 지출이 연계되어서는 안 된다(통일성).
- 예산은 가능한 단일의 회계 내에서 정리되어야 한다(단일성).
- 모든 세입과 세출은 예산에 명시적으로 나열되어있어야 한다(완전성).

㉡ **현대적 예산원칙**
- 사업예산과 예산편성은 유기적으로 이루어져야 하며 계획된 예산은 경제적으로 집행해야 할 책임이 강조된다.
- 예산의 편성·심의·집행은 공식적인 형식을 가진 재정보고 및 업무보고에 기초를 두어야 한다.
- 정부는 예산을 효율적으로 운영하기 위해 중앙예산기관, 적절한 예산제도 등을 구비해야 한다.
- 다원적 절차, 재량 원칙, 시기 신축성 원칙
- 예산과정에서 관련 부서들 간의 상호학습과 결과지향적인 구체적 성과에 대한 책임임 강조된다.

18 ⑤

ⓒ 지방의원들은 임시회의 소집요구권을 가진다. 지방의회의장은 지방자치단체의 장이나 재적의원 3분의 1 이상의 의원이 요구하면 15일 이내에 임시회를 소집하여야 한다.

ⓔ 우리나라의 경우 광역자치단체와 기초자치단체의 장 및 의원의 선거에 있어서 후보자의 정당표방 및 정당의 후보자 추천이 인정된다.

19 ⑤

⑤ 시민의 행정참여는 주민참여를 통해 수립된 정책의 집행 시 시민의 정책순응과 협조가 촉진되어 효율성을 제고시킨다.

20 ②

② 면대면 접촉은 시민이 공공기관을 직접 방문하여 공무원과 접촉하는 정부 1.0의 서비스제공방식이다. 정부 3.0은 유비쿼터스 정부를 토대로 스마트폰 등의 모바일을 통하여 원하는 장소에서 원하는 시간에 맞춤형 서비스를 제공해 준다.

1 ①

① 전자정부의 경우 소비자 중심의 맞춤서비스를 추구하므로, 직무 및 기능 간의 경계가 명확하게 맞아 떨어지는 전통적 구조만으로는 해당 소비자별에 대한 맞춤서비스를 이루기 어렵다.

② 소비자별 맞춤서비스는 다품종 소량생산과 연관되어 있으며, 연관된 기능들이 서로 병렬적으로 연결되어 완결되어진 서비스로 연결될 수 있어야 한다. 또한, 이를 위해서는 네트워크 조직 및 수평적 평면조직 등이 바람직하다.

③ 전자정부에서는 정보통신의 기술을 사용해서 기업 조직을 관리하게 되므로 중간관리자의 규모는 작아지고, 소비자들에게 서비스를 직접적으로 제공해야 하는 실무의 규모 및 권한 등이 높아질 것이다. 이로 인해 직접인력 대비 간접인력으로 측정되어지는 행정농도는 낮아질 것이다.

④ 통상적으로 전자정부에서는 분권화와 연관된다. 하지만 정보통신의 기술을 활용한 통솔범위의 확대 및 통제의 용이성은 집권화로 연결될 수도 있다.

2 ②

ⓛ 전체 대안을 탐색하는 것을 합리모형이라고 한다. 만족모형의 경우 무작위적이면서 순서적으로 만족할만한 대안이 나타날 때까지 탐색하는 것을 말한다.

ⓔ 정책문제, 해결책, 선택의 기회, 참여자 등의 4가지 요소가 서로 독자적으로 흘러 다니다가 어떠한 계기로 인해 서로 교차해서 만나게 될 때 의사결정이 이루어진다고 보는 개념은 쓰레기통 모형이다.

3 ①

네트워크 조직은 애매모호한 조직의 경계로 인해 조직의 응집력 및 정체성 등이 약하고, 계약관계에 있는 외부의 기관을 직접적으로 통제하기 어려우므로 기회주의적인 행동 등이 야기된다.

4 ③

① 수직적 분화가 심하고 공식화의 정도가 높은 것을 관료제이다. 애드호크라시의 경우 수직적인 분화가 적으며 공식화의 정도가 낮은 저층구조의 특징을 지니고 있다.

② 의사결정에 있어 권한이 기업 조직의 상하 직위 간 어떻게 분배되어 있는지를 말하는 것은 집권화이다.

④ 절차의 표준화 및 업무수행 방식의 정도, 직무기술서·내부규칙·보고체계 등의 명문화 정도로 측정 가능한 것은 공식화이다.

5 ④

④ 제도의 개념을 동태적인 것으로 보고, 국가 간 차에 대한 설명을 시도한 것은 신제도주의이다.

6 ④

   ⓒ 건강보험의 경우 전국적인 형평성 및 통일성이 요구되는 관계로 국가 또는 국가 소속의 공기업이 담당하는 것이 바람직하다고 할 수 있다.

   ⓜ 고속도로 및 전기 등은 규모의 경제가 발생하게 되는 일종의 요금재라 할 수 있다. 공유재의 경우에는 경합성은 존재하지만 배제는 불능한 재화로써 희귀 동식물 및 천연자원, 어장, 연안, 하천, 국립공원 등의 산림자원, 정부 예산 등의 제한된 공유자원들이 이에 해당한다.

7 ③

   ① 가장 최선의 정책대안을 선택하는 것은 정책분석이다. 정책평가의 경우 정책실행과정 및 정책결과 등을 대상으로 하는 일종의 사후적이면서 회고적인 활동을 말한다.

   ② 참여관찰법 및 심층면접법 등은 질적 기법에 해당한다.

   ④ 정책평가 등과 같은 사회현상은 자연현상처럼 두 집단을 동질적으로 구성하기 어렵기 때문에 준실험을 많이 사용한다.

8 ①

무의사결정을 추진하기 위해 직접적으로 활용할 수 있는 것은 폭력 및 테러이다.

9 ②

정무직은 차관급 이상을 의미한다. 국가보훈처의 처장은 차관이기 때문에 그 아래의 처장의 차관급이 아니며, 국가 보훈처 차장의 고위공무원단에 해당하는 일반직공무원으로 보한다.

10 ②

뉴거버넌스는 협상, 타협, 여러 세력들 간 연합 등의 정치적 과정을 중요시한다.

11 ①

   ② 재정력 지수는 기준재정수요액 대비 기준재정수입액의 비율이다. 전체 재원에 대한 자주재원의 비율은 재정자립도이다.

   ③ 일반 회계의 세입에서 지방교부세 및 자주재원을 더한 일반재원의 비중은 재정자주도이다.

   ④ 지방자치단체에 재원 활용의 자율성을 전적으로 부여하게 되는 재원은 지방교부세이며, 특정 사업에 활용할 것을 조건으로 선택적으로 지원하는 재원은 국고보조금이다.

12 ④

   ㉠ 부실기업에 대한 구조조정은 규제정책이다.

   ㉡ 노령연금제도는 재분배정책이다.

   ㉤ 지방자치단체에 지원되는 국고보조금은 배분정책이다.

13 ①

징계로 인해 해임처분을 받은 자의 경우 해임처분을 받을 때부터 3년이 지나지 않으면 공무원으로 재임용될 수 없다.

14 ②

공금횡령의 경우 회계부정, 개인적 이익의 편취 등과 같이 상대방을 전제로 하는 않는 사기형의 부패에 속한다.

15 ③

① 국가공무원의 경우에는 국가공무원법이 적용되며, 지방공무원의 경우에는 지방공무원법이 적용되어진다.
② 고위공무원단제도의 경우 국가공무원에만 시행되며, 지방공무원에게는 적용되지 않는다.
④ 특별지방행정기관의 경우 국가의 특정 중앙행정기관에 속하여 해당 관할구역 내 시행되어지는 소속 중앙행정기관의 권한에 속하는 행정사무를 관장하는 국가의 지방행정기관이다. 그러므로 특별지방행정기관에 소속되어진 공무원은 국가직 공무원이다.

16 ③

안전행정부에 설치된 소청심사위원회는 위원장 1인을 포함한 5명 이상 7명 이내 상임위원과 상임위원 수의 $\frac{1}{2}$ 이상인 비상임위원으로 구성한다.

17 ②

사업 주무 부처에서 수행하고, 기술적인 검토 및 예비설계 등에 초점을 맞추는 것은 타당성 조사이다.

18 ③

특별회계 운용의 경우 일반회계에서 따로 분리되어 별도로 계리되므로 이는 단일성 원칙의 예외이며, 용도가 특정되므로 통일성 원칙의 예외라 할 수 있다.

19 ①

기획재정부장관은 제출된 기금운용계획안에 대해 기금관리주체와 협의 및 조정해서 기금운용계획안을 마련한 후에 국무회의의 심의를 거쳐 대통령의 승인을 받아야 한다. 더불어 정부는 주요항목 단위로 마련되어진 기금운용계획안을 회계연도 개시 120일 전까지 국회에 제출해야 한다.

20 ④

롤스의 정의론에서 제시되어진 제 1원칙인 기본적 자유의 평등원리는 타인의 자유와 상충되지 않는 범위 내에서 기본적인 자유에 관한 동등한 권리를 보장해야 한다는 것을 말한다.

1 ②

공무원 경력개발 기본원칙

㉠ **적재적소의 원칙** : 직원을 적재적소에 배치하는 것을 원칙으로 한다.

㉡ **승진경로의 원칙** : 특정 공무원의 경력·전공·적성 등을 종합적으로 고려하여 전문분야를 지정하여야 한다.

㉢ **인재양성의 원칙** : 인재를 외부보다는 내부에서 자체적으로 양성하는 것을 기본원칙으로 한다.

㉣ **직무와 역량중심의 원칙** : 직급이 아닌 직무중심의 경력계획 수립과 역량강화를 위해 보직경로별 역량 수요의 흐름에 맞게 교육훈련체계를 수립한다.

㉤ **개방성 및 공정경쟁의 원칙** : 경력개발의 기회가 모든 직원에게 공평하게 제공되어야하며, 보직 이동의 기회도 공정한 경쟁을 통해 제공되어야 한다.

㉥ **자기주도의 원칙** : 직원 스스로 적극적인 경력목표와 경력개발계획을 작성하고 능동적으로 학습을 실시하도록 한다.

2 ④

전자정부법 제4조(전자정부의 원칙)

㉠ 행정기관 등은 전자정부의 구현·운영 및 발전을 추진할 때 다음의 사항을 우선적으로 고려하고 이에 필요한 대책을 마련하여야 한다.
- 대민서비스의 전자화 및 국민편익의 증진
- 행정업무의 혁신 및 생산성·효율성의 향상
- 정보시스템의 안전성·신뢰성의 확보
- 개인정보 및 사생활의 보호
- 행정정보의 공개 및 공동이용의 확대
- 중복투자의 방지 및 상호운용성 증진

㉡ 행정기관 등은 전자정부의 구현·운영 및 발전을 추진할 때 정보기술아키텍처를 기반으로 하여야 한다.

㉢ 행정기관 등은 상호 간에 행정정보의 공동이용을 통하여 전자적으로 확인할 수 있는 사항을 민원인에게 제출하도록 요구하여서는 아니 된다.

㉣ 행정기관 등이 보유·관리하는 개인정보는 법령에서 정하는 경우를 제외하고는 당사자의 의사에 반하여 사용되어서는 아니 된다.

3 ①

① 환경의 불확실성이 높을수록 정보와 지식의 수집활동에 적극적으로 나서 많은 정보를 획득하여 예측가능성을 높이는 것이 바람직하다.

4 ③

③ 현실적이고 보수적인 속성은 보조기관의 특성이다.

5 ④

④ 행정윤리는 그 국가의 관습, 규범, 문화 등의 제약을 받으면서 강조되는 행위규범이다.

6 ④

㉠ 정책을 성공적으로 설계하기 위해서는 문제를 야기한 원인과 그 원인의 제거를 위한 수단을 설명하는 적절한 인과모형이 필요하다.

㉡ 현대적 정책집행론의 1세대인 프레스만과 윌다브스키는 고전적 정책집행론이 정책결정과 집행을 이질적인 것으로 본 것에 반해 정책결정과 집행은 본질적인 차이가 없으며 연속적인 과정으로 이해하였다.

㉢ 정책 대상 집단 중 수혜집단의 규모 및 조직화의 정도가 클수록 정책집행이 용이하다.

㉣ 립스키의 일선관료제론은 정책집행의 상향적 접근법을 주장하는 것으로 업무환경에서의 일선공무원의 집행문제 해결에 초점을 맞춘다.

7 ④

④ 내부수익률(IRR)이란 비용과 편익의 현재가치를 같게 만들어주는 할인율을 말한다. 따라서 내부수익률은 순현재가치(B-C)를 0으로 만들거나, 편익비용비율을 1로 만드는 할인율을 말한다.

8 ③

주민은 지방자치단체의 장에게 조례를 제정하거나 개정하거나 폐지할 것을 청구할 수 있고〈지방자치법 제15조 제1항〉, 지방자치단체의 장은 청구를 수리한 날부터 60일 이내에 주민청구조례안을 지방의회에 부의하여야 한다〈제9항〉.

9 ②

㉡ 조직이 제공하는 보상에 대한 무관심은 리더십의 중화물이다.

㉢ 부하의 전문지식, 능력, 훈련 수준이 높은 것은 리더십의 대체물이다.

※ **리더십의 대체물과 중화물**

　㉠ **대체물** : 리더의 행동이 필요 없게 하는 부하의 특성으로 과업 및 조직의 특성과 같은 상황요인을 의미한다.

　㉡ **중화물** : 리더가 취한 행동의 효과를 약화 내지 중화시키는 상황요인을 의미한다.

10 ①

① 국가재정법에서는 재정운영의 형평성에 대해서는 직접적으로 규정하고 있지 않다.

※ **국가재정법 제1조(목적)** … 이 법은 국가의 예산·기금·결산·성과관리 및 국가채무 등 재정에 관한 사항을 정함으로써 효율적이고 성과 지향적이며 투명한 재정운용과 건전재정의 기틀을 확립하는 것을 목적으로 한다.

11 ④

신공공관리와 탈신공공관리의 비교

구분		신공공관리	탈신공공관리
정부기능	정부–시장관계의 기본철학	시장지향주의, 규제완화	정부의 정치 · 행정적 역량 강화 • 재규제의 주장 • 정치적 통제 강조
	주요 행정가치	능률성, 경제적 가치 강조	민주성 · 형평성 등 전통적 행정가치 동시고려
	정부 규모와 기능	정부 규모와 기능의 감축(민간화, 민영화, 민간위탁)	민간화 · 민영화의 신중한 접근
	공공서비스 제공의 초점	시민과 소비자 관점의 강조	
	공공서비스 제공방식	시장 메커니즘의 활용 • 민간부문을 공공세비스 제공의 공동생산자 및 경쟁자로 규정 • 내부시장화, 계약, 외주화	민간–공공부문의 파트너십 강조
조직구조	기본 모형	탈관료제 모형	관료제 모형과 탈관료제 모형의 조화
	조직구조의 특징	비항구적 · 유기적 구조 • 임시조직 · 네트워크 활용 • 비계층적 구조 • 구조적 권한 이양과 분권화	재집권화(분권화와 집권화의 조화)
	조직개편의 방향	소규모의 준자율적 조직으로 분절화	분절화 축소
관리기법	조직관리의 기본 철학	경쟁과 자율성을 강조하는 민간부문의 관리기법 도입 • 경쟁의 원리 도입 • 규정과 규제의 완화 • 관리자의 자율성 · 책임성 강조	자율성과 책임성의 증대
	통제 메커니즘	결과 · 산출 중심의 통제	
	인사관리의 특징	경쟁적 인사관리 • 능력 · 성과 기반 인사관리 • 경쟁적 인센티브 중시 • 개방형 인사제도	공공책임성 중시

12 ②

② 전문행정가 중심의 직위분류제는 직무중심의 제도이기 때문에 유연하고 폭넓은 인사이동이 곤란하다.

13 ③

③ 총체적 품질관리(TQM)는 고객만족에 초점을 맞춘(외향성) 제도로서 고객의 필요에 따라 목표를 설정하고 품질을 평가한다.

14 ②

ⓒ 한약분쟁은 이익집단정치의 대표적인 사례이다. 이익집단정치는 쌍방이 모두 조직적인 힘을 바탕으로 이익확보를 위해 첨예하게 대립하는 정치상황이다.

15 ①

① 지방자치단체의 19세 이상의 주민은 시·도는 500명, <u>인구 50만 이상 대도시는 300명</u>, 그 밖의 시·군 및 자치구는 200명을 넘지 아니하는 범위에서 그 지방자치단체의 조례로 정하는 19세 이상의 주민 수 이상의 연서로, 시·도에서는 주무부장관에게, 시·군 및 자치구에서는 시·도지사에게 그 지방자치단체와 그 장의 권한에 속하는 사무의 처리가 법령에 위반되거나 공익을 현저히 해친다고 인정되면 감사를 청구할 수 있다〈지방자치법 제16조 제1항〉.

16 ①

ⓒ 영기준 예산제도는 모든 사업을 영점(근원)에서부터 재평가하여 예산·계획·통제기능의 연계를 강조한다.

ⓜ 영기준 예산제도는 사업 가치가 낮은 사업을 축소·폐지시킬 수 있어 재정구조의 탄력성을 확보하는데 유리하다.

※ **영기준 예산제도(ZBB)의 장·단점**
   ㉠ **장점**
     • 자원배분의 효율화와 예산절감
     • 정확한 정보의 원활한 유통
     • 의사결정능력의 향상
     • 변동대응성 향상
     • 참여 촉진
   ㉡ **단점**
     • 계산전략의 한계
     • 비경제적 요인의 간과
     • 정보획득의 애로
     • 보수적·확장 지향적 조직행태로 인한 장애
     • 경직성 경비로 인한 한계
     • 사업전환의 장애
     • 과다한 서류작업

17 ②

② 공공데이터의 민간 활용 활성화는 창조·혁신 생태계 조성을 위한 관련부처의 종합적인 지원 대책 마련 등으로 민간에게 공공데이터를 개방함으로써 공공데이터 활용을 통한 신성장 동력을 창출하기 위한 과제이다.

※ **정부 3.0의 3대 전략과 10대 추진과제**
   ㉠ **투명한 정부**
     • 공공정보 적극 공개로 국민의 알 권리 충족
     • 공공데이터의 민간 활용 활성화
     • 민·관 협치 강화
   ㉡ **유능한 정부**
     • 정부 내 칸막이 해소
     • 협업·소통 지원을 위한 정부운영 시스템개선
     • 빅데이터를 활용한 과학적 행정 구현
   ㉢ **서비스 정부**
     • 수요자 맞춤형 서비스 통합 제공
     • 창업 및 기업활동 원스톱 지원 강화
     • 정보 취약계층의 서비스 접근성 제고
     • 새로운 정보기술을 활용한 맞춤형 서비스 창출

18 ③

③ 보통세가 증가할 때에는 여러 사업이 분산되기 때문에 점증적 형태를 띨 가능성이 크지만, 예산통일의 원칙이 지켜지지 않을 때에는 해당 사업에만 대폭 증가된 예산을 사용할 수 있으므로 점증주의가 타당성을 지니기 어렵다.

19 ④

④ 단순한 프로그램 관리의 조정 수준을 넘어서 정책의 목적들과 정부 행동들의 성격과 적합성까지 포함하는 학습은 사회적 정책학습에 해당한다. 정치적 정책학습은 주어진 정책적 사고나 문제를 주장함으로써 그러한 주장을 더 정교하게 하기 위한 전략이다.

20 ③

③ 신뢰도의 측정방법 중 동일한 시험을 동일한 대상집단에게 시간 간격을 두고 2회 이상 실시하여 그 성적을 비교하는 방법인 재시험법에 해당하는 예시이다. 기준타당도를 분석하는 방법은 이미 검증된 측정도구와 새롭게 개발된 측정도구 간의 상관성을 비교하는 것이다.

1 ②

① 올림픽이나 월드컵 유치 등은 정부가 내부에서 먼저 정책의제화한 후 국민의 지지를 획득하기 위하여 공중의제로 확산시킨 사례로서 동원형에 해당된다.

③ 사회문제가 바로 정책의제로 채택되는 과정을 거치는 모형은 내부접근형이다.

④ 동원형은 공중의제화 과정을 거치기 때문에 행정부의 영향력이 크고 민간부문이 발전이 안 된 후진국에서 많이 나타나는 모형이다.

2 ④

지방세의 원칙

재정수입 측면	균형성(보편성)의 원칙	세원이 각 자치단체에 골고루 분포되어야 한다는 원칙
	안정성의 원칙	세수가 안정적으로 확보되어야 한다는 원칙
	충분성의 원칙	충족할만한 충분한 세수가 확보되어야 한다는 원칙
	신장성의 원칙	세입이 지속적으로 증가해야 한다는 원칙
	신축성의 원칙	재정수입이 경제의 성장에 따라 탄력적이어야 한다는 원칙
주민부담 측면	부담분임(분담성)의 원칙	자치단체의 경비는 가능한 한 많은 구성원이 분담해야 한다는 원칙(주민세 균등할이 이 원칙에 가장 충실한 세목임)
	응익성(수익자부담)의 원칙	이익을 보는 자가 비용을 부담해야 한다는 원칙
세무행정 (징세행정) 측면	편의 및 최소비용의 원칙	징세가 용이하고 징세비가 절감되어야 한다는 원칙
	국지성의 원칙	지방세의 세원이 가급적 어느 하나의 지역에 정착되어야 한다는 원칙(지역성, 정착성의 원칙)
	자주성의 원칙	과세행정상 자치권이 확보되어야 한다는 원칙
	확실성의 원칙	확실한 징세가 실행되어야 한다는 원칙

3 ②

② 허즈버그(Herzberg)는 전통적 조직이론의 인간관을 위생이론(hygene theory), 새로운 조직이론의 인간관을 동기이론(motivation theory)으로 구분하였다. 맥그리거(D.McGregor)는 전통적 조직이론의 피동적 인간관을 X이론, 새로운 조직이론의 능동적 인간관을 Y이론으로 구분하였다.

4 ①

① 통합재정은 이중거래로 인한 오류를 방지하기 위하여 국가예산의 세입, 세출을 총계가 아닌, 순계 개념으로 파악하여 중복된 부분을 제외시킨다.

※ **통합재정** … 일반회계특별회계기금을 모두 포괄한 정부부문에서 1년 동안 지출하는 재원의 총체적인 규모로서 국가 전체의 재정활동을 의미하며 현행 법정 예산제도를 그대로 유지하면서 이와 병행하여 재정 활동을 종합적으로 파악하기 위하여 정부의 모든 재정활동을 세입·세출뿐만 아니라 보전재원 상황까지 일목요연하게 구분할 수 있도록 한 순계 개념상의 정부예산 총괄표라 할 수 있다. 그러므로 통합 재정의 작성 목적은 총체적인 정부예산의 정확한 규모를 파악하고, 보전재원상황을 명백히 함으로써 재정이 경제안정이나 통화에 미치는 영향을 분석하는 데 있다고 할 수 있다. 우리나라는 IMF의 권고에 따라 1979년부터 연도별로 통합재정수지를 작성하였고, 1994년부터 분기별로, 1999년 7월부터 월별로 작성공표하고 있다.

5 ①

① 중앙정부와 지방정부 간 공식적인 갈등조정 기구는 국무총리 소속의 행정협의조정위원회이다.

6 ②

② 전문적 관료제는 복잡하고 안정적인 환경에 적합하다.

※ **민츠버그(Mintzberg)의 조직 유형**

구분	환경	규모	권한(통제수단)	주요 구성 부문
단순구조	단순·동태적	소규모 신설조직	최고관리자에 집중(직접통제)	최고관리층
기계 관료제	단순·안정적	대규모 조직	조직적 분화(직업표준화)	기술구조
전문 관료제	복잡·안정적	중소규모 조직	수평적 분화(기술표준화)	작업층
사업부제	단순·안정적	대규모 조직	하부단위 준자율적(산출표준화)	중간관리층
임시 특별조직	복잡·동태적	소규모 조직	수평적 분화(상호조절)	지원막료

7 ③

③ 우리나라 중앙정부의 재무제표는 재정상태표, 재정운영표, 순자산변동표로 구성되어 있다.

8 ④

④ 비위면직자의 취업제한은 「부패방지 및 국민권익위원회 설치운영에 관한 법률」에 규정되어 있다.

※ **부패방지 및 국민권익위원회 설치·운영법**

　㉠ 부패신고 의무

　㉡ 비위면직자 취업제한(공직자가 재직 중 부패행위로 퇴직, 파면, 해임된 경우 퇴직 전 3년 간 소속하였던 부서와 관련된 영리기업체 등에 퇴직일로부터 5년 간 취업할 수 없음)

　㉢ 내부고발자보호 규정

　㉣ 국민감사청구 등

9 ④

④ 기능별 구조의 장점에 해당한다.

※ 사업별 구조의 장점

㉠ 부서 내에서는 기능 간 조정이 유리하므로 환경변화에 신축적으로 대응할 수 있다.

㉡ 산출물별로 운영되기 때문에 다양한 고객만족도를 제고할 수 있다.

㉢ 사업부별 성과에 따라 자원이 배분되고 성과에 대한 책임소재가 분명하며 상호 간 경쟁을 유도할 수 있기 때문에 성과관리에 유리하다.

㉣ 조직구성원으로 하여금 기능구조보다 더 포괄적인 목표관과 동기를 갖게 해 준다.

㉤ 사업부별 분권화가 용이하기 때문에 최고결정자는 전략적 업무에 집중할 수 있다.

10 ①

① 신행정학은 1960년대 복잡한 사회문제를 해결하기 위한 정책지향, 가치지향주의로서 사회적 형평성을 구현하기 위해 실천적 적실성을 강조하므로 정치행정일원론을 그 특징으로 한다.

11 ②

① 정부규제를 수단규제와 성과규제로 구분할 경우, 수단규제가 성과규제에 비해서 규제대상기관의 자율성이 낮다.

③ 정부규제를 포지티브(positive) 규제와 네거티브(negative)규제로 구분할 경우, 포지티브(positive) 규제는 네거티브(negative) 규제에 비해 규제대상기관의 자율성이 낮다.

④ 규제개혁은 규제완화→규제품질관리→규제관리 등의 단계로 진행되는 것이 일반적이다.

12 ④

④ 지식행정관리에서는 지식의 개인사유화가 아니라 공유화를 강조한다.

※ 기존의 행정관리와 지식행정관리

구분	기존의 행정관리	지식행정관리
조직 구성원의 능력	조직 구성원의 기량과 경험이 일과성으로 소모됨	개인의 전문적 자질 향상
지식공유	조직 내 정보 및 지식의 분절·파편화	공유를 통한 지식가치 향상 및 확대 재생산
지식소유	지식의 개인 사유화	지식의 조직 공동재산화
지식활용	정보·지식의 중복 활용	조직의 업무능력 향상
조직성격	계층제적 조직	학습조직 기반 구축

13 ④

④ 감수성훈련은 행태변화훈련기법으로 현장훈련과는 관계가 없다.

※ 현장훈련(OJT)의 유형

㉠ **실무지도(coaching)** : 일상근무 중에 상관이 부하에게 직무수행과 관련한 기술을 가르쳐 주거나 질문에 답해 주는 각종 지도활동이다. 협의의 현장훈련이다.

㉡ **직무순환(job rotation)** : 전보·순환보직 등을 통하여 여러 분야의 직무를 직접 경험하도록 계획된 순서에 따라 직무를 순환시키는 실무훈련으로서 넓은 시야를 가진 일반행정가의 양성에 맞고 타 부서와의 조정·협조에 도움을 주는 반면, 업무수행의 전문성과 일관성을 저해할 수 있다.

㉢ **임시배정(transitory experience)** : 특수직위에 잠시 배정하여 경험을 쌓게 하는 방법이다.

㉣ **실무수습(internship)** : 아직 공무원신분을 획득하지 않은 사람들을 임시로 고용하는 것이다.

14 ②

② 민영화의 계약방식(contracting-out)은 정부가 서비스 제공자에게 서비스 비용을 직접 지불하여 이용자의 비용부담을 경감시키는 장점이 있다.

15 ③

③ 공공조직의 내부성(internalities)은 정부실패의 원인이다.

※ **시장실패 & 정부실패의 원인 비교**

시장실패의 원인	정부실패의 원인
• 공공재의 존재	• 내부성(사적 목표)
• 외부효과(외부성)	• 파생적 외부효과
• 독점의 존재	• 비용과 수익의 절연
• 수익의 증가와 비용 감소(과도한 규모의 경제)	• X-비효율
• 정보의 격차(편재)	• 경쟁의 결여(독점성)
• 소득분배의 불공평	• 권력의 편재에 의한 분배의 불공평

16 ③

③ 머스그레이브(R. A. Musgrave)가 제시한 재정의 3대 기능 중 자원배분기능에 대한 설명이다.

※ **머스그레이브(R. A. Musgrave)의 재정의 3대 기능**

　㉠ **경제 안정화 기능** : 거시경제의 운영에서 총수요를 조절함으로써 경기를 안정화하는 기능(총수요위주의 재정정책)

　㉡ **소득 재분배 기능** : 정부가 재정 또는 예산을 통해 소득분배상태를 바람직한 방향으로 개선하는 기능

　㉢ **자원 배분 기능** : 재정을 통해 시장실패를 교정하고 서비스의 사회적 최적 생산과 최적 소비가 이루어지도록 하는 기능

17 ③

　㉠ **분절성(discreteness)** : 두 대안이 충돌, 상충되는 등 분명하게 단절적이어서 상호절충이 불가능하다.

　㉢ **상충성(trade-off)** : 두 대안이 지니는 가치는 서로 충돌되므로 하나를 선택하면 다른 하나를 포기할 수밖에 없다.

　㉤ **균등성(equality)** : 두 대안이 가져올 가치는 균등하므로 어떤 대안도 쉽게 결정하지 못한다.

　㉥ **선택불가피성(unavoidability)** : 두 대안 중 반드시 하나의 대안을 선택해야 한다.

18 ②

② 분배정책은 참여자들 간의 정면대결보다는 갈라먹기식(log-rolling)에 의해 이루어지나 이데올로기보다는 이해관계가 작용한다.

19 ④

④ 애드호크라시는 수평적 조직으로 권한과 책임의 모호성으로 인하여 갈등이 상존한다.

20 ①

① 행태주의는 행태의 규칙성 및 인과성을 경험적으로 입증하고 설명할 수 있다고 보며 가치와 사실을 분리하고 가치중립성을 지향한다.

1 ①

① 예산총계주의는 재정통제를 위한 고전적 원칙에 해당한다. 신축성을 보장하기 위한 장치로는 이용, 전용, 이체, 이월, 예비비, 계속비, 수입대체경비, 총액계상예산, 추가경정예산 등이 있다.

※ 예산집행의 신축성 유지방안

ㄱ 이용 : 입법과목 간의 상호융통

ㄴ 전용 : 행정과목(세항 목) 간의 상호융통

ㄷ 이체

- 정부조직법 등에 관한 법령의 제정 개정 폐지로 인하여 그 직무와 권한에 변동이 있을 때 책임소관을 변동시키는 것이다.
- 이체는 국회의 별도 승인이 필요 없다.

ㄹ 사고이월

- 연도 내에 지출원인행위를 하고 불가피한 사유로 연도 내에 지출하지 못한 경비를 다음 연도로 넘겨서 사용하는 것이다.
- 사고이월된 예산은 재차 이월이 금지된다.
- 기획재정부장관은 사고이월을 제한할 수 있다.
- 아예 사업을 착수조차 못했던 경우라도 지출원인행위가 이루어졌으면 사고이월이 가능하다.

ㅁ 명시이월 : 연도 내에 지출불가가 예측 시 사전에 국회의결을 거쳐서 이월하는 것이다.

ㅂ 예비비

- 예비비는 각 중앙관시의 징이 아니고 기획재정부장관이 관리한다.
- 정부는 예비비로 사용한 총괄표를 다음 연도 5월 31일까지 국회에 제출하여 승인을 얻어야 한다.
- 예산 외의 지출 또는 예산의 초과지출에 충당하기 위해 마련된 것이다.
- 헌법상 독립기관은 예비비와 별도로 예비금을 인정하고 있다.
- 일반 예비비의 경우 세출예산의 100분의 1 이내의 금액을 계상하도록 법정상한선이 설정되었다.

ㅅ 계속비 : 최대 5년 이내의 기간(국회의결 득하면 연장가능) 동안 수년도에 걸쳐 비용을 지불할 수 있도록 경비의 총액과 연부액에 대해 미리 국회의 의결을 얻어두는 것이나 그렇다고 하더라도 연부액은 매년 세출예산에 반영하여 다시 의회의 승인을 얻어야 한다.

ㅇ 국고채무부담행위

- 법률에 의한 것과 세출예산금액 또는 계속비 총액 범위 안의 것 그 이외에 채무를 부담하는 행위를 할 때에는 미리 예산으로서 국회의 의결을 얻어두는 것
- 사항마다 필요한 이유를 명백히 하고 그 행위를 할 연도 및 상환연도와 채무부담의 금액을 표시해야 한다.
- 예산총칙 세입세출예산 계속비 명시이월비와 함께 예산의 한 부분을 구성한다.

2 ②

① 근무성적평가의 결과는 승진 및 보직관리와 성과급 지급 등에 활용된다.

③ 역량평가는 고위공무원으로 임용되기 전 개인별 역량을 사전에 검증하는 제도이다.

④ 다면평가는 계층적 조직에서 상하 간의 갈등을 초래할 수 있다.

3 ①

① 요금재는 배제성을 가지므로 대가를 지불하지 않는 소비자를 배제시킬 수 있다.

※ 재화의 구분

	비경합성	경합성
비배제성	공공재	공유재
배제성	요금재	민간재

4 ②

② 합리모형에 대한 설명이다.

※ 합리모형과 점증모형

구분	합리모형	점증모형
목표의 정의	가치 또는 목표의 명확한 정의 가능	가치 또는 목표와 필요한 행동에 관한 실증적 분석은 구분하기 어려우며 서로 엉켜있다.
목표수단분석	정책형성은 목표－수단분석을 통하여 이루어진다. 먼저 목표를 명확히 하고 다음에 이를 달성하기 위한 수단을 강구	목표와 수단을 구분하기 어려우므로 목표수단분석이 적절하지 못하거나 제한적인 경우가 많음
좋은 정책의 분석	좋은 정책이란 달성하고자 하는 목표에 가장 잘 알맞는 수단	좋은 정책이란 여러 분석가들이 합의에 도달할 수 있는 정책
분석의 범위	• 분석이 종합적 • 모든 중요한 관련사항을 고려	분석이 극히 한정적
이론에의 의존	이론에 많이 의존	연속적인 제한비교로 이론에의 의존이 극히 제한되거나 배제

5 ④

④ 대규모 국책사업을 실행하기 위해서는 기금이 아닌 특별회계를 설치한다.

6 ②

① 도덕적 접근법 ③ 제도적 접근법 ④ 시민문화적 접근법

※ 부패의 접근법
   ⑦ **도덕적 접근** : 부패의 원인을 개인의 윤리 · 자질의 탓으로 보는 접근법
   ⓛ **사회문화적 접근** : 특정한 지배적 관습이나 경험적 습성이 부패를 조장한다고 보는 접근법
   ⓒ **제도적 접근** : 행정통제 장치 법과 제도 의 미비를 부패의 발생원인으로 보는 접근법
   ⓔ **체제론적 접근** : 부패는 하나의 변수에 의하여 발생하는 것이 아니라 그 나라의 문화적 특성, 제도상 결함, 구조상 모순, 공무원의 부정적 행태 등 복합적인 요인에 의하여 발생한다고 보는 접근방법
   ⓜ **맥락적 접근** : 발전의 종속변수로 부패를 필요악으로 파악
   ⓗ **구조적 접근** : 공직사유관 등 공직자들의 잘못된 의식구조가 부패의 원인이라는 입장
   ⓢ **권력문화적 접근** : 과도한 권력집중과 권력남용이 부패의 원인으로 보는 접근법
   ⓞ **시민문화적 접근** : 건전한 시민문화가 결핍된 시민이 부패유인자이며 공급자로 보는 접근법
   ⓩ **정치적 · 경제학적 · 정경유착적 접근** : 성장이념의 합리화에 근거한 정치와 경제엘리트 간 야합과 이권개입을 부패의 원인으로 보는 접근법
   ⓩ **거버넌스적 접근** : 부패는 정부주도적 통치체제에서 비롯된 것으로 보고 다양한 주체들의 참여에 의한 수평적 거버넌스 체제로 전환함으로써 부패를 줄일 수 있다는 접근법

7 ①
② 합리적 행위자모형
③④ 관료정치모형

8 ②
② 주민정보공개청구제도는「공공기관의 정보공개에 관한 법률」에 규정되어 있다.
① 지방자치법 제20조
③ 지방자치법 제17조
④ 지방자치법 제16조

9 ④
④ 하향식 접근법은 공식적 정책목표를 중요한 변수로 취급하며, 명확하고 일관된 정책목표를 중요시한다.

10 ③
③ 킹던의 정책창 모형은 문제, 정책, 정치의 세 가지 흐름이 아무 연관성이 없이 독자적으로 흘러다니다가, 사회적 사건이나 정치적 사건과 같은 점화장치에 의해 결합하게 되고, 이런 현상을 정책의 창이 열렸다고 표현하였다.

11 ①
① 관료에게 지급되는 봉급은 계급과 근무연한에 따라 결정된다.

12 ④
④ 민영화는 서비스 공급의 경쟁을 촉진시켜 가격을 낮추고, 선택의 기회를 넓힐 수 있다는 장점이 있다.

13 ①
① 우리나라는 집단주의의 특성을 갖는다. 개인주의는 선진국의 행정문화의 특성에 해당한다.

14 ③
③ 계획예산제도(PPBS)의 특징에 해당한다.

15 ④
④ 직위분류제는 지나친 직무구조의 편협성과 비탄력적 분류체계 때문에 직위나 직무의 변화에 적절한 대응이 미흡하다.

16 ①
① 대표관료제는 실적주의의 폐단을 극복하기 위해 등장하였다.

17 ①

① 공공서비스동기(public service motivation : 이하 PSM)는 1990년대 이후 공공관리 분야에서 광범위하게 연구되고 있는 주제 중 하나이다(Brewer & Selden, 1998 ; Perry, 1996). 즉 Perry & Wise(1990)가 PSM을 공공부문의 종사자들이 고유하게 갖고 있는 동기 혹은 내재적 경향 등으로 정의한 후, 본 구성개념은 이타적·열성적·헌신적인 행태와 내재적 보상을 강조하고 사회의 안녕(well-being)을 도모하고자 하는 개인의 동기와 행동 등으로 개념화된다(Perry & Hondeghem, 2008).

18 ③

③ 빅데이터는 정형적 데이터뿐만 아니라 비정형적 데이터를 모두 포함한다.

19 ②

② 정당과 시민단체는 비공식적 통제자 역할을 한다.

20 ③

③ 프리즘적 사회는 고도의 분화가 아닌 기능의 중복을 특징으로 한다.

※ **프리즘적 사회의 특징** … 고도의 이질성, 기능의 중첩, 연고우선주의, 형식주의, 다분파주의, 다규범성, 가격의 부정가성, 양초점성, 권한·통제의 불균형, 상향적·하향적 누수체제와 전략적 지출, 신분·계약의 혼합관계, 가치의 응집, 천민기업가, 의존증세군

1 ④

㉠ 논리실증주의에 대한 비판을 했다.

※ 신행정학의 특징

　㉠ 사회적 형평등 새로운 행정이념(사회적 형평, 효과성, 효율성) 중시

　㉡ 격동에의 대응과 행정의 독립변수적 역할 및 적극적 가치관 중시(적극적 행정인 중시)

　㉢ 문제 지향성 · 공공정책문제 · 정책분석의 강조

　㉣ 행태론의 지양과 규범주의(가치주의)추구

　㉤ 사회적 적실성과 대응성

　㉥ 새로운 조직형태(비계층제)의 모색

　㉦ 가치의 추구와 행정철학 및 행정 도덕의 중시

　㉧ 고객지향적 행정과 고객의 참여 강조

2 ①

① 실체설은 공동체나 사회구성원들이 보편적으로 공유하는 공동의 이익을 중시한다.

※ 실체설과 과정설

실체설	과정설
적극설	소극설
전체주의	개인주의
선험적	경험적
합리모형	점증모형
개도국	선진국

3 ①

① 로즈와 마쉬(Rhodes & Marsh)에 따르면, 이슈네트워크는 개방적이고 유동적이지만, 정책공동체는 비교적 폐쇄적이고 안정적인 네트워크이다.

※ 이슈네트워크와 정책공동체

구분		정책공동체	이슈네트워크
구성원	참여자의 수	제한적, 일부집단의 의도적 배제	다수
	이익의 유형	경제적, 전문가의 이익이 지배적	관련이익의 범위를 포괄
통합성	상호작용의 빈도	빈번함, 정책사안에 관련된 모든 문제에 대해 모든 집단이 상호작용	접촉의 빈도와 강도가 유동적
	지속성	멤버십·가치·산출이 지속적	접근이 매우 가변적
	합의	모든 참여자가 기본적 가치 공유하며, 산출의 적법성을 수용	어느 정도 합의 존재, 갈등 상존
자원	연결망 내에서의 자원 배분	모든 참여자가 자원 배분, 교환관계가 기본	일부 참여자가 자원을 가질 수 있으나 제한적, 기본관계가 합의적
	참여조직 내에서의 자원배분	계층제적, 지도자의 구성원 통제 가능	구성원에 대한 배분과 규제능력 다양
권력		구성원간 권력 균형, 지배적인 집단도 지속성을 위해 positive-sum 게임	불균등한 자원과 접근을 고려할 때 불균등한 자원을 갖는 zero-sum게임

4 ③

③ 공중의제(public agenda) 또는 체제의제(systemic agenda)는 정치공동체의 구성원 다수가 관심을 집중시키면서 정부로부터 해결을 기대하고 있는 이슈들이나 사회문제들이다. 공중의제가 되기만 하면, 정부의제가 될 확률이 높다. 따라서 대중의 관심을 끌어서 공중의제를 만들어야 한다.

5 ②

② 네거티브 규제에 관한 설명이다. 포지티브 규제는 '원칙 금지·예외 허용'의 형태를 취하는 것으로서, 명시적으로 허용하는 것 이외의 모든 것을 금지한다.

6 ④

④ 모호성이 낮고 갈등이 높은 상황은 정치적 집행이다. ④는 상징적 집행에 해당한다.

7 ②

② 거래적 리더십에 관한 설명이다.

① 개별적 배려 ③ 지적 자극 ④ 카리스마

※ 거래적 리더십과 변혁적 리더십

	거래적 리더십	변혁적 리더십
목표	교환관계	변혁 또는 변화
성격	소극적	적극적
관심대상	단기적인 효율성과 타산	장기적인 효과와 가치의 창조
동기부여전략	부하들에게 즉각적이고 가시적인 보상으로 동기부여(외재적 동기부여)	부하들에게 자아실현과 같은 높은 수준의 개인적 목표를 동경하도록 동기부여(내재적 동기부여)
행동의 기준	부하들이 규칙과 관례에 따르기를 선호	변화에 대한 새로운 도전을 하도록 부하를 격려함
적절한 상황	• 업무성과를 조금씩 개선하려 할 때 • 목적을 대체시키려 할 때	• 조직합병을 주도하려 할 때 • 조직을 위해 신규부서를 만들려 할 때
리더십 요인	• 업적에 따른 보상 • 예외관리	• 지적 자극 • 개별화된 배려 • 이상적 영향력 • 영감적 동기부여

8 ①

① 복잡성이란 조직의 분화의 정도를 의미하며 단위부서 간의 업무를 세분화하는 것은 수평적 분화라고 한다.

9 ②

① 형상유지기능 – 교육조직 – 학교

③ 통합(integration) 기능 – 통합조직 – 경찰 · 사법기관

④ 경제적 기능 – 경제조직 – 민간기업

10 ④

④ 중요사건기록법에 관한 설명이다. 체크리스트법(check list)은 평가요소에 대한 표준행동목록을 작성하고 이 목록에 대한 가부를 표시하는 평정방법이다.

11 ③

① 경험과 지식이 풍부한 사람이 지도를 받는 사람에게 지도와 조언을 하면서 실력과 잠재력을 개발해주는 훈련기법이다.

② 비정형적 자발적 체험학습을 통하여 자기를 인식하고 타인을 이해하는 훈련기법이다.

④ 비효율적인 업무를 제거하고 업무 속에 배어있는 그릇된 습관을 퇴치하도록 하는 훈련기법이다.

12 ②

② 강등에 관한 설명이다. 강임은 조직사정에 의한 하향적 이동인 반면, 강등은 개인비위에 의한 하향적 이동으로 징계에 해당된다.

13 ④

④ 신성과주의 예산에 관한 설명이다.

14 ①

② 국회는 정부의 동의 없이 지출예산 각항의 금액을 증액하거나 비목을 설치할 수 없다.

③ 우리나라는 예산의 형식으로 국회에서 의결한다.

④ 정부는 회계연도마다 예산안을 편성하여 회계연도 개시 90일 전까지 국회에 제출하고, 국회는 회계연도 개시 30일 전까지 이를 의결하여야 한다〈헌법 제54조〉.

15 ③

③ 기획재정부장관은 정부조직 등에 관한 법령의 제정 · 개정 또는 폐지로 인하여 중앙관서의 직무와 권한의 변한이 있는 때에는 중앙관서장의 요구에 의하여 예산을 상호 이용하거나 이체할 수 있다.

16 ③

③ 「공직자윤리법」 제18조의4에 규정된 내용이다.

17 ②

② 지방교부세는 지방세가 아니며 국가가 지방자치단체의 재정불균형을 시정하기 위하여 교부하는 의존재원이다.

18 ②

② 사회자본은 신뢰, 협력, 공동체 정신 등을 의미한다. 따라서 물질적 · 경제적 자원과는 무관하다.

19 ①

① 개인적 지식의 창출보다는 조직적 지식 축적을 강조한다.

20 ④

④ 저항을 가장 근본적으로 해결하는 방법은 규범적·사회적 방법이다.

※ 행정개혁에 대한 저항극복전략

규범적·사회적 전략	• 참여의 확대 • 의사소통의 촉진 • 집단토론과 사전훈련 • 카리스마나 상징의 활용 • 충분한 시간 부여
공리적·기술적 전략	• 개혁의 점진적 추진 • 적절한 범위와 시기의 선택 • 개혁안의 명확화와 공공성 강조 • 개혁방법·기술의 수정 • 적절한 인사배치·호혜적 전략 • 손실의 최소화와 보상의 명확화
강제적·물리적 전략	• 의식적인 긴장 조성 • 물리적 제재나 압력 사용 • 상급자의 권력 행사

1 ①

① 자본예산제도는 경기를 과열시켜 과도한 인플레이션을 조장, 재정안정을 해칠 가능성이 있다.

2 ③

① 우드워드는 대량생산 기술에는 관료제와 같은 기계적 구조가 효과적이다고 주장하였다.
② 톰슨은 종합병원처럼 집약기술이 필요한 조직은 수평적 조정이 중요하다고 주장하였다.
④ 상황론적 조직이론은 환경이 조직구조에 영향을 미친다고 본다.

3 ④

④ 계급제는 직위분류제에 비해 분류 구조와 보수 체계가 단순하고 융통성이 커 활용도가 높다.

4 ③

③ 사회문화적 접근은 관료 부패를 사회문화적 환경의 종속변수로 본다.

5 ②

② 포스트모더니티이론 및 그에 입각한 행정은 과거 인간 이성 중심적 관점에서의 행정과 같은 거시이론을 부정하며, 진리의 기준은 맥락 의존적이라고 주장한다.

6 ④

④ BSC는 재무적 지표관리의 강조뿐 아니라 비재무적 지표 또한 중요시하는 통합적 성과관리시스템이다.

7 ④

④ 합리모형은 완전한 합리성에 의거하여 효용을 계산하며 효용을 극대화할 수 있는 대안을 선택한다.

8 ②

① 신공공관리론의 인식론적 기초는 신자유주의이다.
③ 신공공관리론은 관료의 역할로 공공기업가의 역할을 강조하였다.
④ 뉴거버넌스론은 관료의 역할로 조정자의 역할을 강조하였다.

9 ③

③ 허즈버그의 욕구충족요인 이원론에서 불만요인은 충족되었을 때 불만족이 없는 상태가 되지만 동기를 유발하지는 못한다. 충족되면 만족감을 갖게 되어 동기를 유발하는 요인은 만족요인(동기요인)이다.

10 ③

영기준예산제도(ZBB) … 작년도 예산은 완전히 무시하고 모든 사업을 원점에서 재평가를 하여 다시 우선순위를 결정하고 새로이 예산을 편성하는 제도이다.
③ 계획예산제도(PPBS)에 대한 설명이다.

11 ①

〈보기〉에서 재산세와 등록면허세는 자치구세이다.
※ **지방세의 구분**

구분		광역자치단체		기초자치단체	
		특별시 · 광역시세	도세	자치구세	시 · 군세
지방세	보통세	취득세, 주민세, 자동차세, 레저세, 담배소비세, 지방소비세, 지방소득세	취득세, 레저세, 등록면허세, 지방소비세	등록면허세, 재산세	주민세, 재산세, 자동차세, 담배소비세, 지방소득세
	목적세	지방교육세, 지역자원시설세	지방교육세, 자욕저원시설세		

12 ③

③ 사이먼은 행정 원리의 보편성을 비판하며 과학성을 강조하는 행정형태론을 주장하였다.

13 ③

③ 의사결정의 상위 집중화로 최고관리층의 업무 부담이 증가하는 것은 기능구조의 단점이다.

14 ①

② 호손실험은 인간관계론의 이론적 기반이 되었다.
③ 개인의 생산성 향상을 위해서는 인간관계가 중요하다는 점을 발견하였다.
④ 과학화, 객관화, 분업화의 중요성을 발견한 것은 테일러의 시간 및 동적연구이다.

15 ②

② 공공선택론은 정부와 기업의 경쟁을 통해 서비스의 생산과 공급을 유도한다.

16 ②

② 전통 행정이론과 관련된 설명이다.

17 ③

③ 평가적 모호성은 어떤 조직의 사명을 얼마나 달성했는지 진전을 평가하는 데 발생하는 경쟁적 해석의 정도를 의미한다. 다수의 조직목표 중 우선순위를 선정하고 평가하는 데 발생하는 경쟁적 해석의 정도는 우선순위 모호성이다.

18 ③

① 델파이 기법은 미래 예측을 위해 전문가를 활용하는 의사결정기법이다.

② 브레인스토밍은 다수에게 하나의 주제에 대해 아이디어를 제시하도록 해 좋은 아이디어를 발굴하는 기법이다.

④ 명목집단기법은 관련자들이 의사결정에 직접 참여하지 않은 채 서면으로 대안에 대한 아이디어를 제출하도록 하고 충분한 토의를 거쳐 투표로 의사결정을 하는 기법이다.

19 ①

① 선수금은 수입특례에 해당한다.

20 ①

① 예산불성립 시 준예산의 집행은 지방자치단체장의 권한이다.

1 ④

④ 부서편성의 원리는 조직편성의 기준을 제시하며, 그 기준은 목적, 과정, 대상, 지역의 네 가지이다.

2 ①

① 조합주의에서 정부활동은 다양한 이익집단의 활동을 규정하고 포섭·억압하는 능동적 실체 역할을 한다.

3 ③

③ 총괄평가는 주로 외부 평가자에 의해 수행되며, 평과결과를 환류하여 최종안을 개선하는 것이 목적이다.

4 ③

㉠, ㉡, ㉣은 외부통제에 해당한다.

5 ①

① 지방자치단체는 자치사무와 단체위임사무에 대하여 법령의 범위 안에서 조례를 규정할 수 있다.

6 ②

①③④는 정부가 직접 수행하는 행정활동으로 직접수단에 해당한다.

7 ④

④ 이념형 관료제에서 관료는 전 노동력을 제공하는 대가로 고정된 보수와 연금을 받는다. 따라서 성과급 제도와 부합하지 않는다.

8 ②

㉡ 「공무원연금법」상의 공무원이란 공무원연금 대상에는 「국가공무원법」, 「지방공무원법」, 그 밖의 법률에 따른 공무원과 대통령령으로 정하는 국가나 지방자치단체의 직원을 말한다. 군인과 선거에 의하여 취임하는 공무원은 제외되며 따라서 연금의 대상에 포함되지 않는다.

9 ②

② 우리나라에서는 중앙정부가 2007년부터, 지방자치단체는 2008년부터 공식적으로 채택하였다.

10 ④

A 문제중심의 탐색, B 갈등의 준해결, C 조직의 학습, D 표준운영절차 수립

11 ③

애드호크라시는 다양한 전문기술을 가진 이질적 전문가들이 프로젝트를 중심으로 결합된 집단으로, 복잡성·공식성·집권성의 정도가 낮으며 변화에 적응이 빠르다.
③ 조직화와 표준화는 관료제의 특징이다.

12 ④

㉠㉡㉢ 모두 주민에 의한 조례의 제정 및 개폐 청구대상에 포함되지 않는다. 이 외에 법령을 위반하는 사항, 사용료·수수료·부담금의 부과 및 징수, 감면에 관한 사항 등도 포함되지 않는다.

13 ①

① 수평적 분화가 심할수록 전문성을 가진 부서 간 커뮤니케이션과 업무협조가 곤란하다.

14 ③

③은 정치행정이원론자인 굿노우(Goodnow)의 주장이다. 애플비는 정치행정일원론자로 행정과 정치의 연속적 결합관계를 주장했다.

15 ④

「국가공무원법」상 행정각부의 차관은 특수경력직공무원 중 정무직공무원이다.
※ 특수경력직공무원
　㉠ 정무직공무원
　　• 선거로 취임하거나 임명할 때 국회의 동의가 필요한 공무원
　　• 고도의 정책결정 업무를 담당하거나 이러한 업무를 보조하는 공무원으로서 법률이나 대통령령(대통령비서실 및 국가안보실의 조직에 관한 대통령령만 해당한다)에서 정무직으로 지정하는 공무원
　㉡ 별정직공무원 : 비서관·비서 등 보좌업무 등을 수행하거나 특정한 업무 수행을 위하여 법령에서 별정직으로 지정하는 공무원

16 ①

① 형식 요건을 중시하고 규격화된 임용 방식을 확대하는 것은 연공주의 인적자원관리의 특징이다. 성과주의 인적자원관리는 실적 중심의 유연한 방식을 중시한다.

17 ③

③ 재정사업 자율평가제도는 사업수행부처가 자체적으로 정한 사업별 평가지표에 근거하여 소관 재정사업을 매년 1/3씩 평가하는 제도이다.

18 ②

② 실질적인 정부의 총예산 규모을 파악하는 데에는 예산총계 기준보다 예산순계 기준이 더 유용하다.

19 ④

㉠ **관리규제** : HACCP 준수 요구

㉡ **성과규제** : 발생 수준 요구

㉢ **수단규제** : 기술 사용 요구

20 ②

A 성숙효과, B 실험효과, C 역사효과, D 회귀효과

2016년 10월 1일 제2회 지방직 시행

1 ①

① 민간화는 진입규제와 같은 정부규제를 완화하는 것과 관계있다.

2 ③

㉠은 입법과목(장, 관, 항), ㉡은 행정과목(세항, 목)이다.

3 ④

④ 갈등의 준해결은 회사모형과 관련된 내용이다.

4 ①

② 세외수입은 연도별 신장률이 안정적이지 못하다.
③ 분권교부세는 2015년 1월 폐지되고 소방안전교부세가 신설되었다.
④ 대부분의 국고보조사업에는 획일보조율이 적용되며 일부 차등보조율이 적용된다.

5 ④

④ 규제개혁위원회는 대통령 소속이다.

6 ①

① 개인의 이기적인 태도는 심리적 요인에서 비롯되는 인적 측면에서 발생하는 갈등 요인이다.

7 ②

② 태도나 행동의 변화를 주된 목적으로 하는 교육방법은 감수성 훈련이다.

8 ③

③ 단일집단 사전사후측정설계는 비실험 설계방법의 주요 형태 중 하나이다.

9 ④

A 배분정책, B 구성정책, C 규제정책, D 재분배정책
④ 재분배정책은 중앙정부 수준에서 집권적인 정책결정이 이루어진다.

10 ④

④ 실시간 예산운영 모형은 예산 집행 흐름에서의 의사결정이다.

11 ③

③은 기존 1.0 전자정부의 특징이다. 스마트 전자정부는 소비자(국민) 중심의 서비스를 개발한다.

12 ①

① 앤드류 잭슨의 엽관주의와 관련된 설명이다.

13 ②

① 지나친 분업으로 인해 전문화로 인한 무능 현상이 발생한다.
③ 할거주의는 자기가 속한 집단의 입장만 고수하는 국지주의를 말한다.
④ 목표가 아닌 수단으로서의 규칙과 절차에 지나치게 집착하는 동조과잉 현상이 나타난다.

14 ③

③ 미국에서 실적주의 도입의 배경이 된 것은 1881년 가필드 대통령의 암살사건이다.

15 ③

③ 정부가 특정 수입과 특정 지출을 직접 연계해서는 안 된다는 원칙은 통일성의 원칙이다. 이 원칙의 예외로는 목적세, 특별회계, 기금 등이 있다.

16 ②

지방자치단체의 19세 이상의 주민은 시·도는 500명, 인구 50만 이상 대도시는 300명, 그 밖의 시·군 및 자치구는 200명을 넘지 아니하는 범위에서 그 지방자치단체의 조례로 정하는 19세 이상의 주민 수 이상의 연서로, 시·도에서는 주무부장관에게, 시·군 및 자치구에서는 시·도지사에게 그 지방자치단체와 그 장의 권한에 속하는 사무의 처리가 법령에 위반되거나 공익을 현저히 해친다고 인정되면 감사를 청구할 수 있다〈지방자치법 제16조 제1항 참조〉.

17 ③

③은 발전행정론에 대한 설명이다.

18 ②

A 외부주도형, B 내부접근형, C 굳히기형, D 동원형
② 내부접근형의 경우 집단 내부에서 정책의제가 형성되고 결정되므로 대중에게 정책을 공개하여 지지를 획득하려고 노력하지 않는다.

19 ②

② 고정급적 연봉제는 성과연봉 없이 기본연봉만 지급되는 제도로 정무직 공무원에게 적용된다.

20 ②

② 공공기관의 부패행위에 대해 감사원에 감사를 청구할 수 있는 국민감사청구제도가 시행되고 있다.

1 ③
① 직무성과계약제는 상·하급자 간의 합의를 통해 목표를 구체적이고 상향식으로 체결하는 목표관리제와는 다르게 조직의 비전 등에 따라 하향적으로 목표가 도출된다.
② 5급 이하 공무원은 직무성과계약제의 성과계약 체결 대상에 해당되지 않는다.
④ 직무성과계약제는 투입보다는 산출이나 성과에 대한 책임에 초점을 두고 있다.

2 ①
① 진보주의 운동과 행정의 탈정치화를 강조한 정치–행정이원론을 주장한 것은 펜들턴과 윌슨이다. 미국의 3대 대통령인 제퍼슨이 엽관제를 실시하기 시작한 이후 7대 대통령인 잭슨은 엽관제를 적극 활용하였다.

3 ②
② 정책문제는 정책주체와 객체의 형태에 따라 달라질 수 있는 주관적인 특성을 가진다.

4 ①
① 커뮤니티 비즈니스는 자신이 살고 있는 지역, 즉 커뮤니티를 활성화시키고자 하는 지역주민 주체의 지역사업으로, 지역주민의 삶의 질을 높이기 위한 활동을 토대로 비즈니스를 전개하며 이를 통해 창출된 수익을 다시 지역에 환원하는 선순환을 이룬다.

5 ①
② 로크의 목표설정이론에서는 어느 정도 난도가 높고 구체적인 목표를 제시한다.
③ 허즈버그의 2요인이론에 따르면 보수 인상과 같은 위생요인보다는 자아실현 등 동기요인의 충족이 더 중요하다.
④ 아담스의 형평성이론은 준거인과 비교하여 자신의 노력과 그 산술 간에 불일치를 지각하면 이를 제거하는 방향으로 동기가 부여된다고 본다.

6 ④
④ 사회적 문제의 개선에 기여할 수 있는 연구와 가치평가적 정책연구를 지향한 것은 후기행태주의 및 신행정론적 접근방법이다. 행태론적 접근방법은 사회적 문제의 개선보다 이론적 과학성을 위한 사실을 근거로 한 연구를 지향하였다.

7 ④

④ 임대형 민자사업, 보조금에 의한 서비스 제공은 민간부문이 생산자이며 정부가 배열자인 경우이다.

8 ③

③ 대리인이 주인의 이익에 부응하지 않는 방향으로 행동하는 대리인에 의한 도덕적 해이는 대리인에게 지급한 성과급이 거래비용보다 작을 때 나타난다.

9 ②

② '지방자치발전 종합계획(2014)'에서는 지방세 비과세·감면 비율을 축소하며 신세원 발굴 및 세수 증대 강화 등 자주재원 확충을 추구하였다.

10 ④

④ 퇴직공직자 취업제한제도는 적용대상 공직자의 퇴직 후 5년간 그가 퇴직 이전에 5년 간 속해 있던 소속 부서나 기관과 밀접한 업무관련성이 있는 기관으로의 취업을 제한한다.

11 ②

② 사회적 자본은 사회 구성원들이 협력하여 공동 목표를 효율적으로 추구할 수 있게 하는 자본으로 민간에서 자발적으로 형성된다.

12 ②

② 지방직영기업이란 지방자치단체가 직접 경영하는 지방자치단체 소속 행정기관 형태로 직원의 신분은 공무원이다.

13 ②

② 예산성과금제도에 대한 설명이다. 조세지출예산제도란 개인이나 기업에게 원칙적으로 부과해야 하는 세금이지만 정부가 비과세, 감면, 공제 등 세제상의 각종 유인장치를 통해 간접적으로 지원해 주는 세금 감면 제도이다. 당한다.

14 ①

① 우리나라는 대통령중심제로 정치 체계의 성격상 예산심의 과정이 의원내각제에 비해 상대적으로 엄격하다.

15 ④

④ 높은 할인율을 적용하면 먼 미래에 발생할 편익은 현재가치가 장기 투자에 불리하다.

16 ③

① 자료포괄분석(Data Envelopment Analysis)은 생산성/효율성 분석을 위한 성과분석기법이다.

② 계층화분석법(Analysis of Hierarchical Process)은 정책의 우선순위 선정을 위한 시스템분석기법이다.

④ 전문가들의 주관적 의견을 수렴하기 위한 기법으로는 델파이 분석이 있다. 시나리오 기법은 미래에 나타날 가능성이 있는 여러 가지 시나리오를 구상해 각각의 전개 과정을 추정하는 기법이다.

17 ④

타당성 검토란 측정하고자 하는 대상을 측정도구가 실제로 정확하게 또는 적합하게 측정하는지에 관해 검토하는 것이다.

④ 시간의 경과에 관계없이 일관성 있는 측정결과를 도출할 수 있는지에 대한 검토는 신뢰성 검토와 관련있다.

18 ③

③ 사회적 약자의 편익을 최대화하는 것은 제2의 원리 중 '차등의 원리'에 해당한다. 제1의 원리는 '동등한 자유'의 원리로써 누구나 다른 사람의 자유를 침해하지 않는 한 자신의 자유를 최대한 동등하게 누릴 수 있는 원리이다.

19 ①

② 감수성훈련은 실제 근무상황이 아닌 사회·심리적으로 고립된 상황에서 실시한다.

③ 블레이크와 머튼은 과업과 사람을 모두 중시하는 단합형 리더를 가장 효과적인 관리유형으로 꼽았다.

④ 단기간에 급진적 조직변화보다는 장기간에 걸친 지속적 조직변화를 추구한다.

20 ①

① 서열법과 분류법은 비계량적 방법이고 요소비교법과 점수법은 계량적 방법에 해당한다.

1 ②

② 기획재정부장관은 공공기관을 공기업·준정부기관과 기타공공기관으로 구분하여 지정하되, 공기업과 준정부기관은 직원 정원이 50인 이상인 공공기관 중에서 지정한다〈공공기관의 운영에 관한 법률 제5조(공공기관의 구분) 제1항〉.

2 ①

리플리와 프랭클린은 정부관료제가 달성하려는 사회적 목적의 특성을 기준으로 배분정책, 경쟁적 규제정책, 보호적 규제정책, 재분배정책으로 분류하였다.

① **분배정책**: 다수의 국민 또는 특정한 개인·집단·지역에 권리나 이익, 서비스를 분배하여 주는 정책으로 국방서비스, 국립교육서비스, 기업 수출보조금 지원, 주택자금 대출 등이 해당한다.

② **경쟁적 규제정책**: 많은 수의 경쟁자 중에서 몇몇에게만 일정한 재화·용역을 공급할 수 있도록 허락하면서 그들에서 공익상 필요한 일정한 규제를 가하는 정책으로, 이동통신 사업자 선정, 항공노선 및 버스노선 지정 등이 해당한다.

③ **보호적 규제정책**: 사적인 활동을 제약하는 조건을 설정함으로써 일반대중을 보호하려는 정책으로, 개발제한구역 설정, 독과점 규제, 식품안전 및 환경규제 등이 해당한다.

④ **재분배정책**: 계층별 또는 집단별로 불균형적으로 분포하는 재산·소득·권리 등을 사회적 형평성의 이념에 입각하여 재정리·변화시키고자 하는 정책으로 누진세 제도, 생활보호 대상자에 대한 의료보호, 영세민에 대한 취로사업 등이 해당한다.

3 ③

③ 총액배분 자율편성 예산제도는 2004년에 도입된 제도이고, dBrain System(디지털예산회계시스템)은 2007년에 구축이 완료되었다.

4 ④

기존 프로그램의 축소 또는 폐지는 약점–위협을 고려한 방어적 전략(WT전략: 약점을 최소화하고 위협을 극복)이라고 볼 수 있다.

5 ①

② 잭슨주의는 행정의 정치화를 통한 정당정치와 엽관제를 강조하였다.
③ 해밀턴주의에 대한 설명이다.
④ 매디슨주의에 대한 설명이다.

6 ④

미국 클린턴 행정부는 결과 지향적 예산제도의 일환으로 GPRA(Government Performance and Result Act)를 도입하였다. 이후 부시 행정부에서 PART(Program Assessment Rating Tool)를 도입해 GPRA를 보완하였다.

7 ②

① 잉그람과 슈나이더가 제시한 '정책대상집단의 사회적 구성' 모형은 집단의 사회적 이미지와 정치적 권력을 바탕으로 유형화한 것이다.
③ 정책설계 및 집행의 맥락을 이해하기 위해 사회적·정치적 상황을 객관적 분석으로 단순화하는 방법론보다는 정책대상집단에 대한 사회적 이미지(주관적 인식), 정치적 권력 등을 분석한다.
④ 정책설계는 정치적인 과정으로 어느 집단의 이익을 더 많이 반영할 것인가에 대한 논쟁이 발생한다.

8 ③

③ 군인연금 사업의 재정이 특별회계와 기금으로 이원화되어 있는 문제를 해소하기 위하여 「군인연금특별회계법」을 폐지하고, 군인연금 재정을 군인연금기금으로 통합하는 내용 등으로 「군인연금법」이 개정, 시행(2007. 1. 1.)되었다. 「군인연금법」은 기금을 설치할 수 있는 근거법률이다.

9 ③

③ 정책문제의 정의 또는 정책목적 자체에 대한 의문제기를 포함하는 것은 외생적 학습이다. 내생적 학습은 정책의 환경 또는 수단들에 대한 학습을 말한다.

10 ①

② 니스카넨의 예산극대화 모형은 부처 관료들이 자신의 효용을 높이기 위해 예산을 극대화하는 행태에 분석초점을 둔다.
③ 윌로비와 서메이어의 다중합리성 모형은 중앙예산기관의 예산담당자들의 복수의 합리성 기준이 예산결정에 미치는 영향을 주로 분석한다.
④ 단절균형예산이론은 급격한 단절적 예산변화는 설명하지만, 그러한 변화를 예측하지는 못하기 때문에 사후적 분석으로 적절하다.

11 ②

노동조합의 대표자는 그 노동조합에 관한 사항 또는 조합원의 보수·복지, 그 밖의 근무조건에 관하여 국회사무총장·법원행정처장·헌법재판소사무처장·중앙선거관리위원회사무총장·인사혁신처장·특별시장·광역시장·특별자치시장·도지사·특별자치도지사·시장·군수·구청장 또는 특별시·광역시·특별자치시·도·특별자치도의 교육감 중 어느 하나에 해당하는 사람과 각각 교섭하고 단체협약을 체결할 권한을 가진다. 다만, 법령 등에 따라 국가나 지방자치단체가 그 권한으로 행하는 정책결정에 관한 사항, 임용권의 행사 등 그 기관의 관리·운영에 관한 사항으로서 근무조건과 직접 관련되지 아니하는 사항은 교섭의 대상이 될 수 없다〈공무원의 노동조합 설립 및 운영 등에 관한 법률 제8조(교섭 및 체결 권한 등) 제1항〉.

12 ③

① 매슬로의 욕구단계이론은 가장 낮은 생리적 욕구부터 시작하여 안전의 욕구, 사회적 욕구, 존경의 욕구, 자아실현의 욕구의 다섯 가지 위계적 욕구단계가 존재한다고 본다.

② 앨더퍼 ERG이론의 첫 번째 욕구단계인 존재욕구에 해당하는 것은 생리적 욕구와 안전의 욕구이다. 사회적 욕구는 관계 욕구에 해당한다.

④ 어떤 일을 행함으로써 느끼게 되는 자신감, 성취감 등을 의미하는 것은 자아실현 욕구이다. 사회적 욕구는 다른 사람과의 관계 속에서 느끼는 소속감, 애정 등을 의미한다.

13 ①

② 고객에 대한 신속한 서비스 제공 요구는 분권화를 촉진한다.

③ 통솔범위가 넓은 조직은 일반적으로 저층구조를 갖는다.

④ 공식화의 수준이 높을수록 조직구성원들의 재량이 감소한다.

14 ④

윌슨의 규제정치 유형

구분		규제의 편익	
		집중	분산
규제비용	분산	고객정치	대중정치
	집중	이익집단정치	기업가정치

15 ③

① 지방교부세와 관련된 설명이다.

② 국고보조금의 사업별 보조율은 사업의 종류에 따라 다르다. 기획재정부장관은 매년 지방자치단체에 대한 보조금 예산을 편성할 때에 필요하다고 인정되는 보조사업에 대하여는 차등보조율을 적용할 수 있다.

④ 중앙관서의 장은 보조사업을 수행하려는 자로부터 신청받은 보조금의 명세 및 금액을 조정하여 기획재정부장관에게 보조금 예산을 요구하여야 한다.

16 ④

'과두제의 철칙'이란 대규모 조직은 내부 민주주의의 가능성이 배제되는 관료제적 구조를 발전시키는 경향이 있어 시간이 지나면 불가피하게 소수에 의해 지배되는 현상을 말한다. 특히 이데올로기를 강조하는 정치조직 같은 조직에서 상위층의 몇몇 지도자들이 그 조직을 계속 지배하려는 권력욕으로 인해 조직의 목표를 망각하고 수단을 더욱 중시하는 목표대치 현상이 나타난다.

17 ④

소청심사제도 ··· 공무원이 징계처분 그 밖에 그 의사에 반하는 불리한 처분이나 부작위에 대하여 이의를 제기하는 경우 이의를 심사하고 결정하는 행정심판제도의 일종으로서, 위법, 부당한 인사상 불이익 처분에 대한구제라는 사법 보완적 기능을 통하여 직접적으로 공무원의 신분 보장과 직업 공무원 제도를 확립하고, 간접적으로는 행정의 자기 통제 효과를 도모하는 제도이다.

① 소청심사위원회의 결정은 처분 행정청을 기속한다.

② 국가공무원법상 소청심사의 대상에는 징계처분(파면, 해임, 강등, 정직, 감봉, 견책), 기타 의사에 반하는 불리한 처분(강임, 휴직, 직위해제, 면직, 전보, 계고, 경고 등), 부작위(복직 청구 등) 등이 있다.

③ 공무원의 징계, 그 밖에 그 의사에 반하는 불리한 처분이나 부작위에 대한 소청을 심사 · 결정하기 위하여 시 · 도에 제6조에 따른 임용권자별로(임용권을 위임받은 자는 제외) 지방소청심사위원회 및 교육소청심사위원회를 둔다 〈지방공무원법 제13조(소청심사위원회의 설치)〉.

18 ③

① 일반직공무원의 근무성적평정은 크게 4급 이상을 대상으로 한 '성과계약 등 평가'와 5급 이하를 대상으로 한 '근무성적평가'로 구분된다.

② '성과계약 등 평가'는 12월 31일을 기준으로 연 1회 실시한다. 정기평가와 수시평가로 나눠 연 2회 실시하는 것은 '근무성적평가'이다.

④ 역량평가제도는 고위공무원과 과장급 직위에 임용되는 공무원을 대상으로 한다.

19 ④

① 고위공무원단의 구성은 소속 장관별로 개방형 직위 20%, 공모 직위 30%, 기관자율 직위 50%로 이루어져 있다.

② 고위공무원단의 직무 등급은 2009년 5등급에서 2등급으로 변경됨에 따라 계급중심의 인사관리로 회귀할 가능성이 높아졌다.

③ 적격 심사에서 부적격 결정을 받은 경우에는 직권면직이 가능하므로 제도 도입 전보다 고위공무원의 신분보장이 약화되었다.

20 ④

④ 공공기관의 공사, 용역, 물품 등의 발주정보를 공개하고 조달절차를 인터넷으로 처리하도록 한 것은 '국가종합전자조달시스템'이다. '온나라시스템'은 행정의 효율성을 제고하고 비용절감을 위해 정부가 수행하는 업무를 체계적으로 분류하고, 온라인상에서 실시간으로 처리하도록 하는 전산시스템으로이다.

1 ②
② 경제 활동에 영향을 주는 외부불경제는 시장실패 요인에 해당한다.
①③④ 정부실패 요인이다.

2 ②
나카무라와 스몰우드가 제시한 정책집행자의 유형을 광범위한 재량을 갖는 순으로 나열하면 관료적 기업가형 > 재량적 실험가형 > 협상가형 > 지시적 위임자형 > 고전적 기술자형이다.

3 ③
③ 혼합주사 모형은 기본적 결정은 합리 모형에 따라 설정하고, 세부적 결정은 점증주의 모형에 따라 개선된 대안을 제시한다.

4 ①
① 특별회계는 행정중심복합도시건설 특별회계처럼 임시적인 성격이 강한 것도 있지만, 교통시설특별회계처럼 상설된 특별회계도 존재한다. 또한 특별회계는 국회의 심의·의결의 대상이 된다.

5 ④
④ 정당은 비공식적 참여자이다.

6 ①
㉠ 로그롤링(log rolling), ㉡ 포크배럴(pork barrel)

7 ②
제시된 내용은 일몰제의 특징이다. 일몰제는 3~7년을 주기로 정책을 재심사하여 타당성이 없다고 판단되는 사업을 폐기되도록 하는 예산 감축 제도이다.

8 ③

예산제도의 원칙

고전적 원칙	공개성의 원칙, 단일성의 원칙, 명료성의 원칙, 사전의결의 원칙, 엄밀성의 원칙, 완전성의 원칙, 통일성의 원칙, 한정성의 원칙
현대적 원칙	다원적 절차의 원칙, 보고의 원칙, 상호교류적 예산기구의 원칙, 시기신축성의 원칙, 적절한 수단구비의 원칙, 행정부계획의 원칙, 행정부재량의 원칙, 행정부책임의 원칙

9 ①

① 옴부즈만은 비교적 임기가 길고 임기 중 임기보장이 엄격하게 적용된다.

10 ③

제시된 내용은 공공부문에 대한 의사결정을 분석하기 위해 경제학적 방법을 원용한 공공선택론적 접근방법에 대한 비판이다.

11 ②

① 재직자의 승진기회가 많고 경력발전의 기회가 많은 것은 폐쇄형 인사제도이다.
③ 공무원의 신분보장이 강화됨으로써 행정의 안전성을 유지할 수 있는 것은 폐쇄형 인사제도이다.
④ 국민의 요구에 민감하게 대응하며 행정에 대한 민주통제가 용이한 것은 개방형 인사제도이다.

12 ①

② 지방의회는 지방자치단체를 외부에 대표하는 기능을 가지지만, 국가위임 사무 집행 기능은 갖지 않는다. 이는 지방자치단체장의 역할이다.
③ 지방자치단체는 2층제이며, 17개의 광역자치단체와 226개의 기초자치단체가 설치되어 있다.
④ 기관대립형 구조를 채택하고 있으며, 기초자치단체장 선거에서도 정당공천제를 실시하고 있다.

13 ③

① 리더십 유형을 결정하는 조건으로 부하의 성숙도를 중요시한 성숙도이론은 허시와 블랜차드에 의해 제시되었다.
② 영감, 개인적 배려에 치중하고 조직에서 변화를 주도하는 리더십은 변혁적 리더십이다.
④ 블레이크와 머튼은 과업과 사람을 모두 중시하는 단합형 리더를 가장 효과적인 관리유형으로 꼽았다.

14 ④

① 조직의 급진적 변화가 필요할 때 사용되며, 조직 문화도 개혁의 대상이다.
② 조직 개선을 위한 논의는 업무절차를 중심으로 이루어진다.
③ 공공부문은 서비스의 성격상 리엔지니어링을 적용하기가 어렵다.

15 ④

① 주민투표제(2004년), 주민소송제(2006년), 주민소환제(2007년), 주민참여예산제도(2011년)의 순서로 도입되었다.

② 주민소환 청구요건이 엄격하게 법정화되어 있지 않다.

③ 행정안전부장관은 대통령령으로 정하는 바에 따라 지방자치단체별 주민참여예산제도의 운영에 대한 평가를 실시할 수 있다〈지방재정법 제39조 제3항〉.

16 ②

② 국정홍보처는 김대중 정부인 1999년 신설되었다가 2008년 정부조직법 개정에 따라 문화관광부 및 정보통신부 일부와 통합하여 문화체육관광부로 개편되었다. 노무현 정부는 행정자치부 산하에 소방방재청을 신설하였다.

17 ④

① 2013년 법적근거를 마련하여 2014년에 최초로 실시하였다.

② 시간선택제채용공무원의 주당 근무시간은 20시간(±5)으로 한다.

③ 유연근무제도의 일환으로 도입되었으며, 기관 사정이나 정부의 일자리 나누기 정책 구현 등을 위해서 활용되었다.

18 ②

㉠ 내부과정 모형, ㉡ 인간관계 모형, ㉢ 합리적 목적 모형, ㉣ 개방체계 모형

※ 퀸과 로보그의 효과성가치모형

	구조 : 신축성 및 변화	
내부지향	관계지향문화 집단문화 (인간관계모형)	혁신지향문화 발전문화 (개방체계 모형)
	위계지향문화 위계문화 (내부과정 모형)	과업지향문화 합리문화 (합리적 목적 모형)	외부지향
	통제 및 질서	

19 ③

레짐이란 지역사회의 지배적/통치적 의사결정을 내리는데 있어서 지속적인 영향을 미치는 제도적 자원에 쉽게 접근할 수 있는 상대적으로 안정된 비공식집단을 이른다. 레짐이론은 정부(지자체)부문과 시장(기업)부문과의 분업과 상호의존성의 관점에서 도시정치 및 지역정치를 이해하려는 입장이다.

③ 자연환경보호, 평등, 시민참여 등을 중시하는 레짐은 중산층 진보 레짐이다.

20 ③

① 시험과 기준의 관계는 기준타당도에 대한 개념이다. 재시험법은 종적 일관성을 검증하는 신뢰도 검증 방법이다.

② 예측적 타당성 검증에 대한 설명이다.

④ 예측적 행위의 점수가 실제 실현된 행위와 동시에 획득되는지 확인하는 것은 동시적 타당도 검증이다.

공무원시험/자격시험/독학사/검정고시/취업대비 동영상강좌 전문 사이트

공무원	9급 공무원	서울시 기능직 일반직 전환	각 시·도 기능직 일반직 전환	교육청 기능직 일반직 전환
	관리운영직 일반직 전환	사회복지직 공무원	우정사업본부 계리직	서울시 기술계고 경력경쟁
기술직 공무원	물리	화학	생물	
	기술계 고졸자 물리/화학/생물			
경찰·소방공무원	소방특채 생활영어	소방학개론		
군 장교, 부사관	육군부사관	공군부사관	해군부사관	부사관 국사(근현대사)
	공군 학사사관후보생	공군 조종장학생	공군 예비장교후보생	공군 국사 및 핵심가치
NCS, 공기업, 기업체	공기업 NCS	공기업 고졸 NCS	코레일(한국철도공사)	한국수력원자력
	국민건강보험공단	국민연금공단	LH한국토지주택공사	한국전력공사
자격증	임상심리사 2급	건강운동관리사	사회조사분석사	한국사능력검정시험
	국어능력인증시험	청소년상담사 3급	관광통역안내사	국내여행안내사
	텔레마케팅관리사	사회복지사 1급	경비지도사	경호관리사
	신변보호사	전산회계	전산세무	
무료강의	국민건강보험공단	사회조사분석사 기출문제	독학사 1단계	대입수시적성검사
	사회복지직 기출문제	농협 인적성검사	지역농협 6급	기업체 취업 적성검사
	한국사능력검정시험 백발백중 실전 연습문제		한국사능력검정시험 실전 모의고사	

서원각 www.goseowon.co.kr
QR코드를 찍으면 동영상강의 홈페이지로 들어가실 수 있습니다.